HUALI ENGLISH PRONUNCIATION

沪江与平台教师出版合作的先河

华丽英语发音

修正你的音　调整你的调

沪江名指导

张嵩 编著

机械工业出版社
CHINA MACHINE PRESS

本书定位于“展示正确发音的兴趣读物”和“英语语音学术专著”之间，内容既“有趣”又“有益”。作者结合20年教学经验和实证研究，以通俗的语言和生动的例子讲解了英语发音概念和原理，指出了国人英语发音中隐藏的问题，并提出了切实可行的解决方案。此外，书中还展示了沪江平台“华丽英语发音”网络课程中教师和学员的心得，让读者身临其境地体会未知的学习过程。

图书在版编目(CIP)数据

华丽英语发音：修正你的音 调整你的调/张嵩编著.
—北京：机械工业出版社，2018.9
(沪江名指导)
ISBN 978-7-111-61026-7

Ⅰ.①华… Ⅱ.①张… Ⅲ.①英语-发音-自学参考资料 Ⅳ.①H311

中国版本图书馆CIP数据核字(2018)第223580号

机械工业出版社(北京市百万庄大街22号 邮政编码100037)
策划编辑：尹小云 责任编辑：尹小云
责任印制：孙 炜
保定市中画美凯印刷有限公司印刷

2018年11月第1版·第1次印刷
169mm×239mm·20.75印张·350千字
标准书号：ISBN 978-7-111-61026-7
定价：49.80元

凡购本书，如有缺页、倒页、脱页，由本社发行部调换

电话服务
服务咨询热线：010-88361066
读者购书热线：010-68326294
010-88379203

网络服务
机工官网：www.cmpbook.com
机工官博：weibo.com/cmp1952
金书网：www.golden-book.com
教育服务网：www.cmpedu.com

自序 1 | 格物致知

标题中的成语作何解释是千古谜题，这里的“千古”是确数。不过，从东汉到现代的大致百种理解基本可以归纳为如下四类：

- 什么样的人，遇到什么样的事，例如：善有善报；
- 研究事物原理，分清善恶，不受外物的左右，养成良好的品格；
- 以端正的态度对待事物的原理；
- 通过积极的、有计划的实证研究探索真理。

2012 年出版的《现代汉语词典》（第 6 版）将“格物致知”解释为：推究事物的原理法则而总结为理性知识。在此，我以“端正态度”“推究原理”“获取知识”“实证研究”作为本序言的中心词。但是，它们与本书的主题——“英语发音”又有什么关系呢？

LIVE AND LET LIVE • 端正态度

随着社会的发展，人们的选择变多了。此时，“价值观”的意义凸显：很多事情不分对错，只是个人的选择不同；在遵纪守法的前提下，每个人都有选择的权利，各种选择也不分高下；我们在坚持自己的选择的同时，也要尊重别人做出的异样的选择。这就是小标题的意思：你活着，也得让别人活。例如，“别人能听懂的英语发音就够用”和“一定要把英语发音学得地道、标准”都是合理的价值观，无可厚非。

不过，和因人而异的价值观比起来，英语发音学习的过程性是十分稳定的。虽然无法忽视学习者之间的个体差异，但“发音学习是个慢活儿”是复杂的发音原理所致，更被大家参与其中的现实情况所证明：如果大家去除普通话中的方言痕迹都很困难，那么我们练出地道的英语发音又有多难、又需要花多少时间呢？尊重差异、正视事实，态度自然就端正了；这是第一步。

IT IS WHAT IT IS • 推究原理

国人觉得英语发音难学，原因之一是大家低估了学习过程的漫长，而另一个重要的原因则是：学习者无力屏蔽那些有害但广为流传的发音认知和学习方法。听歌看剧，其实帮不了发音多大的忙；坚持诵读也可能是错误的重复；自然拼读实际上是提高阅读能力的方法；大家常用的“连读技巧”只是饮鸩止渴；甚至市面上的“语音课程”都应该改名为“发音课程”才合适。

不管谁告诉你了些什么，不管那些说法有多么好听，读者心里都要有一杆“公平秤”，任何说法都有其分量，但这些说法“该是多少斤两就是多少斤两”，这就是标题中英文的意思。上文提到的“复杂的发音原理”就是很好的例子：虽然生理健全的人都会说话，但是声音从何而来、南腔北调如何划分、某人为何能做到滔滔不绝、英语的腔调到底“洋”在哪里、为什么明明念的是“了”别人却听成了“呢”……对这些问题的追究是有意义的，因为是否顺应其中的原理将决定大家英语发音学习的成败。

BE RIGHT • 获取知识

学习发音少不了理论，但说到底离不开实践，所以这个科目的“学成”就是“念对”——get it right。自从 2013 年秋登录沪江平台、创建“华丽学院”教学品牌以来，我目睹了无数学习者为了提高发音所做出的努力。如果不考虑词语的感情色彩，“无所不用其极”就是这种努力的最好写照。可为什么大家的英语发音依然停滞不前呢？

在网络平台上，我一般可以在 15 分钟内显著提高学生具体语句的发音效果，而且在整个过程中无须示范和领读。但发音这个科目要命的地方是：发音纠正效果来得快，去得更快。不管是自行纠音，还是接受纠音，如果学习者能把每次的纠音成果保留下来，这本书可能就与大家无缘了。事实上，get it right（做对、修正）和 be right（掌握、保持）的理想状态相去甚远；真正的“获取”应该是“掌握”，否则正误交替、反复无果。而这就是国人英语发音原地踏步的原因。

LET'S SEE... • 实证研究

学习者不要以为这部分和自己没关系；其实，“我们试试看”（let's see）就是实证研究的精神。在学习英语发音的过程中，有很多大家力所能及的事情：把发音速度降低到自己接受不了的程度；调整口腔的开合度以找到准确的口型；对比不同类型的元音以找到正确的发音位置；用发音近似的单词来检验某个音是否已经掌握……“纸上得来终觉浅”，在发音这个实践科目中，耐心细致的尝试是很有必要的。

身为教师，我从未停止教学研究和实践。本书汇聚了“十日英音入门”“华丽英音全项班（简称 OBA）”“华丽英音大诵读”“华丽英语发音（简称 HEP）”等课程的学术精华，以及总计数十轮开班授课的教学心得。此外，华丽学院师生在 2016 年初进行了对中国人英语发音的研究，完成了对中国 6 个地区、19 个省（直辖市）、44 个县市的《国人英语发音调查》。由此，我对国人英语发音问题的理解更加具体了。

我不担心听到“这个自序在说什么”之类的问题。因为，如果读者不能带着疑惑看下去，那么这本书剩下的内容也就不用读了。

自序 2 | 昭示前程

《华丽英语发音》概览

章序号	章名称	分类与介绍
1	那些看似无关的问题——英语发音学习的准备	发音学习热点问题答疑
2	见微知著——音标	英语发音的基本需求——“念对”：音标、音调、英美音差异、拼读、重音、强式与弱式
3	妥帖见于方寸——音节	
4	最后的计较——单词	
5	拼接的奥妙——词组	英语发音的升级需求——“念好”：连音、省音、语调、节奏、朗读情感、常见文体处理
6	端倪已现——句子	
7	精益求精的打磨——情感	
8	多变的款式——文体	
9	无法避免的学徒期——发音练习	发音练习详解
10	国人常见的英语发音问题——事出有因	《国人英语发音调查》及相关研究
11	拾遗——附录	本书补充内容；华丽学院师生心得

我是一个说话简洁的人：上表介绍了本书结构，完成了“自序 2”三分之一的任务。

8 个阶段

接下来我要“当老师”了。正如我在 2018 年初出版的《揭秘英语学习 50“坑”》一书中所说：“传道”涉及价值观，我不好过多干涉；能经我“授业”成功的学习者应该也可以自学成才；“解惑”是 Baidu 和 Google 的强项，我是比不了的。我认为我能做的是：让学习者看到未来的自己。

没有学过英语发音的人很难理解英语发音学习的意义和困难，特别是不可逆转的学习成果。这个论断是有道理的：没学过就不了解；不了解就难以下手；下手都困难，学起来就会更困难；困难克服不了，学成也就无望了。请不要用“别人能做到，我就能做到”“我决不会遇到你说的问题”这些带着情绪却经不起推敲的说法回复我；我承认有例外，但大家有勇气说自己就是例外吗？ 如果勇气不足，请大家看一下我接触过的学习者所处的不同英语学习阶段。

阶段 1:

“我觉得自己挺不错的!”这是很多英语发音学习者在和老张（沪江平台学习者对我的“爱称”）进行交流之前的想法。 根据我的教学经验，处于这一阶段的学习者的英语发音还存在着各种各样的问题，只是处于国人英语发音中等水平的位置；大家不了解自己英语发音的问题，或者不知道国人英语发音的平均水平。

阶段 2:

接受我的纠音或者参加了华丽发音课程之后，学习者或早或晚都会认识到“我的发音确实有问题”，同时伴有“无奈、失落”的内心戏——个人发音和标准发音之间的差异极为明显，令人无法充耳不闻，或者用来指导实践的发音理论实在站不住脚。

阶段 3:

学习者会感叹“英语发音这科目真难啊”，因为大家“为了念好一个看似简单的音，要花很多时间”。 其实可以换一个角度来思考，形成一种新的认知——发音学习耗时。这种认知是客观的：至今，华丽学院已招收了近 3000 名学习英语发音的学员，对于一般难度的音和发音技巧，大多数学员需要一周到一个月的时间进行修正。 同时，“发音学习耗时”的认知也是有益的，至少能让学习者避免不必要的自我怀疑——不是我不行，而是这个科目确实不容易。

阶段 4:

发音学习者在此阶段的感悟是：“确实有必要，好好学吧！”让大家下决心好好学习的原因有很多：无法接受现有水平、工作或学习的实际需求、发音问题导致口语交流不畅……当然，如果没有上述需求，考虑到英语发音学习过程的漫长，放弃英语发音学习既是“积极止损”，也是理智的做法。

【潜水】 9:55:00 PM

自动退了OBA，情理之中，也是意料之内，因为很久之前就决定不追求语音了，个人选择吧，只是觉得还有比语音更值得花时间去做的事情，没努力就是没努力，希望那些继续追逐下去的亲们有一天能有傲人的语音，感觉自己好怂。但是LSE我是一定会坚持的，慢慢潜伏着，等着被点名的那一天。最后还是要谢谢老师，最起码现在对语音有了更清晰的认识。

上面的 4 个阶段其实只是“发音学龄前”阶段，大家真正开始英语发音学习之后，还会经历另外 4 个阶段。

阶段 5:

“我曾经念得这么差啊”，是大家学习了一段时间之后、重新审视自己之前的英语发音时的感叹。我在教授发音课程的过程中，经常收集学习者不同阶段的发音音频，以便日后对比、确认教学效果。不少学习者“哀求”我把他们的早期发音作品从我的电脑硬盘中删除。我的回复一律是：“不删！我要等你成名之后花大价钱将这些音频赎回！”玩笑归玩笑，处于此阶段的学习者的自我认知有了明显的提升。

阶段 6:

当学习者发音小有所成的时候，大家冷静之后会说：“发音这个科目吧……学会了就是学会了。没什么特别的。”处于这个阶段的学习者都已经在发音这条路上跋涉了很久，都已经对自己和发音学习有了科学的认知。当大家回望来路的时候，一般不会心潮澎湃、感慨万千，因为，不管自己是否会在发音这条路上继续走下去，大家都很清楚自己与下一个目标之间的距离有多远，以及需要为此付出多少努力。

阶段 7:

当听到不理想的发音时，大家有了“这个老师（或同学）念的都是什么呀”这种想法。恭喜大家！大家的发音学有所成了。不管是人性使然，还是能力已有所提高，处于这个阶段的学习者会不自觉地对他人的英语发音进行评判。不过，这里的“差评”不（全）是自高自大、恃才放旷，而是对“因认知不足导致错误发音”所表现出的不满。学有所成者付出了很多心力，心中的“学术正直”自然也不容他人（无心的）亵渎。

阶段 8:

到了最后这个阶段，学有所成者没有那么多内心戏了。因为大家都知道自己会念成什么样子，清楚自己要提高到什么水平，此时的心情已无比平静：“只要按部就班、坚持不懈地练习，我就可以念得更好。”进入此阶段之后，我觉得大家已经完全走上了“正路”，并且离终点越来越近了：目标清晰、路径熟悉、能力傍身、举步向前。这就是发音学习的“大成”。

Savile Row 的故事

Savile Row 是伦敦的“定制西装一条街”，已有 200 多年的历史。作为英语培训业男性从业者，我关于服装的梦想就是：在这条街上找家店做套西装。言归正传，请大家观看视频 *Tailored Stories—An Oral History of Savile Row*（《定制神话——萨维尔街历史口述》）（见“自序 2”视频文件*）。我会截取视频中有内涵的画面，放在本书每章的首页，取其精髓，引领章节。祝大家用书愉快！

扫码加入读者 QQ 群（HL-R&R，386358278）
验证信息：HEP READER

* 本书中所有音频及视频文件请扫封底“机工外语”微信公众号二维码获取下载链接。

目录 | Contents

自序1 格物致知

自序2 昭示前程

第1章 那些看似无关的问题——英语发音学习的准备

1.1 到底什么是发音 // 003

1.1.1 发音(Pronunciation) // 004

1.1.2 语音(Phonetics) // 005

1.1.3 口语(Speaking) // 006

1.2 为什么要学习发音 // 007

1.2.1 语言发展史 // 008

1.2.2 发音的外显性 // 008

1.2.3 发音的基础助力作用 // 009

1.3 到底要不要学音标 // 012

1.3.1 音标是什么 // 012

1.3.2 英语音标类型与“一件大衣” // 014

1.3.3 学音标的争论 // 016

1.4 英语发音有多少种 // 017

1.4.1 发音、口音和语言 // 018

1.4.2 大开“耳”界 // 018

1.4.3 口音须知 // 021

1.5 英美发音的典型口音是什么 // 022

1.5.1 英式发音 // 022

1.5.2 标准英式发音(RP—Received Pronunciation) // 023

1.5.3 标准美式发音(GA—General American) // 024

1.5.4 标准 // 025

1.6 这么多口音我选哪种 // 027

1.6.1 如何逻辑地选择? // 027

1.6.2 学不学? // 028

1.6.3 如何缩小选择范围? // 029

1.6.4 可兼顾? // 029

1.6.5 哪种适合我? // 029

1.6.6 实际使用效果有没有区别? // 030

1.7 什么是好发音 // 031

1.7.1 “这个看脸的社会” // 032

1.7.2 未经训练的耳朵不可信 // 033

1.7.3 我们的耳朵可能练不出来了 // 035

1.7.4 “整容” // 036

1.8 你还在用“自然拼读法”学发音吗 // 037

1.8.1 跟着文豪来搅局 // 038

1.8.2 Phonics——传说中的“自然拼读法” // 038

1.8.3 英语单词的拼写和发音对应吗? // 039

1.8.4 Phonics 能改善发音吗? // 041

1.8.5 Phonics 适合中国人吗? // 042

1.8.6 Phonics 在西方的口碑如何? // 042

1.8.7 Phonics 对决音标 // 042

1.8.8 *The Chaotic Poem*——《乱文诗》 // 043

1.9 我的发音学习出了什么问题 // 045

1.9.1 “自己学” // 045

1.9.2 “跟别人学” // 048

1.10 怎样才算好好学发音 // 050

1.10.1 英语发音练习素材 // 050

1.10.2 英语发音练习工具 // 052

1.10.3 英语发音练习注意事项 // 055

1.10.4 英语发音练习数量 // 055
1.10.5 英语发音练习形式 // 056

1.11 我应该练声吗 // 057
1.11.1 音质全靠"投胎" // 058
1.11.2 The hard way // 059
1.11.3 The harder way // 062
1.11.4 身体力行 // 064

1.12 怎样有感情地朗读 // 065
1.12.1 两个"小"原因 // 066
1.12.2 三个"大"原因 // 067

1.13 发音需要练到什么程度 // 069
1.13.1 发音学习的四种级别 // 070
1.13.2 一项调查 // 072
1.13.3 几点提示 // 074

第 2 章 见微知著——音标

2.1 毫厘之差——"音"的定义 // 079
2.1.1 "音"的方方面面 // 080
2.1.2 音位标注的准确性 // 082
2.1.3 音节 // 082

2.2 谬以千里——"音"的数量与质量 // 083
2.2.1 音的质量 // 084
2.2.2 音的数量 // 084
2.2.3 音的质量和数量 // 085
2.2.4 中英文音的数量对比 // 087

2.3 谨言慎行——音高与语调 // 089
2.3.1 音调 // 090
2.3.2 语调 // 091
2.3.3 如何操作语调 // 092

2.4 规矩方圆——华丽怎么教发音 // 096
2.4.1 两种发音学习方法的轨迹 // 096
2.4.2 本书如何讲解音标 // 098

2.5 ə & ɜː // 101
2.5.1 音标讲解 // 101
2.5.2 音标详解 // 102

2.6 t; d; k; g; p; b // 102
2.6.1 音标讲解 // 103
2.6.2 其他例词朗读自检表 // 104

2.7 ɪ & iː // 104
2.7.1 音标讲解 // 105
2.7.2 其他例词朗读自检表 // 106

2.8 l & n // 106
2.8.1 音标讲解 // 107
2.8.2 其他例词朗读自检表 // 108

2.9 s & z // 108
2.9.1 音标讲解 // 109
2.9.2 其他例词朗读自检表 // 109

2.10 e & æ // 110
2.10.1 音标讲解 // 110
2.10.2 其他例词朗读自检表 // 111

2.11 θ & ð // 111
2.11.1 音标讲解 // 112
2.11.2 其他例词朗读自检表 // 112

2.12 ɒ & ɔ // 113
2.12.1 音标讲解 // 113
2.12.2 其他例词朗读自检表 // 114

2.13 r & h // 114
2.13.1 音标讲解 // 115
2.13.2 其他例词朗读自检表 // 115

2.14 eɪ & ɔɪ // 116
2.14.1 音标讲解 // 116
2.14.2 其他例词朗读自检表 // 117

2.15 f & v // 117
2.15.1 音标讲解 // 118

2.15.2 其他例词朗读自检表 // 118

2.16 ʊ & uː // 119

2.16.1 音标讲解 // 119

2.16.2 其他例词朗读自检表 // 120

2.17 m & ŋ // 120

2.17.1 音标讲解 // 120

2.17.2 其他例词朗读自检表 // 121

2.18 əʊ & ʊə // 121

2.18.1 音标讲解 // 122

2.18.2 其他例词朗读自检表 // 122

2.19 ʌ & ɑː // 123

2.19.1 音标讲解 // 123

2.19.2 其他例词朗读自检表 // 124

2.20 tr & dr // 124

2.20.1 音标讲解 // 125

2.20.2 其他例词朗读自检表 // 125

2.21 aɪ & aʊ // 126

2.21.1 音标讲解 // 126

2.21.2 其他例词朗读自检表 // 127

2.22 ʃ & ʒ // 127

2.22.1 音标讲解 // 128

2.22.2 其他例词朗读自检表 // 128

2.23 tʃ & dʒ // 129

2.23.1 音标讲解 // 129

2.23.2 其他例词朗读自检表 // 130

2.24 eə & ɪə // 130

2.24.1 音标讲解 // 131

2.24.2 其他例词朗读自检表 // 131

2.25 w & j // 132

2.25.1 音标讲解 // 132

2.25.2 其他例词朗读自检表 // 133

2.26 ts & dz // 133

2.26.1 音标讲解 // 134

2.26.2 其他例词朗读自检表 // 134

2.27 英音、美音的差异——远不止于“是否卷舌” // 135

2.27.1 单音差异 // 135

2.27.2 单词中的单音差异 // 137

2.27.3 单词的重读差异 // 139

2.27.4 单音、重读都有差异 // 140

2.27.5 音节(或音位)数量不同 // 141

2.27.6 发音速度 // 142

2.27.7 语调 // 142

第3章 妥帖见于方寸——音节

3.1 音节那些事儿 // 146

3.1.1 什么是音节 // 147

3.1.2 音节的类型 // 148

3.1.3 如何划分音节 // 151

3.2 音节拼读详解 // 152

3.2.1 什么是“拼读” // 153

3.2.2 音节划分 // 153

3.2.3 长短分明 // 154

3.2.4 “前推”与“后靠” // 155

3.2.5 正确的英语拼读方法 // 155

3.3 国人拼读问题及解决方法 // 158

3.3.1 不可能完成的任务(Mission Impossible) // 159

3.3.2 元音+/n/→元音+/ə/+/n/ // 160

3.3.3 单元音+/n/ →双元音+/n/ // 161

3.3.4 元音+/n/→元音(+/n/) // 162

3.3.5 双元音+辅音→单元音+辅音 // 162

3.3.6 元音趋同 // 163

3.3.7 /-n/→/-nə/ // 164

第 4 章 最后的计较——单词

4.1 重音的概念与操作 // 168

4.1.1 重音的概念 // 169

4.1.2 重音的作用 // 170

4.1.3 英语单词常见重音模式 // 171

4.1.4 重音相关 // 172

4.2 强式与弱式 // 174

4.2.1 强式、弱式的定义 // 174

4.2.2 如何使用弱式发音 // 175

4.2.3 弱式发音注意事项 // 178

4.2.4 弱式发音的意义 // 178

4.2.5 强式、弱式发音实例 // 180

4.3 一词多音 // 181

4.3.1 英美发音的差异 // 182

4.3.2 历史原因 // 182

4.3.3 强式、弱式发音选择 // 183

4.3.4 名词、动词之间的发音转化 // 183

4.3.5 形容词、动词之间的发音转化 // 184

4.3.6 发音、词义无对应规则 // 184

4.4 多词同音 // 185

4.4.1 单词同音 // 186

4.4.2 词组同音 // 187

4.5 单词的音调 // 189

4.5.1 音调复习 // 189

4.5.2 “轻一重”双音节词的 4 调 // 191

4.5.3 “重一轻”双音节词的 4 调 // 192

第 5 章 拼接的奥妙——词组

5.1 连音 // 196

5.1.1 “怎么就连上了?”之一 // 197

5.1.2 “怎么就连上了?”之二 // 198

5.1.3 连音一:-辅音+元音- // 198

5.1.4 连音二:-元音+元音- // 199

5.1.5 连音三：r 或 re 拼写结尾+元音- // 200

5.1.6 连音四：-非高位元音+[/r/+]元音- // 200

5.1.7 连音五：/-uː/或/-ʊ/+[/w/+]元音- // 201

5.1.8 连音六:-/t/+/w/- // 201

5.1.9 连音七：“音变连音” // 201

5.1.10 不可连音的情况 // 202

5.2 省音 // 203

5.2.1 “省还是不省?” // 204

5.2.2 省音一:[-爆破音]+爆破音- // 205

5.2.3 省音二:(-爆破音)+摩擦音-或破擦音- // 205

5.2.4 省音三:(-爆破音)＊+舌边音-或鼻音- // 206

5.2.5 省音四：/-s[t]/或/-ʃ[t]/或/-tʃ[t]/+(/h/和/j/之外的)辅音- // 207

5.2.6 省音五：/-(ə)-/ // 207

5.2.7 省音六:弱式发音中的省音 // 208

第 6 章 端倪已现——句子

6.1 句重音及其选择 // 210

6.1.1 重音概念复习 // 211

6.1.2 什么是句重音 // 212

6.1.3 逻辑重音 // 213
6.1.4 句子重读音节的比例 // 215
6.1.5 句重读练习 // 216

6.2 句子的“连”与“断” // 217
6.2.1 连贯话语 // 217
6.2.2 “连”与“断”的意义 // 218
6.2.3 如何“连” // 219
6.2.4 如何“断” // 222
6.2.5 “连断”实例讲解 // 224

6.3 英语节奏与计时方式 // 225
6.3.1 重音与节奏 // 226
6.3.2 中英文连贯话语重音差异 // 226
6.3.3 中英文连贯话语节奏差异 // 227
6.3.4 重音计时对于国人的难度 // 230

6.4 句子语调 // 233
6.4.1 什么是语调 // 234
6.4.2 中英文语调对比 // 236
6.4.3 句内音调 // 237
6.4.4 句末语调 // 239
6.4.5 语调与情感的辨析 // 240
6.4.6 实例分析 // 241

第7章 精益求精的打磨——情感

7.1 发音情感要素 // 244
7.1.1 什么是情感 // 245
7.1.2 发音情感需要表情配合 // 246
7.1.3 调高 // 247
7.1.4 速度 // 249
7.1.5 响度(音量) // 249

7.2 发音情感表达的分析 // 251
7.2.1 语调与发音情感 // 251
7.2.2 语义与发音情感 // 252
7.2.3 声线与发音情感 // 253
7.2.4 发音情感的修饰作用 // 254

第8章 多变的款式——文体

8.1 文体与朗读 // 258
8.1.1 散文(Prose) // 259
8.1.2 记叙文(Narrative) // 259
8.1.3 新闻(News) // 260
8.1.4 童谣(Nursery Rhymes) // 261
8.1.5 配音(Dubbing) // 262
8.1.6 演讲(Speech) // 262
8.1.7 纯文学(Polite Literature) // 263

8.2 常见文体范例分析 // 264
8.2.1 散文 // 265
8.2.2 记叙文 // 266
8.2.3 新闻 // 266
8.2.4 童谣 // 267
8.2.5 配音 // 268
8.2.6 演讲 // 268
8.2.7 纯文学 // 269
8.2.8 各种文体类型的横向比较 // 270

第 9 章　无法避免的学徒期——发音练习

9.1　发音基础练习 // 272

9.1.1　放松 // 273

9.1.2　口型练习 // 274

9.1.3　唇舌练习 // 275

9.1.4　气息练习 // 275

9.1.5　绕口令 // 276

9.2　发音专项练习 // 280

9.2.1　单词听写 // 280

9.2.2　段落全文听写 // 281

9.2.3　单音对比 // 281

9.2.4　最小差异组 // 282

9.2.5　开放式拼读 // 282

9.2.6　增读 // 283

9.2.7　虚拟单词 // 283

9.2.8　节奏练习 // 283

9.2.9　练习注意事项 // 284

9.3　漫长的发音练习过程 // 285

9.3.1　“瞎练伤身” // 285

9.3.2　练习的理性分析 // 286

9.3.3　修正英语发音不比学普通话更简单 // 287

9.3.4　那些“无法修正”的问题 // 288

9.3.5　那些可对可错的时刻 // 288

9.3.6　那些自我怀疑的时刻 // 289

第 10 章　国人常见的英语发音问题——事出有因

10.1　《国人英语发音调查》相关说明 // 292

10.1.1　调查目标 // 292

10.1.2　调查形式与采样基本数据 // 292

10.1.3　朗读文本说明 // 294

10.1.4　调查受访者说明 // 294

10.1.5　调查数据简要分析 // 294

10.2　调查中发现的国人英语发音问题及解决方法 // 295

10.2.1　国人英语发音问题 // 295

10.2.2　国人英语发音问题的解决方法 // 298

第 11 章　拾遗——附录

附录 1　本书词表 // 303

附录 2　音标补充练习及说明 // 305

附录 3　《发音“糊弄一下”很简单》 // 308

附录 4　《有价值的细节》 // 311

附录 5　《我为什么欣赏发音标准的英语学习者》 // 313

致谢 // 316

第 1 章

那些看似无关的问题
——英语发音学习的准备

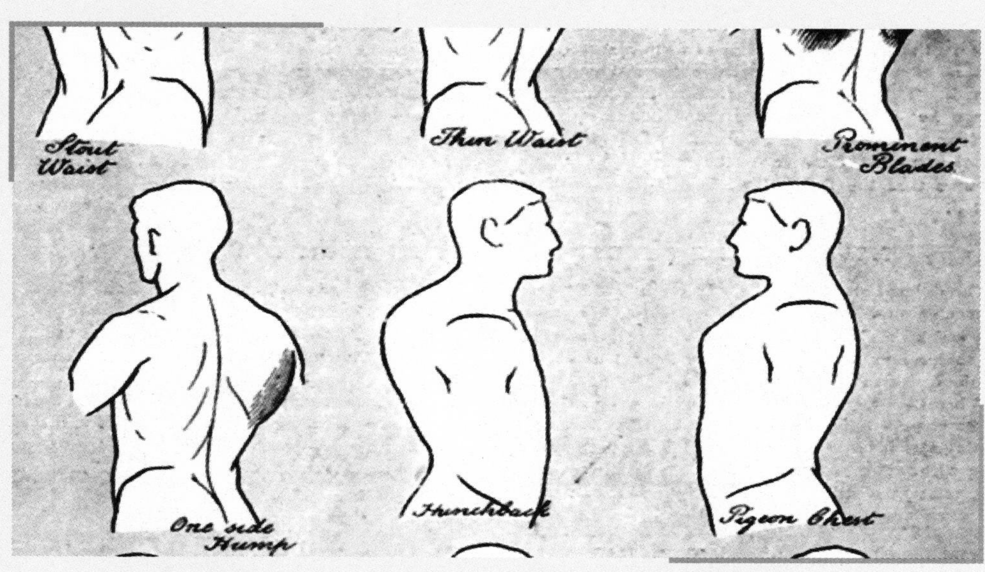

章节总览

现在身着西装的读者，请大家挺直上身，然后双臂向身体两侧抬起至与肩齐平的高度；有穿正装经历的读者也可以想象一下并做出这样的动作。当你做出这个动作的时候，西装的肩部会不会耸起？西装的领口周边会不会塌陷？但当你身着 Savile Row 定制西装时就不会遇到这种情形。

我没有资格去评价这种"妥帖"是否值每套西装最低 5000～6000 英镑的定制价格；我可以肯定的是：这种"妥帖"是相对于绝大多数西装的"品质提升"；这种提升是建立在 Savile Row 裁缝、特别是剪裁师(cutters)对常见身形特征深入研究的基础之上的。此时，我和大家的感觉是一样的：惊奇、惊讶、惊叹！

我在本章下了很大的功夫，而读者将在本章了解以下内容：

- 什么是发音
- 为什么学习发音
- 怎么学习发音
- 发音类型的选择
- 发音的评定标准
- 国人发音学习中的问题
- 科学的发音学习方法
- 发音和英语发音学习的关系

本书在开篇讲解这些"重要却经常被后知后觉"的问题，除了让读者做好学习的准备之外，还有另外一个原因——为读者提供一些 informed choices 。在进行某个领域、方面的学习之前，除了有具体的学习需求之外，大家还要明白："因为我不会，所以我的学习可能是盲目的、我可能选择了不合适的课程和老师"，从而导致："不学不知道，等知道的时候，才发现学错了""原来是这样啊""早知道这样我就不开始了”。因此，大家需要“有见地的、了解情况的（informed）”选择。只有这样，大家才有可能做出让自己不（太）后悔的选择。

在此，我要提醒各位读者：请大家一定要把本章的内容熟悉到可以讲给别人听的程度，只有这样，大家才能真正理解本章的内容。请不要哄骗我这个“老”作者——如果真正的理解是“酒”，一般读者的理解就是“一缸掺了二两老白干的水”。同时，请务必保持空杯心态！因为只有这样，大家才有可能厘清知识的来龙去脉，才有可能反思学习经历，才有可能修正以往的错误认知。也只有这样，大家才有可能开始琐碎的、需要长久坚持的发音学习。

此外，读者在阅读本章的过程中，遇到问题和困难是正常的；本章以答疑为主线覆盖全书内容，但不进行细致的讲解。请大家暂且存疑，在后续章节中，我一定可以清晰解答大家所有的疑问。

1.1 到底什么是发音

先别急着说你要学习“口语”，更不要跟我说，你会把这本书当成“语音课教材”来学，因为，大家真的不知道自己要学什么。不信，我们来做一个小测试。

☑ 自测

练习题 1：“翠花说话总是前言不搭后语。”这个场景与哪个概念相关？

□ 发音　□ 语音　□ 口语

练习题 2：“翠花的家乡话外地人很难听懂。”这个场景与哪个概念相关？

□ 口语　□ 发音　□ 语音

练习题 3：“翠花的一个朋友说：‘她的方言其实还比较好懂’。”这个场景与哪个概念相关？

□ 语音　□ 口语　□ 发音

1.1.1 发音（Pronunciation）

我们先来看“发音（Pronunciation）”这个概念。根据《新牛津英汉双解大词典》（本节中的词汇定义均出自该词典）中的解释，pronunciation 的定义是：the way in which a word is pronounced。

这个定义的直译是：一个单词被说出的方式。定义中有一个值得注意的单词——way（方法，方式）。因此，发音就是一种说话的具体方式。概念看起来很简单，而在日常生活和学习的过程中，大家会不经意地从下面这四个角度去聊发音这个话题，或者去评论某人的发音。

第一个角度是“标准发音倾向”。什么是标准发音？最恰当的例子就是“普通话”。当然，大家也可以把 BBC（英国广播公司）或者 CNN（美国有线电视新闻网）使用的发音分别当作英式英语和美式英语的标准发音。不管是世界各国的语言，还是一国之内的南腔北调，人们的脑海中可能都回响着一种“地道”的腔调、一种“纯正”的发音。当然，读者可能就“标准发音”的具体形式无法达成一致意见，例如：有些人认为“女王音”是英式发音的代表，但有些人认为伦敦东区的发音才是英式发音的模板。但总体来说，不管是地区方言，还是某种语言，人们心中总有一种具有代表性的“正宗发音”。

第二个角度是“对细微差别的把握是否准确”，这也是本书关注的重点。读者可以尝试念一下汉字“一”。念这个字的时候，我们会向两侧拉开嘴角，形成一种“微笑”的表情。此时如果大家把微笑的表情抹掉（口腔内部动作、器官的相对位置都不变），把嘴唇收圆，也就是做出“嘟嘴”的口型，这时候我们会发出一个介于“鱼”和“约”之间的音。这就是一个“新的”音，一个常见于法语但标准中文发音中没有的音。这种发音的精细界定在现实生活中的体现就是：你有你的音，我有我的音。国人英语发音的问题主要出在这里。从第 2 章起，我们将会探讨这个问题。

有时候，人们穿上不同的衣服，就好像变了一个人似的；这种现象在发音中也有体现。用标准的发音说同一句话，如果说话的腔调不同，听众会产生截然不同的感觉。如果“腔调说”太抽象，大家可以对比一下《新闻联播》主持人、华妃（电视剧《甄嬛传》中的角色）和《舌尖上的中国》的旁白这三种发音的差别。谈论发音的这一角度就是“每个人都有自己的腔调”，而在个体发音者身上体现为“我就爱这么说话”。

最后一个角度会让人有一种“被冤枉”的感觉。大家有没有口齿不清的同乡或朋友？和他们交流的时候，就算聊简单的话题，大家也经常听不清对方说的话，需要对方（多次）重复才能听懂。这里的“口齿不清”很可能是生理原因造成的——“地包天”（上前牙错位排列于下前牙后侧）和“大舌头”（舌系带过短）。医学上把这两种情况定义为“发音器官生理异常”。尽管发音者知道标准发音，也在尽力地使用标准发音，但生理异常会在一定程度上影响发音的清晰度和准确度。我们可以把这种发音细分理解为：“无奈地说不准”。

本书的目标就是：推荐标准发音；抹掉国人英语发音中的“中国味”；帮助读者选择合适的发音方式。

1.1.2 语音（Phonetics）

接下来，我们来看一下“语音（Phonetics）”的概念：the study and classification of speech sounds。直译就是“发音的研究和分类”。语音是一门科学，是一个“非常麻烦的”研究体系。

说话也好，发音也罢，大家的态度一般都是：“这有什么复杂的？不就是上嘴唇碰下嘴唇吗？”但是大家如何解释以下问题呢？

- 耳朵是如何接收声音、大脑是如何理解声音的呢？
- 两种方言听起来的差别只是字的念法不同吗？
- 人们为什么喜欢有质感的声音，例如电影片花中的旁白？
- 我为什么不能拥有像某人一样的声音呢？

要回答上面的问题，我们应该会涉及解剖学、神经学、心理学、物理学、声学……我完全理解大家的感受，所以本书也不会带着大家“钻牛角尖”。可话说回来，不去钻牛角尖并不意味着大家不能勾勒出“牛角的大致形状”。本书会把以上四个问题变成下面这些看起来有点“无厘头”但实际上对发音有帮助的说法。

- 耳朵和大脑都是很精密的仪器，但是你的仪器可能天生就是残次品：你“跑调”吗？
- 如果你学方言只做到了“念准字词”，那么你外地人的身份很快就会被当地人揭穿！
- 除了“就是好听”这类语焉不详的感觉，我们可能真的没有什么更好的解释……
- 你不是某人，所以你没有某人的声音。好消息是：你可以让你的声音变得更好听。

在后续章节中，读者会找到上面“四个疑问”和“四种说法”的相关讨论，但是这些讨论只是点到为止。在国人作为外语学习者练习英语发音的过程中，大家不会、也不需要接触太多的“语音（学）”。大家不必对发音老师概念连篇的课程内容“顶礼膜拜”，因为大家学习的目标不是研究“声音的频谱结构”，也不需要理解什么是“无规则噪声”……就算真的要学习，只要理解“张着嘴说不出‘衣’字”“念好/t/这个辅音的要领是出气足”就够了。

1.1.3 口语（Speaking）

“口语（Speaking）”这个概念经常被英语学习者有意无意地提及，其英文定义是：the action of conveying information or expressing one's thoughts and feelings in spoken language。直译为：用语言的声音形式去传递信息，或者表达某人思想和情感的动作。

这个概念中的关键词是 action，也就是“动作”，但我们不能忽略口语的目的，也就是：conveying information or expressing one's thoughts and feelings，简而言之就是“表情达意”。这样一来，“口语”就是“为了表情达意而说话（的动作）”。

给大家举两个很恰当的例子：“字字珠玑”和“微言大义”。“字字珠玑”的意思是：说话非常有内容，每个字都很重要，因此，每个字都像珍珠宝石一样珍贵。“微言大义”的意思是：用非常少的语言传递了很深刻的内容。不管我们形容某人说话是“字字珠玑”还是“微言大义”，我们都是在讲“用语言传递信息的效果、效率”。虽然话还是从嘴里说出来的，但“口语”强调的重点是“大脑中的点子”和“心里的情绪”，也就是“你说了什么”“你为什么说”“你说的话是不是废话等”。

没错，良好的发音确实会给大家的口语加分。但“加分”不是“打分”，因为除了发音，衡量口语的标准至少还有：内容的精确程度、表达的逻辑性、用词的准确性、语法的准确度和掌握范围。此外，对于英语发音学习尚处于起步阶段的国人来说，发音准确性和口语流畅度是无法调和的矛盾：如果大家说英语的时候总是想着“这个音怎么读”“那个词的重音这次要念对”“我的开口幅度是否到位”之类的问题，那么口语中的语法、词汇、内容什么时候思考呢？我明确一下我的观点：我不是在阻止大家练习口语！不过，如果发音、口语一起练，可能哪个都练不好；就算能兼顾两项学习任务，齐头并进的速度也会非常慢。

总结

发音、语音和口语这三个概念的对比总结如下：

- 发音强调的是 the way，也就是口头表达的具体形式。
- 语音强调的是 the study and classification，是一门科学，是一系列的研究。
- 口语是 the action of expressing oneself，即：表达个人情感和思想的口头动作。

答案及解析

练习题 1：“翠花说话总是前言不搭后语。”这个场景与哪个概念相关？

□ 发音　□ 语音　□ 口语

答案及解析：口语；强调口头表达的内容（逻辑性差）。

练习题 2：“翠花的家乡话外地人很难听懂。”这个场景与哪个概念相关？

□ 口语　□ 发音　□ 语音

答案及解析：发音；强调说话的腔调（异乡人很难辨析、理解）。

练习题 3：“翠花的一个朋友说：‘她的方言其实还比较好懂’。”这个场景与哪个概念相关？

□ 语音　□ 口语　□ 发音

答案及解析：语音；只有发言者对一定数量的方言进行过比较和研究，才能得出题干中的结论。

1.2 为什么要学习发音

读者是否觉得标题是一个“傻”问题：“我喜欢啊”“老师说有用啊”“我的朋友、同学们都在学啊”“发音学习能够促进我英语学习全方位的进步啊”……在我自己找到这个问题的答案之前，上面的说法已经如雷贯耳了，我也只能“不明觉厉”，觉得自己那么多年英语都白学了。但在我找到答案之后，我只想说：上面的说法实在没道理。不信，请做自测题。

☑ 自测

练习题 1：发音学习有助于下列哪些方面的英语学习？

□ 口语和阅读　□ 阅读和写作　□ 口语和写作　□ 口语和听力

练习题 2：获取单词正确发音的最佳途径是什么？

□ 向母语者确认　□ 查词典　□ 模仿示范、老师或同学

□ 根据发音规律进行推断

1.2.1 语言发展史

我知道大家看到“某某史”就犯困喊累，所以我把这一点高度概括如下：在语言发展的过程中，声音形式的出现早于文字形式数千年。大家应该知道，在人类社会形成、演变的过程中，语言先有了其口头形式，文字则是后来的事情。因此，语言的语音形式，也就是口头表达，是语言的雏形；我们把这个“雏形”当作“发音”来理解，是比较稳妥的。

1.2.2 发音的外显性

“未见其人、先闻其声”就是发音的“外显性”；“发音是否标准”比“某人肚里有多少墨水”更容易被人察觉，也是发音外显性的表现。虽然“人不可貌相”，但之所以造出这句话提醒大家“要注重对方的内涵”，是不是因为外表确实是非常重要的“第一印象”呢？语言的“外貌”就是发音，即“语言的语音形式”。

我经常和我的学生讲述一些职场经历和见闻。在求职的过程中，向招聘单位投递简历是自然的，当然你也可以向面试官展示你写的美文。但我相信，面试官对你最初的印象是你的外形，其次是言谈。外形上，除了着装得体，我们可能做不了太多的改变。但如果某位应聘者中文发音标准、清晰，英文发音地道、自然，他应该会得到“可信”“有职场潜力”“英语能力不错”等正面评价。如果大家的发音，特别是英语发音成了口语表达的“瓶颈”或真实英语水平的“面纱”，那就会吃大亏。

发音对于英语来说，是一件既可以“保暖”又可以“遮丑”的好衣服。不穿衣服，出丑事小，冻坏事大，这就是“保暖”。英语口语表达离不开发音就是这个道理。此外，大小合身、特定款式的服装可以掩盖身材的缺陷，这就是“遮丑”。如果某人比较胖，他最好不要穿浅色、带有横条图案的外衣，而应该选一件深色、带有竖条图案的

衣服。通过对本章第1节的学习，大家可以了解到：口语的评价标准有很多。但发音能够直接影响听众的第一感受，如果好的发音先入为主，听众就会或多或少地忽略内容、语法、词汇等其他口语评分标准（事实确实如此），进而得出“这人英语不错”的结论。当然，表现不完全等同于水平；发音好并不意味着口语好；发音好更不能代表英语好。不过，大家是不是要先通过相关考核、争取到机会，以便获得全面展示英语能力的时间和空间呢？此时，发音就显得非常重要了。

1.2.3 发音的基础助力作用

发音确实对英语学习的其他方面有一定的帮助，但是对于发音到底能帮英语学习者什么忙，大家可能有很多误解。在此，我就“见招拆招”，对我听到的一些说法稍作点评。

发音与拼读

首先，有人认为“发音能够帮助拼读”。要评论这个观点，我们必须把“拼读”这个概念先拆解成“拼写”（spelling）和“阅读”（reading）两个细分概念，然后逐一解说。不过本节只谈拼写。请心急的读者直接翻看本章第10节寻找发音和阅读的关系。

良好的发音可以在一定程度上提升拼写能力。读者看仔细了：“良好的发音”才能帮助拼写！根据我近20年英语教学经历的不完全总结，在中国英语学习者中，拥有良好发音（能力）的人不超过5%——虽然良好的发音可以提升拼写能力，但“发音”提升不了你的拼写能力。且不说many中的元音字母发音不符合规律，能在单词中分清/e/和/æ/发音的学习者又有几个呢？更不用说“单身汉”对应的英文单词怎么拼写了。大家能从下面8个选项中找出真正的“单身汉”吗？不管大家是否能够选对，有多少人是根据发音选对的呢？选对的人是不是都已经熟记其拼写形式，逐一核对下面的选项后才锁定了正确的拼写形式呢？

- bacholer
- bachelor
- bachalor
- bacheler
- bechelor
- becholer
- bechalor
- becholar

发音与语感

我不认同“发音可以帮助学习者提高英语语感”这种观点。在我和机械工业出版社合作出版的《揭秘英语学习 50“坑”》一书中，我对“语感”这个概念进行了证伪。在此，我简单地给大家总结、重复一下。“语感”是语言使用者、学习者凭借可靠的语言使用经验的积累，下意识地、迅速地使用或确认正确语言的能力。我借发音的话题举一个语感的例子。假如你见过 200 个以字母组合 tion 结尾的单词，而且这 200 个 tion 全部念作 /ʃ(ə)n/。如果第 201 个单词也以 tion 结尾，那么你会不假思索地把 tion 念成 /ʃ(ə)n/，这就是语感。

但这样的发音语感还是非常“low”的，因为这种（发音）经验不可靠，根据这一语感，我们无法念对 suggestion 和 question 等常见单词，因为这两个单词里的 tion 念作 /tʃ(ə)n/。这时，你要思考并总结出：tion 之前是辅音字母的时候念 /tʃ(ə)n/；其前是元音字母的时候念 /ʃ(ə)n/”，只有这样，你才能算有了货真价实的语感。有几个英语学习者能有这样的语感？事实上，有这样语感的人（例如笔者）根本感觉不到语感的存在——如果不是写这个章节，我真的没有总结过上述规律。如果大家问我“为什么你见到 tion 都能念对？”我只能告诉大家：我见过的所有以 tion 结尾的单词可以分成两类，绝大部分的单词我都认识、能念准；我会使用词典确认那些我不认识的单词的发音。

发音与口语

接下来，我们要研究发音对于口语的助力作用。我为大家感到高兴：发音终于派上用场了！发音是口语的形式和媒介；从语言运用角度来讲，我们把发音当作口语的子集或者组成部分，这是可以的。雅思和托福这两种国际认可的英语水平等级考试中的口语测试都有四项分值相等的评分标准：连贯流畅、词汇、语法和发音。因此，发音占口语考试 25%的成绩。发音的重要性不言而喻，这里就不赘述了。

发音与听力

与发音关系最紧密的英语学科是听力。大家一定会好奇：“发音是说，听力是听，有‘神马’关系呢？”大家莫急，且听我慢慢道来。读者在任何自己熟悉的环境中，例如在宿舍里、家中、办公室里，稍微大声一点的谈话，你想听不到、听不懂都不可能，对不对？可是，如果大家到了一个陌生的环境中，哪怕是离自己家乡比较远的国内某地，大家交流起来可能都会有困难。此时，大家是否考虑过“听不懂中国某地方言”和“听不懂英语听力录音”的原因是一样的？不管是外语还是中国某地方言，“听不懂”其实只有两个原因：要么词汇不通用，要么同一词汇的念法不同。

所以，如果大家希望提高听力成绩的话，首先要过词汇关——单词的解释、用法和固定搭配都要掌握。词汇的重要性毋庸置疑，这里不再多谈了。现在，我们只需要仔细研究发音：如果大家的发音和听到的发音有差异的话，也就是说，如果大家的发音和标准发音（听力录音中的发音相对标准）有差异的话，理解起来就会有困难。科学地讲就是：语音解码出了问题。在祖国西南省份长大的读者很可能弄不清对面的老太太是“刘奶奶”，还是“牛奶奶”；“了呢不分”就是语音解码失败。大家找到听力的“死穴”了吗？

提高发音是听力进步过程中的必经之路。但在现实中，大家一般被忽悠着去做“精听”“慢速听力”“逐词听写”等效率低到可以忽略的练习。我以自己参加雅思考试的经历举一个反例。我并非在每次雅思考试前都会做准备，就算做准备，我备考听力时也只是做一套雅思听力自测真题。因为我的单词量够大，我的发音也够准确，做自测题的目的是重温考试的节奏。我几次考试的听力成绩都是 8.5 分，没得满分的遗憾就算“残缺美”吧！所以，凭我个人听力学习的经验（几乎没做过上文提到的低效听力练习）、我稳定的雅思听力成绩和我近 20 年的英语教学经验，我对读者说一句负责的话：不认为发音会影响听力水平的老师，要么就是自身发音不好、教不了发音，要么就是打定了“收你一辈子听力课学费”的主意。

总结

想学发音是好事；没想清楚为什么学发音却开始学习，就把好事变成了坏事。学好发音能解决大问题，但这些“大问题”可能并不是你希望解决的那些问题。

“学发音这么麻烦？”

“是的，因为如果发音容易学，你就不用看这本书了，对吧？”

答案及解析

练习题 1： 发音学习有助于下列哪些方面的英语学习？

□ 口语和阅读　□ 阅读和写作　□ 口语和写作　□ 口语和听力

答案及解析：口语和听力；在口语和听力的练习和使用中，良好的发音有助于信息的传递和接收。

练习题 2：获取单词正确发音的最佳途径是什么？

☐ 向母语者确认　☐ 查词典　☐ 模仿示范、老师或同学

☐ 根据发音规律进行推断

答案及解析：查词典；其他方法均不能确保单词发音的准确性。

1.3 到底要不要学音标

标题中的问题就是发音版的“罗生门”——众人观点不一，但大家说的好像都有道理；虽然大家不一定有充分的理由去反驳对方的观点，可还是觉得自己的想法才对……“不要把发音、特别是一个小小的音标问题搞得这么哲学好不好？”不好！因为“玄虚”都是故意弄出来的。而我从来都只是实话实说。

☑ 自测

练习题 1： 中国初中、高中英语教材中使用的音标是国际音标吗？

☐ no　☐ yes

练习题 2： 在英语中，发音和拼写必然是对应的吗？

☐ no　☐ yes

练习题 3： 对于绝大多数国人来说，使用“母语法”学习英语现实吗？

☐ no　☐ yes

1.3.1 音标是什么

顾名思义，音标就是对发音进行标注的符号和体系。中文的汉语拼音方案，实际上就是音标。

IPA 是“国际音标”的简称；IPA 的全称是 International Phonetic Alphabet，即：国际音标字母表。这个概念中有两点需要读者高度注意：第一，国际音标可以标注世界上所有语言的发音；第二，国内几乎没有机构和教师在教授国际音标；市面上与国际音标相关的图书基本上都是“挂羊头卖狗肉”；大家在学校里学习的英语音标也根本不是国际音标。如果读者对此持怀疑态度，那么大家看看真正的国际音标列表吧：

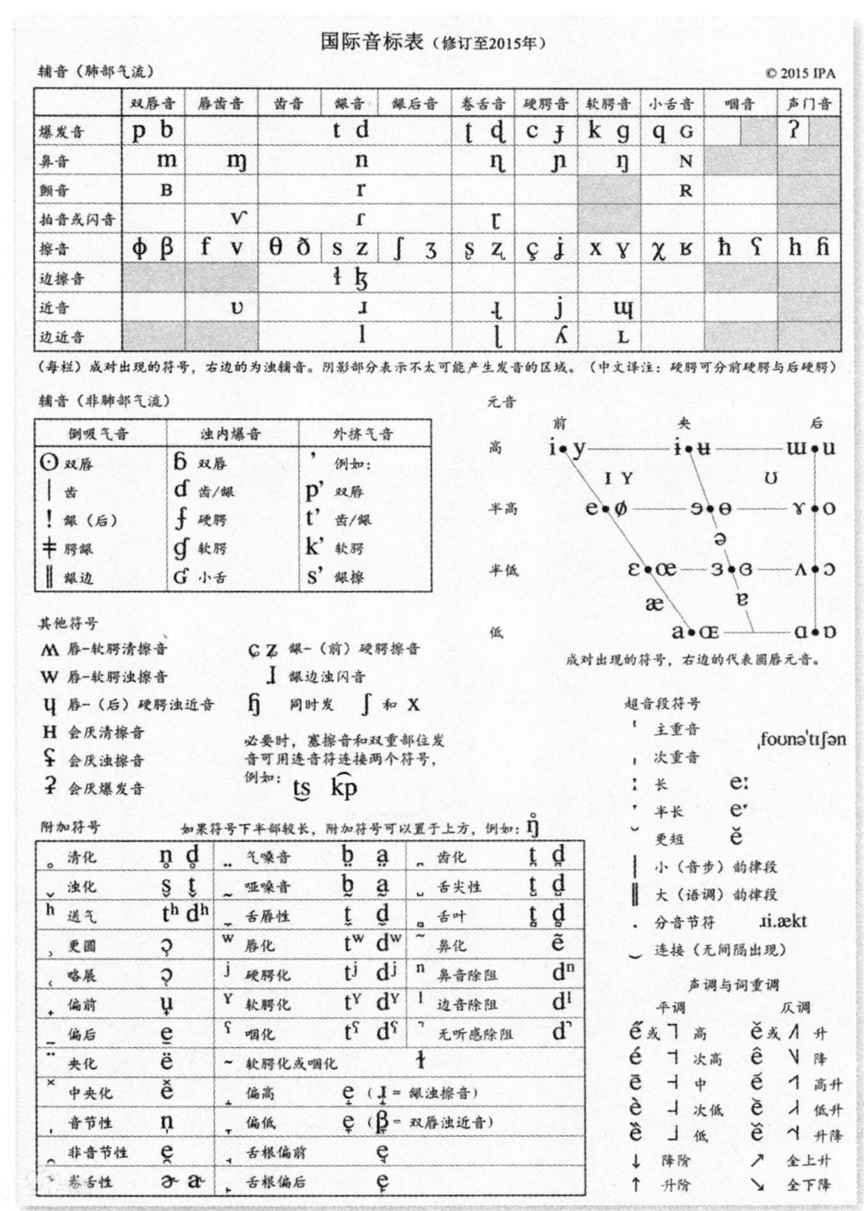

国际音标表（修订至2015年）

辅音（肺部气流）　　　　© 2015 IPA

	双唇音	唇齿音	齿音	龈音	龈后音	卷舌音	硬腭音	软腭音	小舌音	咽音	声门音
爆发音	p b			t d		ʈ ɖ	c ɟ	k ɡ	q ɢ		ʔ
鼻音	m	ɱ		n		ɳ	ɲ	ŋ	ɴ		
颤音	ʙ			r					ʀ		
拍音或闪音		ⱱ		ɾ		ɽ					
擦音	ɸ β	f v	θ ð	s z	ʃ ʒ	ʂ ʐ	ç ʝ	x ɣ	χ ʁ	ħ ʕ	h ɦ
边擦音				ɬ ɮ							
近音		ʋ		ɹ		ɻ	j	ɰ			
边近音				l		ɭ	ʎ	ʟ			

（每栏）成对出现的符号，右边的为浊辅音。阴影部分表示不太可能产生发音的区域。（中文译注：硬腭可分前硬腭与后硬腭）

辅音（非肺部气流）

倒吸气音	浊内爆音	外挤气音
ʘ 双唇	ɓ 双唇	ʼ 例如：
ǀ 齿	ɗ 齿/龈	pʼ 双唇
ǃ 龈（后）	ʄ 硬腭	tʼ 齿/龈
ǂ 腭龈	ɠ 软腭	kʼ 软腭
ǁ 龈边	ʛ 小舌	sʼ 龈擦

元音

成对出现的符号，右边的代表圆唇元音。

其他符号

ʍ 唇-软腭清擦音
w 唇-软腭浊擦音
ɥ 唇-（后）硬腭浊近音
ʜ 会厌清擦音
ʢ 会厌浊擦音
ʡ 会厌爆发音
ɕ ʑ 龈-（前）硬腭擦音
ɺ 龈边浊闪音
ɧ 同时发 ʃ 和 x

必要时，塞擦音和双重部位发音可用连音符连接两个符号，例如：t͡s k͡p

附加符号　如果符号下半部较长，附加符号可以置于上方，例如：ŋ̊

̥ 清化	n̥ d̥	̤ 气嗓音	b̤ a̤	̪ 齿化	t̪ d̪
̬ 浊化	s̬ t̬	̰ 哑嗓音	b̰ a̰	̺ 舌尖性	t̺ d̺
ʰ 送气	tʰ dʰ	̼ 舌唇性	t̼ d̼	̻ 舌叶	t̻ d̻
̹ 更圆	ɔ̹	ʷ 唇化	tʷ dʷ	̃ 鼻化	ẽ
̜ 略展	ɔ̜	ʲ 硬腭化	tʲ dʲ	ⁿ 鼻音除阻	dⁿ
̟ 偏前	u̟	ˠ 软腭化	tˠ dˠ	ˡ 边音除阻	dˡ
̠ 偏后	e̠	ˤ 咽化	tˤ dˤ	̚ 无听感除阻	d̚
̈ 央化	ë	~ 软腭化或咽化	ɫ		
̽ 中央化	e̽	̝ 偏高	e̝（ɹ̝ = 龈浊擦音）		
̩ 音节性	n̩	̞ 偏低	e̞（β̞ = 双唇浊近音）		
̯ 非音节性	e̯	̘ 舌根偏前	e̘		
˞ 卷舌性	ɚ a˞	̙ 舌根偏后	e̙		

超音段符号

ˈ 主重音　ˌfoʊnəˈtɪʃən
ˌ 次重音
ː 长　eː
ˑ 半长　eˑ
̆ 更短　ĕ
| 小（音步）韵律段
‖ 大（语调）韵律段
. 分音节符　ɹi.ækt
‿ 连接（无间隔出现）

声调与词重调

平调		仄调	
e̋ 或 ˥	高	ě 或 ˩˥	升
é ˦	次高	ê ˥˩	降
ē ˧	中	e᷄ ˦˥	高升
è ˨	次低	e᷅ ˩˨	低升
ȅ ˩	低	e᷈ ˧˦˧	升降
↓	降阶	↗	全上升
↑	升阶	↘	全下降

大家是不是在表中看到了很多不认识的符号？ 表中所有大家认识的、不认识的符号加在一起才是真正的“国际音标表”。 这时，大家会问：那我们在学校里学到的音标是什么呢？ 难道我们学了“假音标”吗？ 这个问题的答案会在本节后面的讲解中揭晓。

1.3.2 英语音标类型与“一件大衣”

之所以提到“一件大衣”，是因为我们要用 coat 这个单词作为例子，聊聊常见的英语注音方法。

kəʊt kot kōt

DJ/英式 KK/美式 韦氏音标

国人在英语学习的过程中，经常见到三种音标：DJ（英式音标），KK（美式音标）和韦氏音标。DJ（Daniel Jones）和 KK（John S. Kenyon 和 Thomas A. Knott）分别对应音标体系创始人的姓名缩写；而“韦氏”的名称则来自使用这种音标体系的梅里厄姆-韦伯斯特公司（*Merriam-Webster Incorporate*, 世界知名语言工具书出版公司）。三种音标对同一个音的标注方法是不尽相同的，上图对比了这三种音标体系对 coat 这个单词发音标注的差别。

DJ（英式音标）在国内英语教学中出现得最多，而使用 KK（美式音标）和韦氏音标的学习者和教材为数极少。大家使用哪种音标体系都是可以的，不过牢牢掌握一套注音方法是最优选择。因为避免不同注音体系混用才是音标学习的“正确打开方式”。

是时候说一下音标体系（例如 DJ, KK 或者韦氏音标）和 IPA（国际音标表）的关系了。IPA 可以标注世界上所有的语言，但工具的功能性和易用性一般成反比，例如功能强大的图片处理软件 Photoshop。虽然会用 PS 的人不少，但是能把该软件功能用全、用好的人很少，甚至连了解该软件所有功能的人都少之又少。同理，正因为 IPA 能够标注世界上所有语言的发音，所以这个体系很麻烦；至于麻烦到什么程度，大家已经在前文提及的“国际音标表”中见识到了吧？

DJ 和 KK 音标是以 IPA 为基础进行修订、分别用于标注英式和美式英语发音的音标体系；汉语拼音方案也和 IPA 有着很大的关联。韦氏音标则是使用“字母+符号”的形式标注美式发音，因此不是 IPA 体系中的音标类型。这里还有一个问题令人“纠结”：当我们注音的时候，到底是用“/ /”（双斜线）还是用“[ ]”（中括号）囊括音标呢？规则很简单：中括号内的音标都是国际音标；对于一种语言或发音类型的标注则用双斜线。这是规则；不遵守规则就会闹出误会。

还是用例子给大家说明一下吧。大家看到“[r]”这个音标时，可能会想到和汉字“软”声母相似的那个卷舌音，也就是 right 这个单词的第一个（辅）音。但是，既然

“r”这个音标写在中括号中，它就是国际音标，而国际音标中的[r]这个音是“齿龈颤音”，也就是西班牙语中的大舌颤音。但大家知道，“软”字也好，right也罢，我们读的时候都不需要使用大舌音。下面的问题也就顺理成章了：right这个单词第一个辅音的音标到底应该怎么写呢？正确答案是：/r/或者[ɹ]（齿龈后近音）；前者是英语音标（例如DJ, KK音标）中的写法，后者是国际音标中的写法。更严谨地讲，r字母英语发音对应的IPA符号是：[ɻ]（偏后齿龈后近音）。

根据这个例子，我们可以得出下面的结论：国内能见到的图书、教材中的英语音标都不是IPA；国内能教授IPA的教师和机构凤毛麟角。如果不信，请大家翻翻自己的书或者词典，看看right这个单词是否对应[ɻ]这个音标。在此，我也希望国内英语教材的编辑能够更严谨一些，并修正下图中这种“误人子弟”的说法。（下图为某初中英语教材中的图片）

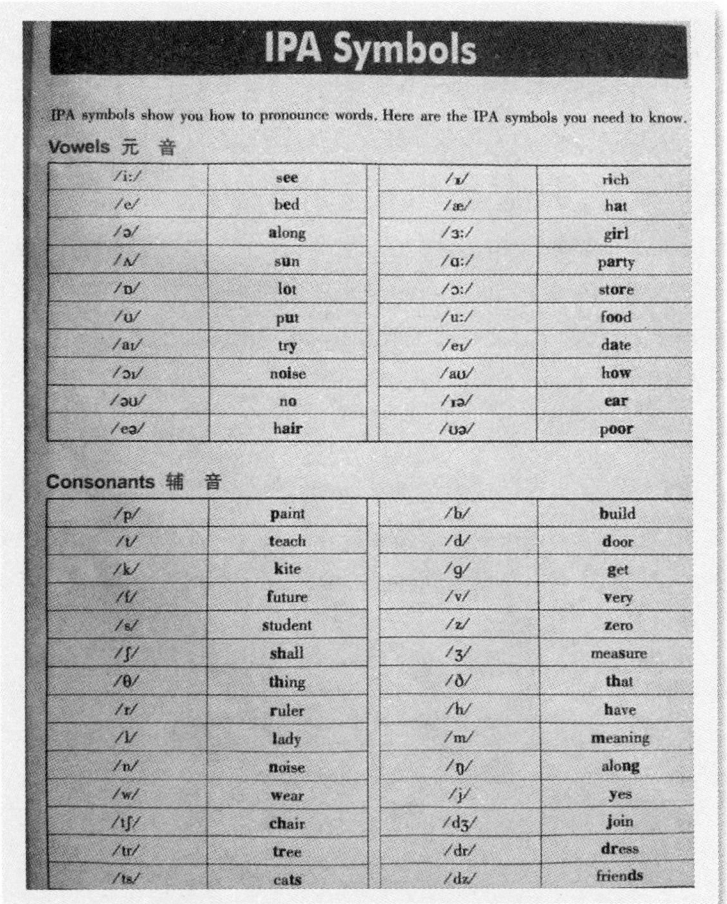

IPA Symbols

IPA symbols show you how to pronounce words. Here are the IPA symbols you need to know.

Vowels 元　音

/iː/	see	/ɪ/	rich
/e/	bed	/æ/	hat
/ə/	along	/ɜː/	girl
/ʌ/	sun	/ɑː/	party
/ɒ/	lot	/ɔː/	store
/ʊ/	put	/uː/	food
/aɪ/	try	/eɪ/	date
/ɔɪ/	noise	/aʊ/	how
/əʊ/	no	/ɪə/	ear
/eə/	hair	/ʊə/	poor

Consonants 辅　音

/p/	paint	/b/	build
/t/	teach	/d/	door
/k/	kite	/g/	get
/f/	future	/v/	very
/s/	student	/z/	zero
/ʃ/	shall	/ʒ/	measure
/θ/	thing	/ð/	that
/r/	ruler	/h/	have
/l/	lady	/m/	meaning
/n/	noise	/ŋ/	along
/w/	wear	/j/	yes
/tʃ/	chair	/dʒ/	join
/tr/	tree	/dr/	dress
/ts/	cats	/dz/	friends

话说回来，IPA 的价值是不容忽视的，因为 IPA 为“用统一的符号标注世界上所有语言的发音”提供了可能。至于“大家是不是要学 IPA”“学习 IPA 难不难”都不是核心问题，答案更是因人而异。

1.3.3 学音标的争论

有人认为中国人学英语不需要学习音标，他们的主要观点如下：

A. 音标抽象，不方便学习，特别是不利于少儿英语学习；
B. 外国人不学音标，我们应该借鉴外国人的“母语法”学习；
C. 英语单词拼写和发音有对应的规律，因此，我们可以跳过音标或者用别的方法念准单词。

以上三种观点的“声音很大”，大到没等到英语学习者想清楚，这些观点就固化成了信仰，开始左右大家的学习了。下面我就针对这些观点，逐一发表一下我的看法。

音标确实抽象，但学音标可能也是“没办法的办法”。中文普通话发音中没有“长短音”的区分，让同胞们理解 bee，tea，believe，receive 中的元音字母组合都念/iː/，是一件难事；而让大家凭经验猜出 machine 这个单词中字母 i 也念刚提到的长元音/iː/，就是不现实的事情了。我承认，让小孩子学习音标有点难，但是英语只有 48 个音标，除去其中和汉语拼音近似的、方便记忆的音标，只有很少几个音标“不便理解和识记”。小孩子慢慢学，不是太大的问题。

此外，借鉴“母语法”学英语的观点欠妥。母语学习有“关键期”的概念，即语言学习效率最高阶段的年龄上限——不管是在 3 岁、6 岁、12 岁，还是 14 岁之前开始学习某种语言才能学精这种语言，甚至把这种语言学习到母语水平，但大家几乎都错过这些“关键期”了吧？

“母语法”最大的问题是：方法不合适。小孩子的家人说中文，他们出门看到的、听到的语言也是中文，在学校学习、与同学交流更要靠中文。这些实际情况就决定了中国孩子基本无法使用“母语法（跳过音标学习）”学英语。方法依赖于环境，但环境难以获得。所以，“母语法”对中国（青少年）英语学习者来说其实是“空中楼阁”。

关于拼写和发音的对应规律，我们刚才看了几个例子。本章第 8 节将为读者进行更加详细的介绍，这里就不多言了。

总结

在弄明白了音标及其分类的来龙去脉之后，如果大家希望稳妥地掌握单词发音，学习音标在所难免。选择学习哪种音标体系不难决定：大家学 DJ 音标吧，因为常用的词典（推荐读者使用朗文、牛津等有质量保证的国际品牌词典）都选择了 DJ 音标；大家的教材或者学习材料通常也会使用 DJ 音标。

答案及解析

练习题 1：中国初中、高中英语教材中使用的音标是国际音标吗？

☐ no　☐ yes

答案及解析：no；如果真的有使用国际音标（IPA）的教材，请读者扫码加入读者 QQ 群与我联系，提供证据。

练习题 2：在英语中，发音和拼写必然是对应的吗？

☐ no　☐ yes

答案及解析：no；英语的发音规律，也就是“拼写和发音的对应关系”是总结性的，不是必然的。

练习题 3：对于绝大多数国人来说，使用“母语法”学习英语现实吗？

☐ no　☐ yes

答案及解析：no；“母语法”的学习效果依赖于母语环境，但国内英语学习者几乎不可能获得（英语）母语环境。

1.4 英语发音有多少种

在学习中遇到问题是很正常的事情，找到答案就行了。但有些问题的答案不是单项选择：英语发音类型五花八门，应该选哪种发音来学习呢？本节会为读者展示“英语发音的奇妙世界”，因为只有知道了选项的繁杂，大家才会重视选择的过程，才有可能做出适合自己的选择。

☑ 自测

练习题 1：“澳大利亚口音有时很难懂”主要是关于什么的论述？

☐ English　　☐ accent　　☐ english

练习题 2：“某人说话不动嘴” 这个论断与哪个概念相关？

☐ 口语　　☐ 口音　　☐ 语言

1.4.1 发音、口音和语言

我们在本章的开篇谈过发音、语音和口语的差别。 今天我们要继续辨析三个概念：发音、口音和语言。

大家应该还记得，“发音”是说话的方式和状态，简而言之就是“南腔北调”。 因此，我们基本上可以把“发音”和“口音（accent）”对等起来。 如果一定要毫厘不差地分辨这两个概念，我们可以用下面的这句话概括为：所有的口音都属于发音范畴，而某种具体发音的典型代表就是口音。 天津话、北京话，甚至英式英语、美式英语都是发音，也可以算作四种口音。 在学习一门外语的时候，我们肯定要学习发音；在学发音的时候，我们肯定会 pick up an accent（捡起一种口音），也就是“开始学习一种口音”。

下面我们说说“语言（language）”这个概念。 英式发音和美式发音（或“口音”）是英语这种语言（the language of English）最常见的两种发音。 那么“英式英语”“美式英语”这两个概念又该如何理解呢？ 语言除了发音之外，还包括语法、词汇、常用语等方面，而且英美两国人使用的英语确实在这些方面存在很多区别。 这时，我们会用“英式英语”和“美式英语”来进行定义和区分。

科学地讲，我们应该使用 the British/American english 分别对应英式和美式英语，因为 English 就是 English，是一个和“中文”对应的概念，是抽象概念；而 english 则是 English 的一种具体表现形式。 english 这种写法已经科学到有一些教条的程度了。 和大家“锱铢必较”是为了对概念进行准确的辨析，但请大家在书面表达时继续大写这两个概念中 English 这个单词的首字母。

1.4.2 大开“耳”界

标题的含义不言自明。 英语的口音类型多种多样，而且对于有些口音，读者应该“只闻其名，未闻其声”。下面我为大家介绍一些常见的英语口音，为大家选择中意的口音提供一个合理的范围。

伦敦（东区）口音（The Cockney Accent）

不知道大家听过 The Cockney Accent（见 1.4 文件 1）之后是一种什么感受。实际上，这种口音就是真正的“伦敦音”，和我们印象中的“大气、磅礴、庄重、典雅”等好像没什么关系。做一个形象的对比：地道的“北京话”就是中文的“伦敦音”，而后文要介绍的 RP（Received Pronunciation，标准英式发音）就是“普通话”。“伦敦音”是伦敦东部或东北部发音特点的总结，带有强烈的平民色彩。

Cockney 发音非常典型。从发音角度来说，Cockney 口音要求口腔打开、舌根下压，也就是“用勺柄压住舌根说话”。当然，具体音素的变化、/t/和/h/音的省略也是这种口音的特点。除了发音之外的特点，Cockney 口音强调“俚语化”，就好像国人把“有钱人”称作“大款”一样。“伦敦音”中俚语的使用，更多是出于发音押韵、说话俏皮的考虑，而这种“俚语化”和用词紧密相关，是地区文化的体现，本书在此就不做详细介绍了。

澳大利亚口音（The Australian Accent）

澳大利亚口音也是非常典型的英语发音类型，不容错过！在社交媒体上流传着一个澳大利亚小伙子让世界各地的人模仿澳大利亚人打招呼用语的视频（见 1.4 文件 2）。这个经典的澳大利亚问候语的原文是“Good day, mate! How are you going? ”（直译为“伙计！你还好吧？”；意译为“你好！”）；这句话在当地人口中的发音是“G’Day mate! How you going? ”。大家看看视频中世界各地的人对此会做出何种反应吧……

看过视频之后，大家应该会有两种感觉：第一，听不懂；第二，澳大利亚口音和 Cockney 口音有些相似。由于历史原因，澳大利亚英语发音源自 Cockney 发音，大家听不懂情有可原。此外，“澳大利亚英语”是一个宽泛的概念；如果细分起来，可能还有三种区分度更小的发音。总体来说，澳大利亚口音会有句尾音调上扬和双元音变化（例如/eɪ/变为/aɪ/）的特点。对这种口音不熟悉的人可能理解起来会有困难。我为大家准备了另外两段澳大利亚口音视频（见 1.4 文件 3 和 1.4 文件 4），如果大家想听澳大利亚小孩子的对话，或者大家想学学澳大利亚口音，这两段视频不可错过！

爱尔兰口音（The Irish Accent）

爱尔兰口音，也是英语世界发音中的 “奇葩”，让我们一起来看看爱尔兰女演员西尔莎・罗南（Saoirse Ronan）（见 1.4 文件 5）是如何点评其母语口音的吧。

看过之后大家一定会有一种“无所适从”的感觉。 如果大家觉得美女罗南的口音还不够“冲”，那么大家再看看这个“北爱尔兰小伙子播报天气”的视频（见 1.4 文件 6）吧……

大家看完这两段视频之后，一定会和我有相同的感受：“英语就是英语”是一个错误的命题，以上提供的两段视频就是最好的证据！ 究其原因，爱尔兰口音有非常严重的吐气现象，而且有一种 singing-songy（哼哼、哼唱）的感觉。 同时，共鸣在口腔的前部，和 Cockney 口音形成了鲜明的对比。

苏格兰口音（The Scottish Accent）

在此精选的大开“耳”界的发音范例中的最后一种就是：The Scottish Accent。 这里为大家提供一段美国小伙子对比苏格兰口音和爱尔兰口音的视频（见 1.4 文件 7），这段视频会给大家带来更加直观的体验。

除了视频中展示的奇怪腔调、特殊用词，有些苏格兰口音使用者会在发音中加上“大舌音”。 如果大家真的想学（地道的）苏格兰口音，可能得下一番苦功。 不过大家不用灰心丧气，因为如果大家比较了“学会苏格兰口音”和“让别人听懂苏格兰口音”哪个更难的话，前者就微不足道了……为了让大家更加清晰地体会苏格兰口音的“魅力”，我找了另外一段视频（见 1.4 文件 8），让大家体会一下“只说苏格兰口音”会是一种什么样的痛苦。

如果大家想更加深入地了解刚才提到的四种英语口音或者更多的英语发音类型，大家可以了解一下由 David Alan Stern 讲解的 Acting with an Accent 教程。 他是一位 accent coach，也就是“发音教练”或者“口音教练”，他的教学对象是有特定口音需求的演员。 同时，他也是一位非常有实力的口音专家和语音学家。 有兴趣的读者可自行查找相关资源。

1.4.3 口音须知

在听了这么多的英语口音之后，我们来总结一下。首先，口音名称中的地理概念是泛化的。例如，Cockney口音虽然源于伦敦，但是这种口音也在扩散。所以“在哪里说哪里的话”应该是正确的，但是“哪里的话一定在哪里说”就不一定正确了。所以，与其说“某地口音”和某地联系紧密，不如说“某地口音”是具有共同发音特点的发音类型的总称。

此外，各种口音没有好坏之分；各种口音（发音类型）只是不同的说话方式，仅此而已。不过，从交流的角度考虑，大家需要谨慎选择口音，因为交流的基础是“让对方听懂你在说什么”，但有些发音确实很难被不使用这种口音的人理解——中国北方人一般听不懂闽南语，就是这个道理。这点我们在本节之前的视频中已经看到了。所以，各种口音类型的选择没有高下之分，决定权完全在你手中，但你想学的口音可能非常小众化，甚至可能造成（普遍的）理解障碍。

最后，英语各种口音都是英语发音的不同形式，但有相同的特点。本节中提到的Scottish，Irish，Cockney和Australian这四种口音听起来感觉差别很大，但实际上，大家仔细研究之后会发现：它们都有英语发音的共同特点，例如：强调节奏、非声调辨义等。这些英语发音的特点和中文发音的特点（音节计时、声调辨义）形成了鲜明的对比。本书后面的章节将会对中英文发音特点的对比进行详细的论述。

总结

英语覆盖的地域遍布全球，其发音类型多种多样。同一种语言在不同的区域，由于历史、政治等原因，确实会产生发音上的差异。学习哪种口音，纯属个人选择，但有些发音确实不方便理解，甚至会阻碍交流。不过，本节给大家最重要的提示是：尽管一种语言中的口音不同，但众多口音之间存在本质上的相同点。

答案及解析

练习题1：“澳大利亚口音有时很难懂”主要是关于什么的论述？

□ English　□ accent　□ english

答案及解析：accent；accent就是“口音”的意思；导致澳大利亚口音难懂的主要原因是发音。语法和词汇等语言要素造成理解障碍的可能性较小，因此答案不是english（或English）。

练习题 2： “某人说话不动嘴” 这个论断与哪个概念相关？

☐ 口语 ☐ 口音 ☐ 语言

答案及解析：口音；此现象属于发音范畴，而“某人”这个概念强调了发音的个性化特点。

1.5 英美发音的典型口音是什么

读完上一节，大家一定在想：介绍英语发音的常见类型，怎么能不提及英式发音和美式发音这两种最常见、最典型的类型呢？ 现在，我就为大家做细致的讲解。 但是大家也知道，英式发音、美式发音各有更加细致的分类，那么到底什么才是这两种发音的代表呢？

☑ 自测

练习题 1： 如果某人使用 RP（标准英式发音），就一定显得传统、老套吗？

☐ yes ☐ no

练习题 2： RP（标准英式发音）中 “标准” 一词的含义是什么？

☐ RP 受媒体和高等学府的青睐 ☐ 使用 RP 的人数众多

☐ RP 是最高标准

练习题 3： GA（标准美式发音）这个概念强调的重点是什么？

☐ 某种美式发音标准 ☐ 某种常用美式发音

☐ 某种美式发音总结了美音的特点

1.5.1 英式发音

英式英语及其发音确实和中国人学习英语的历史有着千丝万缕的联系。 英式发音或者英音，大家应该不陌生。 近年来，英剧或使用英式发音的影片、电视剧让英音以全新的面貌进入了大家的视野之中——《唐顿庄园》《神探夏洛克》等 “神剧” 给大家带来了别样的听觉享受。

之所以说 “全新的面貌”，是因为自改革开放以来较长的一段时间内，国人接触的学习素材基本上都是以英式英语和英式音标注音为主导的。 而众所周知的《新概念英语》早期版本的录音也是以英音录制的。 所以，英音影片和电视剧的流行让国人听到了与课本、考试无关的英式发音。“中国人的英语发音从整体上看比较偏向英式”是稳妥的说法，毕竟我们无法忽视“师承”这种历史问题。再过二三十年，这种说法可能就不一定正确了：说不定到时候全世界都说同一种英语了；这也是有可能的。

1.5.2 标准英式发音（RP—Received Pronunciation）

所谓 Received Pronunciation，就是“标准英式发音”。在这个概念中，Received 是一个很关键的词。receive 是“收到”的意思；received 就是“被收到的”；Received Pronunciation 就是“被收到的发音”。

如果以上讲解不容易理解，那么“容易被收到的发音”“可以被所有人都收到的发音”就容易理解了吧？“标准发音”的说法也就顺理成章了吧？因为这种发音的发源地是英国，所以我们把它译为“标准英式发音”。这种口音也被称为 "Standard Southern"，即“英国南部标准发音”。标准英式发音，即 RP，是以英国南部的口音为基础的；普通话以北京口音为基础也是这个原理。

不少国人出于工作、学习方面的原因要参加“普通话水平测试”，为什么英国没有“RP 等级证书”呢？要回答这个问题，我们就要用到“文化差异”这个概念了。对“标准”持怀疑、否定甚至负面态度的西方人不在少数。和东方人相比，西方人更加注重“个性”，他们不认为“标准发音”是一个合理的概念，他们坚信“我想怎么说就怎么说”。

“标准英式发音（RP）”是 Daniel Jones 在 1926 年提出的一个概念。RP 还有很多别名，并且都给人留下了一些固有印象，这里为大家简单介绍一下 RP 的各种“小名”和“绰号”。

- Queen's English（女王发音）：可能是我们能够听到的最“高大上”的英式英语及其发音类型。女王发音有不少超出 RP 范畴的特点，换句话讲就是“女王发音比 RP 还 RP”。但正因为如此，把女王发音和 RP 等同起来的出发点是：“女王代表英国”“女王形象至上”。
- Oxford Accent：指 Oxford University（牛津大学）或 Cambridge University（剑桥大学）等英国高等学府中常见的口音。这种口音和 RP 相似，并且带有更多的“书卷气”。这种口音的代表人物是英国演员 Hugh Grant（休·格兰特）。可能是因为用大学名称命名一种口音显得“力度不够”“受众不多”，所以 Oxford Accent

这个名号不是很响亮。

- BBC Pronunciation：应该是几十年前RP的标准（BBC曾经把RP定为其标准播报发音）。就算考虑到当前个别BBC播音员的口音可能稍稍偏离RP轨迹，BBC发音依旧是和RP发音最为接近的一种发音。
- “Upper Class”和“posh”：是两个与RP联系紧密的概念。Upper Class表示“上层社会”，而posh的意思是“上流社会的；优雅的；豪华的”。这两个概念都在强调：RP使用者一般都有较高的社会地位，家庭背景显赫，家庭条件殷实。但随着社会的发展，英国的阶层性不如以前那么明显了，RP代表社会阶层的意味也越来越淡了。

调查统计显示，在英国，只有3%的人口使用RP。其实，这个数据不难理解。因为标准的存在就意味着有不达标的情况；因为RP旨在便于理解（received），所以要求发音清晰，这也是对发音者的考验。发音清晰易懂，让大家听着舒服的发音使用者在哪国都少，因为“清晰地说话让人感觉很累”是不争的事实。

1.5.3 标准美式发音（GA—General American）

“标准美式发音”即GA（General American），也可以将其称作"Standard American English"。General的意思是“笼统的；泛化的；大致的”，所以GA可直译为“整体上的美式发音”，也就是“美式发音的大致风貌”。Standard American English（SAE）这种说法虽然使用了“语言”（English）这个概念，但它确实是在强调语言的发音属性。因此，SAE翻译成“标准美式发音”更为恰当。

GA这个概念是George Philip Krapp在1925年提出的。他对这种发音的定义是：Western but not local in character——基于美国西部口音，但不具有区域特征（的发音）。“基于美国西部口音”这种说法很容易懂，大家想想普通话和北京话的关系就能理解了。“不具有区域特征”确实有点抽象，我给大家慢慢讲解。

美国可谓幅员辽阔，所以美国西部也是一个非常大的地理概念：美国大陆西北角的华盛顿州算作西部；西南角的加利福尼亚州算作西部；中西部的犹他州也可以算作西部。但这样说来，哪个地方的口音应该被定为“标准”呢？这时，“不具有区域特征”的说法就派上用场了。没有区域特征，就不是“某地专属”，强调的就是“区域共同点”。这样一来，GA就是“美国西部的一般发音”或者“美国西部有共性的发音”。

美式英语的发音类型，其实比英式英语的发音类型更多。但正因为如此，我难以取舍，所以就都不给大家介绍了。如果大家想更多体验 GA 的特点，可以查找一下 VOA（Voice of America，美国之音）或者 CNN（Cable News Network，美国有线电视新闻网）中的节目。这两个媒体的新闻播报发音是 GA 的常见范本。

1.5.4 标准

标准之争，在有些领域是“真金白银”的问题：电脑的接口是大是小，餐饮卫生是否达标，这些都直接影响着从业商家和相关方面的利益。虽然标准发音和学习者的利益不直接相关，但是哪个学习者不希望学到“标准的发音”呢？所有的学习者至少希望自己付出的学习时间能有所回报吧？因此，我们需要仔细研究一下“标准”。

发音标准谁说了算

这是一个值得讨论的问题。“电脑接口”这类标准的制定，基本可以总结为：哪家公司的技术强大、哪家公司的市场份额大，哪家公司就可以制定标准。如果按照这样的思路去考虑发音标准，自然是使用哪种口音的人多，哪种发音就是标准发音。如果这个道理讲得通的话，那么为什么把使用者数量仅占总人口 3% 的 RP 称为“标准发音”呢？

除了历史原因之外，把 RP 定为英式标准发音还有一个重要的考虑：交流。RP 清晰易懂，便于传播。“发音是为了说话，说话是为了传递信息、交流思想”，这是不可否认的事实和逻辑。如果口音影响了交流，大家就应该（考虑）调整自己的口音。如果读者一定要弄明白“口音的标准谁说了算”，我的观点是：“交流顺畅”——说话能被别人听懂是关键，好不好听倒是其次。

此外，近年来有些语言学家倡导把 Received Pronunciation 这种拗口的说法：依照 General American 的形式改成“General British”，以去除原概念中的“阶级性”、弘扬这种发音的“通用性”。不过，阶级是客观存在的。不管现在英国的阶级现状如何，如果 RP 和阶级之间存在一定的对应关系，那么这种关系也是客观存在的，不是通过变更其名称就能消除的。这也是本书沿用 RP 这种说法的原因之一。

还有一些语音学家和语言学家在讨论“Chinese (English) Pronunciation（中式英语发

音）”或“Indian (English) Pronunciation（印度英语发音）”的合理性。这些都是学术界的事情，和普通英语使用者改善发音的诉求没有太大的关系，读者可将这些介绍当作背景知识。

标准发音我看不上

不管是 General American，还是 Received Pronunciation，如果仅从其英文名称的字面意思来看，都没有“标准”的含义。因此，定义中的“标准”实际上是在传递“公认的、便于传播的发音类型”这层含义。这时候，我们把“标准英式与美式发音”，尤其是常见于西方媒体的口音，当作发音学习的范本，是没有问题的，因为这些标准发音清晰易懂、更容易被大众接受。正因为标准发音的广泛适用性，美国电视记者 Linda Ellerbee 和喜剧演员 Stephen Colbert 都改掉了各自的家乡口音，以避免大众因其口音而对其作品产生负面的联想和影射。

不知道上面的说法是否会让“反权威”和“崇尚个性”的读者感到宽慰。虽然我是发音老师，虽然我只教标准发音，也推荐大家学习标准英式与美式发音，但我尊重学习者的个人选择；同时，作为老师和本书作者，我也有义务告知大家“不同的学习倾向将导致不同的学习结果”这个不可逆转的事实。

怎么感觉标准发音总是在变

读者的感觉是没错的：口音会随着社会的发展而发生变化。RP 也在变化：几十年前的 RP 和现在的 RP 有很大的差别。此时，读者要保持“发音进化”的观点。我们可以模仿某个人、某个节目中的口音，但不能说这种发音、这种念法就是固定的标准。因为，一种发音在某个时代可能是典型；但即使是这种发音，在不同的时期也会有不同的范本。女王发音在几十年间都发生了变化，RP 自然也不例外；如果不把 Queen's English 改为 New Queen's English 或者 Queen's New English，我们有什么必要使用 GB 来代替广为流传的 RP 呢？这是本书没有用 GB 代替 RP 的另一个原因。“想到 RP 就想到某人”，是一种以偏概全的观念。大家应该试图 stay current（保持现代感），也就是“紧跟潮流”。

总结

口音本无高下，变化亦是寻常。清晰易懂为上，范本取舍随心。

答案及解析

练习题 1： 如果某人使用 RP（标准英式发音），就一定显得传统、老套吗？

□ yes　　□ no

答案及解析：no；RP 也在随着时间的推移而演变，具体发音类型是新潮或是老套要看具体情况。

练习题 2： RP（标准英式发音）中的“标准”一词的含义是什么？

□ RP 受媒体和高等学府的青睐　　□ 使用 RP 的人数众多

□ RP 是最高标准

答案及解析：RP 受媒体和高等学府的青睐；相对而言，RP 是最清晰易懂的英式发音。

练习题 3： GA（标准美式发音）这个概念强调的重点是什么？

□ 某种美式发音标准　　□ 某种常用美式发音

□ 某种美式发音总结了美音的特点

答案及解析：某种美式发音总结了美音的特点；以英语为母语的人士大多不认同“标准发音”这种说法；“General”一词对应 GA 这个概念的“总结性”。

1.6 这么多口音我选哪种

在准备开始学习发音的时候，很多英语学习者都得在英式与美式两种发音中做出选择。但是“哪种发音好”这个问题难住了大家。我认为：跟着逻辑走，选择不犯愁！在本节中，我会帮助大家选出适合自己的发音类型。

☑ 自测

练习题 1： 英音和美音在使用效果上有区别吗？

□ 英音好用　　□ 美音好用　　□ 都好用　　□ 都不好用

练习题 2： “只会一种英语口音”会影响交流吗？

□ 一定会　　□ 一定不会　　□ 应该会　　□ 应该不会

1.6.1 如何逻辑地选择？

在做选择的时候，大家一般有两个方向：一种是“凭感觉”——我觉得这样不错，我认为那样可以；另外一种是“严谨思考”。大家可能在电视剧中看到过以下桥段：当主人公要做出一个非常困难的选择时，他（她）可能会在一页纸上画一个“十”字，然后在左、右上角的格子中分别写上 pro(')s 和 con(')s，划分出“利”和“弊”两个类别；之后再将所做选择带来的积极和消极结果逐一写在对应的格子中进行直观的比较。

这种方法虽然不完全科学，但至少把繁复的想法具体化了。从这个角度来讲，“利弊列表”至少比“凭空假想”强多了。在本节后面的内容中，我会剖析英音、美音选择过程中的每种思考，以便大家根据个人情况进行选择。不过大家在本节中不会看到英音、美音在发音上的具体差异（例如同一个音在英式发音和美式发音中的差异）。我会在第 2 章结尾为大家归纳这些差异。

1.6.2 学不学？

在我帮大家做出选择之前，我还要进行一次“劝退”——这可能是大家全身而退的最后机会了！请大家确认学习发音的必要性。为了让大家清晰理解发音学习的“必要性”，我给大家讲一个我的学生的真实案例。一位学员报名的时候跟我说：“张老师，我的老板是英国人。他给了我一个月的带薪假期让我去学发音。而且他说，如果我学好了，学费全额报销。所以，我一定要学好发音！”

如果大家觉得上面的例子体现了“发音学习的必要性”，那么大家就错了。因为如果一个老板能够提供这么优厚的条件，让员工去学习发音，我们能够确定两件事情：第一，这个员工的发音确实影响了工作中的交流；第二，这个员工具有极强的工作能力，不然老板也不会这样“仁至义尽”。正因为这样，如果这个员工没有学成而归，老板会骂他、甚至解雇他吗？我认为答案是否定的，而且我可以进一步推断，如果他无论怎样也学不好发音，老板可能会给他配一名英文翻译吧……

很多人认为：英语就是国际交流的途径，大家没必要把口音练得和 BBC 或者 CNN 一样。不管我是否从英语发音老师的角度来看待这个问题，我都非常认同这种观点。人生中“有必要”的事情不多，我能想到的只有“吃喝拉撒睡”外加“工作”。“有必要”的事情指“你不做，就会有生命之忧”的事情。发音学习肯定不是这样的事情，所以，原本“必须”用在发音上的投入很可能被其他项目或任务分走。请大家分清“我想要的”和“我不能没有的”这两类目标，然后进行取舍，否则大家学习起来会感觉非常累，而且很难突破上升的“瓶颈”。

1.6.3 如何缩小选择范围?

截至现在，本书已经聊过6种英语发音类型了。当然，这6种发音类型只是所有英语口音当中很小的一部分。我不反对学习者选择任何一种英语口音，或者模仿自己“男神”“女神”的口音，但大家要注意两个问题：第一，个人喜好的口音的通用性；小众且不容易懂的口音，自己学得越好，别人越不容易理解。第二，大家要考虑个人选择的口音的素材数量。有的口音很好听，但如果这种口音的素材很少（没有专业教程、这种口音的多媒体素材很少），我就不建议大家学习这种口音了。

上面说的学习，基本是自学范畴。如果大家想拜师学艺的话，也会出现师资匮乏的问题。你想学苏格兰口音，但你身边没有苏格兰朋友或老师，你该怎么办呢？就算有，人家不免费教你，你又该怎么办呢？如果人家的课时费过高，你还学吗？说来说去，大家合理的选择可能只有常见的RP和GA这两种发音了。

1.6.4 可兼顾?

我知道很多读者都有“选择障碍”，所以，就算选择范围缩小到“RP或GA”，大家也还是会犯难。有的学习者“灵机一动”：何不两者兼顾呢？然后，大家就开始了没有尽头、没有结果的“英音、美音并行学习”之路……

同时学习英音、美音，对于绝大多数学习者来说是不现实的。读者在反驳我的观点之前，先回答以下问题：“你的家乡话和普通话，都说得很棒吗？”事实很可能是：你的家乡话影响了普通话、你的普通话也让你的家乡话不太纯正了。此时，大家再审视一下“兼顾英音、美音”的想法，是不是觉得之前的想法有点天真了呢？此时，大家还没有完全了解英音、美音那些大大小小的差异呢……其实，学好RP或者GA，就已经算是“丰功伟绩”了！

1.6.5 哪种适合我?

“如果必须选择一种，那么哪种发音适合我呢？”说实话，这个问题只能大家自己回答。RP和GA在具体音（标）的表现上确实有差异，但这种差异并没有难易之分。如果大家觉得练习RP或者GA更难，只是因为“心理暗示”“个人偏好”“先入为主”等个人因素，据此进行选择就可以了。

英音、美音的差异确实值得大家好好考虑一下：从整体上来讲，RP 比较“高冷、传统”；GA 比较“平和、时尚”。建议学习者根据个人性格选择感觉较好的发音类型进行学习。

根据我的经验，至少从单词发音习惯的角度来讲，国人英语发音普遍偏向 RP。这样的现实是由历史原因造成的：1978 年中国的改革开放打开了国门、解放了思想，真正意义上的“全民学英语”的大幕拉开了。而国人最初学习的英语及英语普及初期使用的教材基本都使用英式音标注音。这样一来，我的老师那一代人和我这一代人的英语发音基本都是 RP 或者趋向 RP 的发音，这两代人的学生也受到了 RP 的影响。

不可否认，近年来，美国的影视作品在丰富国人生活的同时，也或多或少地影响了国人的发音，让大家的发音更“美（式）”了。但考虑到国人吸收美音的途径多为寓教于乐或者自学成才，大家的发音并没有大家想的那么“美”。大家在选择发音类型的时候，无须过多考虑这些历史因素和我的个人经验，因为人各有异，大家可以根据自己的偏好选择 GA 或者 RP 进行学习。正所谓“朝闻道，夕死可矣”，大家什么时候做出选择都可以，只要大家选择时决心已定，并进行了相应的练习。

1.6.6 实际使用效果有没有区别？

我要明确地告诉所有读者：准确掌握 RP 或者 GA 的学习者，可以最大程度地理解其他英语发音类型。这里的“最大程度”有两层含义：第一，大家的发音会成为理解英语常见口音的最好助力；第二，如果一定要听懂特殊的口音（例如北爱尔兰口音），大家的标准发音也能起到作用。只是如果要“全懂”，不管大家掌握的是 GA 或者 RP，还是得学具体的口音。

我用具体、直接的例子，再给大家讲一下“最大程度”这个问题。我的学员经常问“老张，如果我去考雅思，我的美式口音会不会影响我的成绩？”这里给大家“科普”一下雅思考试中发音的特点。雅思考试的学术依托是英国剑桥大学，所以这个考试中使用的基本都是英式英语，不管是听力材料中的发音，还是卷面上的语言；甚至绝大多数口语考官也使用英式英语。

但是，在雅思考试中，考生可以使用任何类型的英语发音，哪怕 GA 也是没有问题的。

考官不会根据个人好恶、不顾评分标准，故意抬高或者压低分数。而且，使用地道、清晰的英语发音的考生，还可以获得发音评分项的加分。关于听力考试，我的个人实例足以让大家安心：我虽然懂美式发音，但我在生活和教学中是不使用美式发音的。不过，在托福考试（雅思考试的“美国兄弟”）听力模考中，我的测试成绩也接近满分，且成绩稳定。此外，我的学员的学习经历和考试结果也进一步证实了我的结论。所以，真正练好一种标准的发音就够了，应对生活、学习、考试都是没有问题的。

总结

如果大家到现在还没有做出最后的决定，那就 flip a coin（抛硬币看正反面），在 RP 或 GA 中随便选一个吧。不是我不负责任，而是“RP or GA”实在不是核心的问题。因为从理论和实际使用效果上讲，这两个选项都是正确的，所以“开始做出正确选择”并不重要，“后来练好”才是关键。

答案及解析

练习题 1： 英音和美音在使用效果上有区别吗？

□ 英音好用　□ 美音好用　□ 都好用　□ 都不好用

答案及解析：都好用；成功掌握英式或美式标准发音（RP 或者 GA），都可以（基本）保证比较理想的交流效果和应试表现。

练习题 2： “只会一种英语口音”会影响交流吗？

□ 一定会　□ 一定不会　□ 应该会　□ 应该不会

答案及解析：应该不会；很多英语母语人士也只掌握了一种口音，毕竟各种口音都是“英语”这种语言中的不同发音类型。与其他语言（例如中文）相比，英语的各种发音类型之间的相似性远比差异性明显。

1.7 什么是好发音

“好发音”本来是一个标准问题——好就是好，不好就是不好。但绝大多数中国英语学习者却用主观好恶评判发音：我听着“爽”的英语发音就是好发音，反之亦然。我们无法比较“标准”和“主观感受”的重要性，但前者毕竟是公认的，在大家用充分的理由推翻公认的标准之前，我们还是要服从标准。那么，好发音的标准是什么呢？

☑自测

练习题 1：作为外国人，我们要把英语念得有“那个味道”需要首先关注什么？

□ 发音准确　□ 修炼声音　□ 酝酿情感　□ 熟悉、理解文本

练习题 2：如果要客观评价一段发音的优劣，下列标准的优先级排序是什么？（重要性依次下降）

1. 发音准确度；2. 声线优美度；3. 朗读清晰度；4. 情绪饱满度；5. 录音修饰度（软件调音、加配乐等）

□ 12354　□ 31452　□ 34152　□ 14235

练习题 3：以下哪种情况最符合国人的英语发音实际情况？

□ 国人的发音有问题，且自知　□ 国人的发音没问题

□ 国人的发音有问题，但无法锁定或者自行解决问题

1.7.1　“这个看脸的社会”

我相信大家在读完这个标题之后，会想起不少生活场景和影视剧桥段。是的，外在环境的影响力是时刻存在而且作用巨大的。我们先来听一段我的一位学员的朗读录音（见 1.7 文件 1）。

我不知道大家听完录音之后有什么感受，但是我猜想很多读者会问“她是中国人吗”“她怎么念得这么好”“她在跟老张学习之前是什么水平呢”。这些问题虽然是“热点”，但我要告诉大家的是：内行看门道，外行看热闹——虽然她朗读得很好，但还是有一些“小”问题。这段录音的原文和我对这段录音的纠音点评如下。（学员朗读时出现的问题在表格中以粗体大写字母呈现。）

> So, as with a domestic building, when designing a public building, an architect needs to consider the function of the building—for example, is it to be used primarily for entertainment, or for education, or for administration? The second thing the architect needs to think about is the context of the building. This includes its physical location, obviously, but it also includes the social meaning of the building—how it relates to the people it’s built for. And finally,

for important public buildings, the architect may also be looking for a central symbolic idea on which to base the design, a sort of metaphor for the building and the way in which it is used.

单词	录音发音	正确发音
buildinG	/ˈbɪldɪn/	/ˈbɪldɪŋ/*
CONsider	/kɒnˈsɪdə/	/kənˈsɪdə/
administrAtion	/ədˌmɪnɪˈstriːʃn/	/ədˌmɪnɪˈstreɪʃn/
INCLUDES（23”处）	/ˈɪnkluːdz/	/ɪnˈkluːdz/
mEAning	/ˈmɪnɪŋ/	/ˈmiːnɪŋ/
centraL	/ˈsentrəʊ/	/ˈsentrəl/

我相信，大家应该对照文本和表格又听了一遍录音，然后你们可能会问："有必要这么细致吗？"我的回答是"有"，因为表格中提到的单词和其中的某些音，确实存在不同程度的问题。大家可能因为朗读者流利的发音和优美的声线而忽略了其朗读中的问题，我也承认这段朗读是一块"美玉"，但大家的感觉和我的整体评价都无法掩盖朗读中的"瑕疵"。这就引出了下一个知识点。

1.7.2 未经训练的耳朵不可信

读者一定很疑惑：耳朵还需要训练吗？是的。请大家再听一段录音（见1.7文件2），猜猜这是谁的录音？

大家是否可以通过演讲内容判断这位演讲者是英国女王伊丽莎白二世呢？虽然有些读者可能对英式发音、女王发音十分热衷，但当我使用音频处理软件调整了女王发音的速度和音高之后，大家熟悉的女王发音"失踪"了；她发音的典雅和高贵几乎不可辨出了。这当然是科技的力量，同时也证明了我们的耳朵"不靠谱"。

英国女王2013年圣诞贺词节选文本：

I once knew someone who spent a year in a plaster cast recovering from an operation on his back. He read a lot, and thought a lot, and felt

* 如未加特殊说明，本书中的音标均采用DJ音标体系进行注释。

miserable. Later, he realised this time of forced retreat from the world had helped him to understand the world more clearly.

We all need to get the balance right between action and reflection. With so many distractions, it is easy to forget to pause and take stock. Be it through contemplation, prayer, or even keeping a diary, many have found the practice of quiet personal reflection surprisingly rewarding, even discovering greater spiritual depth to their lives.

下面的这位朗读者又是谁呢？ 请大家听录音（见 1.7 文件 3）。

答案揭晓：刚才大家听到的这位朗读者是 Benedict Cumberbatch，也就是英剧迷口中的“卷福”（这位演员头发卷曲、在英剧《神探夏洛克》中扮演福尔摩斯，因此得名）。 大家听到的是我对原录音进行降速和升调处理之后的版本。 这样一来，他低沉的声线、“赶火车”似的发音速度就都“灰飞烟灭”了。

《夜莺颂》“卷福”朗读版节选文本：

My heart aches, and a drowsy numbness pains
My sense, as though of hemlock I had drunk,
Or emptied some dull opiate to the drains
One minute past, and Lethe-wards had sunk:
'Tis not through envy of thy happy lot,
But being too happy in thine happiness
That thou, light winged Dryad of the trees,
In some melodious plot
Of beechen green, and shadows numberless,
Singest of summer in full-throated ease.

第四位朗读者上场了。 大家能猜出这段录音（见 1.7 文件 4）的朗读者吗？

大家刚听到的这段录音是我个人早期录制的作品。 我的音色尚可，有一定磁性。 但我觉得我的声音不够低沉，没有电影片花中“男声优”浑厚的嗓音，所以我使用音频软件降低了声音的音高，但朗读的速度没有调整。 对于一般的英语发音学习者来讲，我的录音是可以以假乱“真”（母语者录音）的。

作者朗读片段文本：

Sarah Perry was a veterinary nurse who had been working daily at an old

> zoo in a deserted district of the territory, so she was very happy to start a new job at a superb private practice in North Square near the Duke Street Tower. That area was much nearer for her and more to her liking. Even so, on her first morning, she felt stressed. She ate a bowl of porridge, checked herself in the mirror and washed her face in a hurry.

通过以上例子，大家应该已经清楚：如果大家的耳朵未经训练，如果把朗读者的声音特质掩藏一下，如果朗读的文段内容相同，不管大家对朗读者多么熟悉，很多时候大家无法分辨朗读者的身份。 绝大部分发音学习者在听录音的时候只是在“听声”，而不是在“辨音”。 这种说法有点刻薄，但不失公允。

1.7.3 我们的耳朵可能练不出来了

请读者欣赏下一个音频（见1.7文件5）。

这就是阳刚有力的苏格兰口音，大家听出来了吗？ 这种口音虽然是英语的一种地道发音，说话的人也是母语者，但大家找到英语的感觉了吗？ 大家觉得这种发音优美吗？ 不管大家对发音的个人价值取向如何，就算Siri（苹果公司语音控制功能）的语音识别率不是百分百准确，但英语说成音频中那样，可能只有当地人能懂了，英语的交流功能也被这“虽然地道却难懂”的发音给耽误了。

大家可以放心，最后这段录音中的口音不会出现在听力考试中，因为太难懂了……我本人也只听懂了主人公通过Siri点外卖失败的梗概。 由于原文中有些不雅的用语，录音的文字版就略去了：大家听不懂正好，感受一下“异样”的英语就可以了。

说 “耳朵练不出来”不是要否定大家的努力和可能获得的成果，而是强调“环境和习惯的影响”。 请读者仔细体会下面这句“内容深刻的废话”：其实所有人都喜欢自己喜欢的东西，习惯做自己习惯的事情。 改变习惯和偏好很难；刻意练习和坚强意志缺一不可。 但正因为如此，大家的耳朵很难被训练出来，因为大家可能只爱听发音清晰、内容浅显、音质优美的朗读，不符合这些标准的发音就被我们有意无意地忽略了。

某些发音类型忽略就忽略了吧，这不是重要的问题，因为大家确实没必要掌握多种不同的英语发音。 但是，这并不意味着大家可以省去对下列问题的思考。 只有想清楚、回答好下列问题，大家才能开始训练自己的耳朵。

- 我是喜欢发音的人、朗读的内容，还是发音本身？
- 我喜欢的发音好在哪里？
- 我喜欢的多种发音有没有共同点？

1.7.4　“整容”

大家对“医学美容”这种说法可能还有些陌生，但“整容”这个词大家一定听过。前文提及的三个音频都被我“下了刀”。只是，女王和卷福的朗读被我“切”坏了，而我把自己的音频变成了“偶像小鲜肉”。有的人很注重外表，觉得自己的五官或者身体其他部分可以更美观，于是走上了整容之路。手术前的沟通肯定是少不了的，整容者一定会把个人诉求告诉主刀医师：眼角开大一点，鼻子垫高一点……

回到我们“发音修饰”的主题。我们的“丑”就是“声音过高”“语速过快”“音调不准”等发音问题，我们的诉求就是把这些不理想的发音特点调整过来。此时我们可以通过常见的音频修正软件、通过 10 次左右的点击操作完成。（当然，前提是能熟练操作软件。）这就是给发音“整容”。我给大家找了一个极端的例子（见 1.7 文件 6），看看歌曲的调音师有多么伟大！

不过，调音师再伟大、软件再厉害，我们念错的字是改不过来的，除非我们重新录制出正确的版本，然后再进行剪辑。如果大家认为上面这段视频过于夸张，或者是虚构的，那么下面这段《可惜不是你》“整容”前后的对比视频（见 1.7 文件 7），就太写实了。请大家仔细听视频第 9 秒处的“身边”二字，大家是否听到的是“生边”？如果不重录的话，那么再厉害的调音师，也无法用（软件）技术把“后鼻音”修成“前鼻音”，就像一般人再怎么接骨也成不了姚明。

经常有学员问我：“张老师，我觉得我的发音没问题了，为什么我的朗读还没有‘那个调调’、不像外国人念的呢？”看到这里，大家应该明白我的感受了吧？大家的朗读在很多方面都可以提高，最关键的问题应该还出现在认识上：大家对自己“调调”的问题没有感受，而且大家不知道外国人的“调调”是什么。

总结

本节的目的只有一个：希望大家能够透过发音的表象看本质，走上获取良好发音的“正路”——清晰、准确地朗读，而不是一味追捧、执迷于可遇不可求的嗓音条件。关于声线和练声的话题，我会在本章中专门讨论；如何把音念准是我们全书的宗旨，大家可以慢慢体会。如果大家能够按照本书的章节安排，耐心学习，那么大家的发音目标是可以实现的。其实现在大家就在进步，因为大家至少知道了：虽然大家嘴上说“想学发音”，但心里却想着“想成为那个为你朗读的人”。而这是大家发音学习的最大障碍。

答案及解析

练习题 1： 作为外国人，我们要把英语念得有“那个味道”首先需要关注什么？

□ 发音准确　□ 修炼声音　□ 酝酿情感　□ 熟悉、理解文本

答案及解析：发音准确；母语使用者朗读时的“那个味道”首先是发音的准确，这是外语学习者难以企及的；就算英语学习者声音条件再好、对文本理解再透彻、朗读时情感再丰富，大家外语学习者的身份也会因为“念错单词”而暴露。

练习题 2： 如果要客观评价一段发音的优劣，下列标准的优先级排序是什么？（重要性依次下降）

1. 发音准确度；2. 声线优美度；3. 朗读清晰度；4. 情绪饱满度；5. 录音修饰度（软件调音、加配乐等）

□ 12354　□ 31452　□ 34152　□ 14235

答案及解析：31452；“朗读清晰度”（适当的速度、音量等）能够让听众准确获取语音传递的内容，这是高于“发音准确度”的标准。“情绪饱满度”是理想；“录音修饰度”是外力；“声线优美度”是不可控因素；简而言之，“听清——听懂——听好”是对朗读要求的合理排序。

练习题 3： 以下哪种情况最符合国人的英语发音实际情况？

□ 国人的发音有问题，且自知　□ 国人的发音没问题

□ 国人的发音有问题，但无法锁定或者自行解决问题

答案及解析：国人的发音有问题，但无法锁定或者自行解决问题；解析略。

1.8 你还在用“自然拼读法”学发音吗

人有能力之别；物有功用之分；理论更是一法一用。如果不能在厕纸上写论文交给导师、如果喝咖啡时不能放胡椒粉提味、如果保险公司不赔偿酒驾引起的交通事故损失，那么为什么国人可以用 Phonics（“自然拼读法”）学英语发音呢？

☑ 自测

练习题 1: Phonics是西方人的发明还是中国人的创造?

□ 西方人的发明　　□ 中国人的创造

练习题 2: 从理论上讲，Phonics适合中国人使用吗?

□ 适合　　□ 不适合

练习题 3: 根据英语发音规律，“ghoti”这种拼写形式不可能和下面哪个单词同音?

□ fat　　□ goatee　　□ fish　　□ gush

1.8.1 跟着文豪来搅局

萧伯纳（George Bernard Shaw，1856年~1950年）是爱尔兰著名剧作家。他在英语拼写改革运动中非常活跃，并提出了“应该用GHOTI代替FISH”的观点。*

If GH stands for F as in cough,
if O stands for /ɪ/ as in women,
and if TI stands for SH as in nation,
then the right way to spell FISH should be: G-H-O-T-I.

文豪太“调皮”了。这么说是因为：英语字母组合确实有不同的发音，而英语词汇的来源众多，且音节结构也会对字母的发音产生影响，所以“硬生生地”从单词中抠出对应某音的字母、拼凑出发音相同但拼写迥异的单词的做法，是不合理的。文豪不会不知道GHOTI之说有些“矫情”，但这个例子生动地展示了英语发音是多么messed up（被弄乱了的）。

1.8.2 Phonics——传说中的“自然拼读法”

Phonics: a method of teaching people to read by correlating sounds with symbols in an alphabetic writing system（《新牛津英汉双解词典》）

（自然）拼读法：一种通过……教授阅读的方法。

---

* 有考证表明GHOTI并非萧伯纳所创。此说明仅为表明本书严谨的态度，本示例的意义不受其出处影响。

Phonics is a method for teaching reading and writing of the English language by developing learners' phonemic awareness—the ability to hear, identify, and manipulate phonemes—in order to teach the correspondence between these sounds and the spelling patterns (graphemes) that represent them.（节选自维基百科：*https://en.wikipedia.org/wiki/Phonics*）

（自然）拼读法是一种通过……教授英语阅读和写作的方法。

我丝毫没有为难读者的意思，所以我把大家需要注意的部分标注出来并加上了中文注释。同时，我明确告诉大家，这里的 reading 不能翻译成“朗读”，更不能翻译成“发音”，因为 Phonics 这种方法被提出的时候，就没有“训练出声朗读或发音”的目的，因为这种方法的使用者的发音是没问题的。Phonics 这种方法的原理是“通过开发学习者的音位意识，也就是听、辨和使用音位的能力，以达到教授发音和对应字母拼写之间关系的目的”。

“自然拼读法”之所以加上引号是因为：根据权威词典和网络信息的汇总，概念中根本没有“自然”这个意象。与其说“自然拼读法”是意译，还不如说这样翻译能够“博眼球”——自然的东西谁不喜欢？不费劲啊！“见词能写、听音能拼”更是国内英语教学机构使用“自然拼读法”的出发点和宣传点。但事实真是这样吗？这么“好”的方法我们为什么不能使用呢？

1.8.3 英语单词的拼写和发音对应吗？

这是一个非常关键的问题，因为，如果英语单词的拼写和发音不对应，Phonics 或“自然拼读法”的理论就没有立足点了——不对应，我们去哪里找规律？没规律，怎么做到“见词能写、听音能拼”呢？

我承认：拼写和发音存在一些对应关系，例如字母 a 可以念成/eɪ/、/æ/、/ɑ/、/ɒ/、/e/、/ə/、/ɪ/；同时，/eɪ/这个音可以对应下列字母或者字母组合：

/eɪ/	**a, a...e, aa, ae, ai, ai...e, aig, aigh, ais, al, ao, au, ay, aye, e (é), e...e, ea, eg, ee (ée), eh, ei, ei...e, eig, eigh, eighe, er, ere, es, et, ete, ey, eye, ez, ie, oeh, ue, uet**

这样看来，英语字母（组合）和发音之间存在一种网状的、“多对多”的关系。我们不禁会反问：发音规律或者任何规律不应该是普遍有效的吗？就算有例外，也不应该是“发现一个例外，就在规律中加上一条注释”吧？我很遗憾地告诉大家，英语的发音规律就是“发现一个总结一个”。原因在于：英语词汇的来源众多；词形历史演变复杂；发音也随着时间的推移发生了改变。

在英语中，这种对应关系大约有几百例，我觉得这些规律的意义不大，就不一一列举了。有兴趣的读者可以查看一下这个网址：*https://en. wikipedia. org/wiki/English _ orthography*。

Spelling patterns 这个条目中的“拼写——发音”对应关系学不全就念不准，学全了也不一定看到单词就能念准，因为对应关系是“多对多”！如果一定要念不认识的单词，大家猜猜就好，念不准是正常的；查词典学发音没什么不好，可能会多花些时间，但绝对稳妥。

不管英语中是有 50%、60%、70%还是 80%的单词存在拼写和发音的对应关系，有两件事情我们可以确认：第一，“符合拼读规律”是一种模糊的说法——拼读精度的提升会降低拼读规则的适用率。也就是说，拼读规则可以帮大家把一些单词念准、拼对，或者把单词念得、拼得和正确的形式差不多。例如 machine 这个单词，ma-音节念成 /mə/算是“靠谱”，但-chine 念成 /ˈʃiːn/（这是正确读音）就“离谱”了吧？那么这个词到底算不算“符合发音规律”呢？这种词的存在可能就是前面提及的百分比存在差异的原因吧。

此外，“拼读规律”或多或少会和语法相关。例如，use 和 permit 都可以用作动词或名词，但这两个词用作不同词性的时候会有不同的发音。更加麻烦的是：use 用作名词和动词时，发音的区别只是结尾辅音清、浊的不同；但 permit 的词性变化会影响重音的位置，且改变了第一个音节中的元音。就算“动词用浊音”“动词重读音节在后”都被算作“发音规律”，但当学习者不了解词性、不知道某些词可以一词对应多个词性时，这些规律根本无用武之地。而当大家已经弄清楚了一词多义（词性），也就不会靠“发音规则”去猜发音了。

第二，不符合发音规律的单词很多都是常用单词。这就是为什么有 Sight Words 的说法了。Sight Words 是由美国学者 Edward William Dolch 列出的在儿童读物上出现频率最高的 220 个英文单词的集合。因为这些单词简单、出现的频率高，且大部分不符合发音规律，所以被单独列出，以便于母语幼儿或外语初学者掌握，做到“看到（sight）能念、能懂”。这不正是“自然拼读法”的软肋吗?

1.8.4 Phonics 能改善发音吗?

不能，因为这种方法本身就没有“改善发音”的目的。

- Phonics 解决的问题是“如何把 a-p-p-l-e 这个拼写与/ˈæpl/这个读音对应起来”，而不专注于“把/ˈæpəʊ/纠正成/ˈæpl/”的问题。中国英语学习者的问题是后者。所以 Phonics 不能改善、修正你的发音。
- 你的 Phonics 或者“自然拼读法”老师的发音水平决定了你的发音水平。但是，大家要明白的是，如果你的老师发音好，不管他/她是否教授“自然拼读法”，都能帮你改善、纠正发音。所以，帮助你的是发音水平高超的老师，而不是“方法”。

大家的英语发音准不准，至少在英语学习的启蒙阶段，说白了就是“撞大运”！因为你的发音取决于家庭环境（父母是不是教你、他们是不是高水平的英语发音使用者）和英语启蒙教师（你的第一位英语老师可能“伤你最深”）。随着英语学习的深入和年龄的增长，大家的学习能力增强，自学发音、修正发音都是可以自行完成的，但这并不意味着大家可以将自己的发音修正到理想的水平，更不意味着良好的英语发音可以速成。读到这里，大家对于“没有捷径”的理解应该非常深刻了。

除了“看着 A，想着 A，却念成 B”这种不准确的发音之外，Phonics 可能让你“把 A 当成 B 念”，因为 Phonics 不涉及重音处理理论。比如，大家很难根据“自然拼读”规律对下表中的单词进行准确发音。在我的教学生涯中，我几乎没有听过哪位学员能够不假思索地念对下面所有的单词。

单词	发音
photograph	/ˈfəʊtəgrɑːf/
photographer	/fəˈtɒgrəfə(r)/
photographical	/ˌfəʊtəˈgræfɪkəl/

1.8.5 Phonics 适合中国人吗？

在绝大多数情况下，不适合，因为这种方法针对以英语为母语的儿童。

在以英语为母语的国家，孩子们肯定是先会说 apple 这个词，然后通过 Phonics 的发音——拼写对应关系，把书上 a-p-p-l-e 这个“无意义的”字母串转化成/ˈæpl/ 的发音。这时，孩子们就会恍然大悟：原来 apple 就是（我知道的，也会说的）“苹果”！ 但是我们中国的孩子知道多少单词呢？ 除了 apple，中国孩子能说出多少种水果的名字呢？ 这就是国人不适合学习 Phonics 的最根本原因：我们没有词汇基础，我们也没有这些基础词汇的发音储备。 如果学习者不具备初中毕业生的英语词汇水平（2000 必会词以及 500 拓展词汇），那么大家学习 Phonics 就是缘木求鱼。

1.8.6 Phonics 在西方的口碑如何？

我就用一句话概括西方学术界达成的共识：Phonics 从文字辨识角度提高了母语儿童的阅读能力。 认字才能读书，但读书不只是把书上的字都认全了这么简单。 Phonics 说白了是“学习认字”，但是认识 apple 和 eye，和理解 the apple of my eye（挚爱、掌上明珠、得意门生）还是有很大区别的。 如果“认字不等于阅读”在以英语为母语的国家都是棘手的问题，那么中国英语学习者是不是更苦了？ 客观地讲，Phonics 对母语学习者有效，但不是解决阅读问题的“万灵药”。

1.8.7 Phonics 对决音标

英语常见的音标体系（DJ 或者 KK）比较抽象，对孩子们来说有难度。 但是考虑到音标体系中有不少辅音和汉语拼音相似，教孩子们音标的时候也能把拼音“顺手教出来了”。 如果能够辨析一下相似的汉语拼音和英语音标的发音区别，岂不是美事一桩？

就算有些音标很抽象，但老师和家长们可以形象地讲解啊！ 例如/æ/。 如果告诉孩子们：“四根米棒（我女儿最喜欢的零食之一）捆在一起吃，是不是要把嘴张得大大的啊？”我相信他们还是能够记住的。 只要开动脑筋，办法总比困难多。

如果学习者是成年人，那么问题就简单了：踏踏实实地学习音标、使用词典。 成年人的抽象思维和分析能力也已经形成了，48 个对于学习者来说耳熟能详的音标真的不难。

1.8.8 *The Chaotic Poem* ——《乱文诗》

为了把本节推向高潮，我给大家准备了一首共计 112 行、汇总了很多发音不规则词汇的“小诗”。 这首诗的朗读者是为本书的编写做出了巨大贡献的康婴子老师。 大家感受一下英语发音的“不自然”吧（见 1.8 文件 1）。

1. Dearest creature in creation,
2. Study English pronunciation.
3. I will teach you in my verse,
4. Sounds like corpse, corps, horse, and worse.
5. I will keep you, Suzy, busy,
6. Make your head with heat grow dizzy.
7. Tear in eye, your dress will tear.
8. So shall I! Oh hear my prayer.
9. Just compare heart, beard, and heard,
10. Dies and diet, lord and word,
11. Sword and sward, retain and Britain.
12. (Mind the latter, how it's written.)
13. Now I surely will not plague you,
14. With such words as plaque and ague.
15. But be careful how you speak:
16. Say break and steak, but bleak and streak;
17. Cloven, oven, how and low,
18. Script, receipt, show, poem, and toe.
19. Hear me say, devoid of trickery,
20. Daughter, laughter, and Terpsichore,
21. Typhoid, measles, topsails, aisles,
22. Exiles, similes, and reviles;
23. Scholar, vicar, and cigar,
24. Solar, mica, war and far;
25. One, anemone, Balmoral,
26. Kitchen, lichen, laundry, laurel;
27. Gertrude, German, wind and mind,
28. Scene, Melpomene, mankind.
29. Billet does not rhyme with ballet,
30. Bouquet, wallet, mallet, chalet.
31. Blood and flood are not like food,
32. Nor is mould like should and would.
33. Viscous, viscount, load and broad,
34. Toward, to forward, to reward.
35. And your pronunciation's OK
36. When you correctly say croquet,
37. Rounded, wounded, grieve and sieve,
38. Friend and fiend, alive and live.
39. Ivy, privy, famous; clamour
40. And enamour rhymes with hammer.
41. River, rival, tomb, bomb, comb,
42. Doll and roll and some and home.
43. Stranger does not rhyme with anger,
44. Neither does devour with dangour.
45. Souls but foul, haunt but aunt,
46. Font, front, wont, want, grand, and grant,
47. Shoes, goes, does. Now first say finger,
48. And then singer, ginger, linger,
49. Real, zeal, mauve, gauze, gouge and gauge,
50. Marriage, foliage, mirage, and age.
51. Query does not rhyme with very,
52. Nor does fury sound like bury.

53. Dost, lost, post and doth, cloth, loth.
54. Job, nob, bosom, transom, oath.
55. Though the differences seem little,
56. We say actual but victual.
57. Refer does not rhyme with deafer.
58. Feoffer does, and zephyr, heifer.
59. Mint, pint, senate and sedate;
60. Dull, bull, and George ate late.
61. Scenic, Arabic, Pacific,
62. Science, conscience, scientific,
63. Liberty, library, heave and heaven,
64. Rachel, ache, moustache, eleven.
65. We say hallowed, but allowed,
66. People, leopard, towed, but vowed.
67. Mark the differences, moreover,
68. Between mover, cover, clover;
69. Leeches, breeches, wise, precise,
70. Chalice, but police and lice;
71. Camel, constable, unstable,
72. Principle, disciple, label.
73. Petal, panel, and canal,
74. Wait, surprise, plait, promise, pal.
75. Worm and storm, chaise, chaos, chair,
76. Senator, spectator, mayor.
77. Tour, but our and succour, four.
78. Gas, alas, and Arkansas.
79. Sea, idea, Korea, area,
80. Psalm, Maria, but malaria.
81. Youth, south, southern, cleanse and clean.
82. Doctrine, turpentine, marine.
83. Compare alien with Italian,
84. Dandelion and battalion.
85. Sally with ally, yea, ye,
86. Eye, I, ay, aye, whey, and key.
87. Say aver, but ever, fever,
88. Neither, leisure, skein, deceiver.
89. Heron, granary, canary.
90. Crevice and device and aerie.
91. Face, but preface, not efface.
92. Phlegm, phlegmatic, ass, glass, bass.
93. Large, but target, gin, give, verging,
94. Ought, out, joust and scour, scourging.
95. Ear, but earn and wear and tear
96. Do not rhyme with here but ere.
97. Seven is right, but so is even,
98. Hyphen, roughen, nephew Stephen,
99. Monkey, donkey, Turk and jerk,
100. Ask, grasp, wasp, and cork and work.
101. Pronunciation (think of Psyche!)
102. Is a paling stout and spikey?
103. Won't it make you lose your wits,
104. Writing groats and saying grits?
105. It's a dark abyss or tunnel;
106. Strewn with stones, stowed, solace, gunwale,
107. Islington and Isle of Wight,
108. Housewife, verdict and indict.
109. Finally, which rhymes with enough,
110. Though, through, plough, or dough, or cough?
111. Hiccough has the sound of cup.
112. My advice is to give up!!!

总结

“自然（拼读）”是噱头；Phonics可以帮助以英语为母语的儿童打好阅读基础，但不适合绝大多数学习英语的中国儿童。

答案及解析

练习题 1： Phonics 是西方人的发明还是中国人的创造？

□ 西方人的发明　　□ 中国人的创造

答案及解析：西方人的发明；解析略。

练习题 2： 从理论上讲，Phonics 适合中国人使用吗？

□ 适合　　□ 不适合

答案及解析：不适合；因为这种方法的目标人群是母语学习者。

练习题 3： 根据英语发音规律，“ghoti”这种拼写形式不可能和下面哪个单词同音？

□ fat　□ goatee　□ fish　□ gush

答案及解析：fat；在英语中，字母 o 没有/æ/的发音实例。

1.9 我的发音学习出了什么问题

除了“自然拼读”这个藏得很深的坑之外，英语发音学习的路上还有哪些大大小小的坑呢？ 这些沟沟坎坎会不会让大家的发音学习在阴沟中翻船呢？ 其他方法是像 Phonics 一样在中国水土不服，还是可以算作能见效的偏方，抑或是“人与亦云”呢？

☑ 自测

练习题 1： 对于广大英语发音学习者来说，下列哪种学习方法最可靠？

□ 听歌、观影　□ 名篇诵读模仿　□ 教师纠正　□ 使用词典查证

练习题 2： 下列哪个选项一定是优秀教师的特征？

□ 教师的学术水平很高　□ 学员群体越来越大

□ 教师名气越来越大　□ 成功学员越来越多

练习题 3： 发音学习取得成功的最重要因素是什么？

□ 指导教师　□ 个人天赋　□ 个人态度　□ 所选材料

1.9.1 “自己学”

和很多其他科目一样，英语发音不外乎“自己学”和“跟别人学”两条道路。 下面我

们首先看看“自己学”发音的利弊。

个人兴趣朗读

所谓的个人兴趣朗读，就是：“我要练英语发音，我喜欢这篇文章，所以我用这篇文章进行练习”。这种说法乍看起来没有什么问题，但实际上，大家练习的出发点只是“想练”，而不是“想练好”。因为如果想练好发音，学习者至少要考虑一下：“我练习的这个文段是不是真的合适我”。很多时候，尤其是在练习发音的过程中，大家锁定的练习材料，一般都不太适合大家，大部分是难度超出大家现阶段发音水平的练习内容。

不管是因为人性的弱点，还是因为认知必然要经过一个发展的过程，人们往往会高估自身的能力；处于发音学习过程中的学习者也不例外——大家会有意无意地采用难度偏大的练习内容。但由于学习者发音中的基础问题还没有解决，练习的“瓶颈期”会提早到来，大大降低练习效果和学习动力。

大家公认“兴趣是最好的老师”，但这种说法真的成立吗？“兴趣是大家最初的老师”才更合理吧？没错，兴趣让大家开始一个项目、面对一个挑战，但成功与否并非由兴趣决定。大家想想自己曾有过多少半途而废的承诺、无功而返的尝试？除了极少数凭借个人能力、天时地利收获成功的案例之外，成功往往是不懈的努力、科学的方法和细致的操作这三者合力的自然结果。

这里不能不提一下所谓的“天赋”。“天赋”在朗读上的体现就是：不一定懂音标，也没有丰富的发音理论和基础知识，但只要听过就能模仿，而且只要练几遍就能念得有模有样。不过“有模有样”分两种：第一种是“细听全是问题”；第二种是“真的念得不错”。在上一节中展示发音的康婴子老师就属于第二种，但她的“天赋”不是天生的，而是她“在小学和初中阶段每天总计 3 小时通勤路上坚持收听《哈利·波特》有声书”训练出来的。很多人无法想象坚持的枯燥，更不能理解坚持的意义，所以不会践行坚持直至成功。于是，他们就给这种“能够带来成功但令人感觉很累”的品质换了一个讨喜的名字——天赋。

影视作品浸泡

广大发音学习者热衷“影视作品浸泡法”的共同原因是：这种发音“学习”方法寓教于

乐、老少皆宜。之所以在“学习”二字上加引号，是因为大家观影、追剧不是学习，而是娱乐，至少绝大多数学习者不是在认真学习。

“影视作品浸泡法”对提升发音水平没有太大的帮助是因为：学习者很难在接受光鲜亮丽的多媒体内容的同时保持学习所必需的注意力。试问：如果我把影片中的帅哥、美女都换成丑八怪，这部影片你还看吗？大家能说出某部看过的影片中的男主角和女主角的真实姓名和其扮演角色的全名各是什么吗？又有多少人能把这些名字都念对？所以，大家观影最客观、最根本的目的就是“图个乐儿”。

当然，多媒体素材浸泡法还有一些“偏技术”的问题。读者应该知道，影视作品中的角色有不同的背景，制作越精良的影视剧，其中的角色刻画越到位。而语言是角色刻画的重中之重，所以大家听到的对话内容和发音类型都带有一定的背景设定。大家可能不会对“贵族口音”有太多的负面看法，但如果大家知道“以英语为母语的人士可能对贵族发音持有负面看法”的时候，还会模仿这种口音吗？所以，请把“一见钟情”留在剧集之中；对发音学习方向的确定是有必要的。

经典诵读模仿

标题中的“经典”有三层含义。首先是“内容经典”：一首名诗、一篇经典的对白，或者一篇很出名的演讲，都有可能成为经典的诵读内容。其次是“诵读者身份特殊”：演讲创作者、知名演员、拥有优秀嗓音条件和朗读能力的人创造了诵读的经典。当然，最常见的是第三种情况：优秀朗读者和经典诵读篇目的结合。

英语发音学习者（一般从网络上）获取诵读视频或音频后，会结合文本进行模仿。这种模仿相对于前两种发音学习方法来说，效率会有所提高。

当然，这种练习方法还有很大的提升空间。我们都知道，经典名篇一般都带有强烈的感情色彩、传递着比较深刻的思想内容。这样一来，练习者理解文段内容的难度就增加了很多——你是否真的理解文句？你的情感是模仿出来的，还是朗读内容确实打动了你，让你情由心生？文段中细腻的表现你是否都体会到了？同时，一段朗读、一个经典片段、一篇演讲，都会有一种统一的风格，也就是大家喜欢的风格。虽然大家喜欢的风格应该不止这一种，但是大家朗读模仿的选择一般会受到个人偏好的影响。这种偏好会让大家的发音变得单调，有时甚至会给别人留下“说话不合时宜”的感觉。

学习者进行练习的时候，不管是从兴趣出发，还是朗读模仿，都会遇到一个共同的问题：将错就错。这种说法的前提是：朗读者很难根据个人经验进行自我修正。事实上，如果可以通过模仿正确的发音来改善、修正个人的发音，那么大家就能知道自己的发音问题了，为什么要等到现在才改呢？如果说之前的老师把大家“带沟里去了”，那么大家没听过正确的发音吗？如果听过正确的发音，为什么当时没改过来？如果当时不能改正，为什么现在大家有信心完成自我修正？这些问题都不好回答。

词典查证确认

使用词典可以获取准确的发音，但查证过程可能有些烦琐。读者会问，如果每个单词都得查证，那么我们得点击多少次屏幕、翻多少页词典啊？这不是低效率的操作吗？大家应该这样想：通过查证可信的词典获得的发音才是准确可靠的。虽然花了一些时间，但大家毕竟有所收获，这些总比听来问去获得的那些不准确的发音更好、更高效吧。

那什么是可信的词典呢？简单来说就是国际知名品牌词典及其对应的官方电子版本。牛津、朗文、柯林斯、韦氏词典都是很好的选择，只是这些词典的音标体系可能有些区别，大家根据自己的实际情况选择难度适合的版本就可以了。科技的发展给大家的发音学习提供了很大的便利，大家好好利用现有资源，发音学习的进步指日可待。更多关于词典的讨论，请参阅我撰写的《揭秘英语学习 50“坑”》一书，其中有专门的章节为大家讲解词典选择和使用的注意事项。

1.9.2 “跟别人学”

向别人学习技能和知识，应该是迄今人类社会坚持得最长久的活动之一。所以大家一想到学习，就想到老师。不过要想跟老师学好，大家还得事先做点功课：我身边有没有好老师？免费学习是有可能的，但是如果需要付费，我能接受的价格上限是多少？如果费用是一个问题，我能否接受打折的学费对应“打折的”教学？大家在拜师学艺之前真的要考虑好这些问题。

从理论上讲，跟着有能力、有经验的老师学习可以（大大）提高学习效率。不管是学习内容的条理性还是教学的针对性，老师的教学经验是学员最大的财富。学习过程是不可逆的，因此遇到能够合理预期学习困难的老师是学习者的幸运——可靠的教学经验可以让学习者预见并尽量避开学习道路上的坎坷。但学习毕竟是教学双方合作的过程。在强调教学经验和教学能力的同时，学员也要端正学习态度。

随着在线教育的发展，各种直播、视频教程出现在广大学习者的视野之中，并且有一种

"乱花渐欲迷人眼"的感觉：哪位老师都是名师；所有方法都是首创的；各种课程都是高效的……在这里，我为大家提供一些选择教师及其课程的标准：

- 不全职教书的老师不选："教书没让老师过上好日子"只能说明：老师的学术和教学能力还有很大的提升空间；如果老师只是兼职扩大收入，其教学专注度就还有提升的空间。
- 没有一定教龄的老师不选：这种说法有点不合逻辑——哪位老师不是从"不会教书"走过来的？但如果站在学生的立场上，问题就变成了："为什么老师拿学生练手，学生还要付给老师学费？"退一步说，大家的选择没有局限到只能师从"教学新星"的程度吧？
- 没有历史和更新的课程不选：在发音这个领域，知识更新不是很快，教学内容确实相对稳定。课程长久意味着课程有生命力，但这并不意味着"一个课件用三年"。教学方法应该升级，教学素材也需要更新。

不管跟谁学，读者需要注意：大家应该质疑老师讲授内容中和以往所学、个人认知有出入的地方，但"解惑"时要本着科学的态度。也就是要弄明白：老师们讲的哪里不一致？什么出了问题？而不是"我觉得谁正确"，更不能"某老师也是老师，所以我听他/她的"。同时，大家无须过度关注并比较哪位老师"对得多"，因为大家不是"最佳教师真人秀"的评委，而是要学习可靠知识的学生；而教师只是知识传播的媒介之一。但话说回来，如果某位老师的"真人秀战绩太差"，那么大家可能真的需要另投师门了。

总结

学习方法目标不同、功效各异；根据个人情况，合理筛选、组合各种学习方法，会让包括英语发音在内的英语学习过程事半功倍。

答案及解析

练习题 1： 对于广大英语发音学习者来说，下列哪种学习方法最可靠？

□ 听歌、观影　□ 名篇诵读模仿　□ 教师纠正

□ 使用词典查证

答案及解析：使用词典查证；多媒体内容的娱乐性会分散学习者的注意力，教师纠正的时长和周期均有上限（有时候更是可遇不可求），名篇诵读模仿可能造成发音腔调单一、将错就错等问题。

练习题 2： 下列哪个选项一定是优秀教师的特征？

□ 教师的学术水平很高　　□ 学员群体越来越大

□ 教师名气越来越大　　□ 成功学员越来越多

答案及解析：成功学员越来越多；学员的成功是教学工作的出发点和最终目标。教师的学术水平与教学水平不直接相关；学员群体（在短期内）扩大、教师闻名遐迩可能是宣传（炒作）的结果。

练习题 3： 发音学习取得成功的最重要因素是什么？

□ 指导教师　□ 个人天赋　□ 个人态度　□ 所选材料

答案及解析：个人态度；只依靠外部因素、客观因素，个人很难成功；主观因素才是学习成功的关键。

1.10 怎样才算好好学发音

我帮大家统计过了：关于“英语发音是件麻烦事儿”“学发音不简单”这些说法，你们已经看了几万字。我可以拍着胸脯说：这些内容都是一句不能少的“干货”。不过大家不用担心，既然我敢把这些困难写出来，那就说明我已经做好了为大家提供技术支持的准备。请大家打起精神，准备接招。

☑ 自测

练习题 1： 下列哪个条件是发音学习素材质量的保证？

□ 专业研发　□ 资源热度　□ 旁人推荐　□ 个人喜好

练习题 2： 下列哪种练习发音的安排效果最佳？

□ 一日多次　□ 每日多次　□ 单次长时间　□ 每日坚持

练习题 3： 下列哪项不是英语发音练习的必备条件或设备？

□ 练习伙伴　□ 安静的环境　□ 录音软件或录音笔　□ 词典

1.10.1 英语发音练习素材

最好的英语发音练习素材应该是内容难度适中、专业研发的英文原版素材。

原版儿歌的音频和视频是一个很好的选择。大家会问：“我们都是成年人了，还需要念儿歌吗？”读者可以考虑一下：如果比较英语口语和发音能力，国外的孩子不会输给中国的成年英语学习者吧？因此，浅显的内容为中国英语学习者初识发音、打好基础提供了可能。值得一提的是：儿歌放大了英语的节奏感，而节奏感是国人英语发音的“顽疾”，儿歌练习的针对性是其他练习方式无法比拟的。大家在选择儿歌的时候，请咨询教师或有能力的发音使用者，确认素材为母语人士录制，保证练习素材的效度。

在儿歌听得差不多之后，大家可以去 BBC 官网上的英语学习板块看看。网址：*bbc.co.uk/learningenglish*。打开网站页面之后，虽然界面清新、图片艳丽，但是大家可能还是会感觉压抑——“全是英文！看不懂啊！”不要急，请大家将网页滚动到最下方，你可能看不懂“In your language”的网站语言选择提示，但是大家看到“中文”这两个字时的喜悦，我是可以想象的。在整个学习板块中，我推荐两个栏目：“音标教程”和“6 分钟英语”。

首先为大家介绍音标教程。这套音标教学视频是由 BBC 前播音员兼语音学家录制的。BBC 英语教学频道的媒体技术优势在此内容制作过程中得到了充分的体现：界面清晰，内容选择便利；每个音标的讲解都配有多角度的视频。

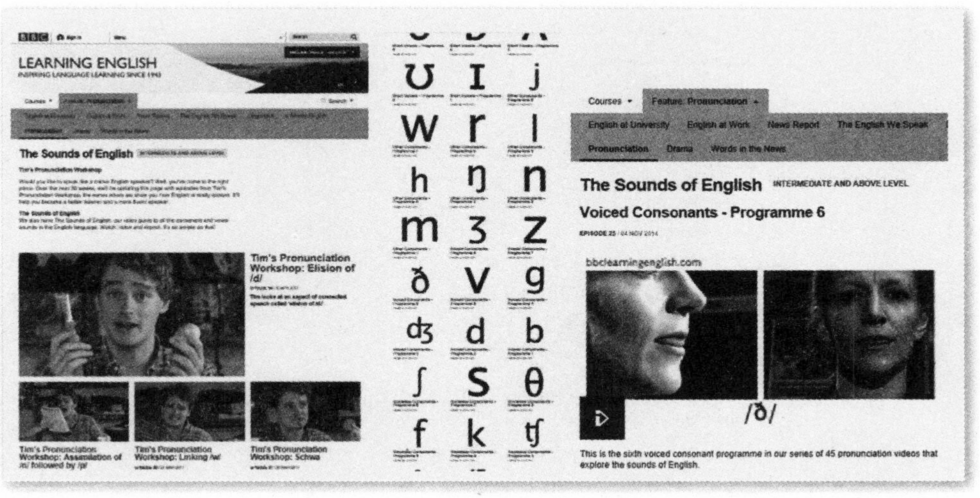

这套视频在网络上广为流传，大家可以搜索到带有中文字幕的版本。“翻译欠佳”和“无法理解”相比，两害择其轻的选择无疑是前者。需要说明的是：本套音标教程讲解的是 RP 音标，对美式发音感兴趣的读者也能在网络上找到不少资源。我推荐的美式发音教程是由 Andy Krieger 录制的*Accent Reduction*（《口音消除》）系列视频。这套教程比较流行，大家查找相关资源的难度不大。

很多国内英语学习者对 BBC 网站英语学习功能的了解源于“6 分钟英语”这个专栏。这个专栏中的节目都是以对话形式展开的。每期节目讨论一个与文化、生活相关的话题。以下截图显示的这期节目讲的是“多重职业”，也就是所谓的“斜杠人生”。由此可见，这个专栏的时代感很强。同时，每期节目中的词汇、文本和音频资源一应俱全，而且可以免费下载、离线使用。文本和对应的音频给发音学习者带来了很大的便利。

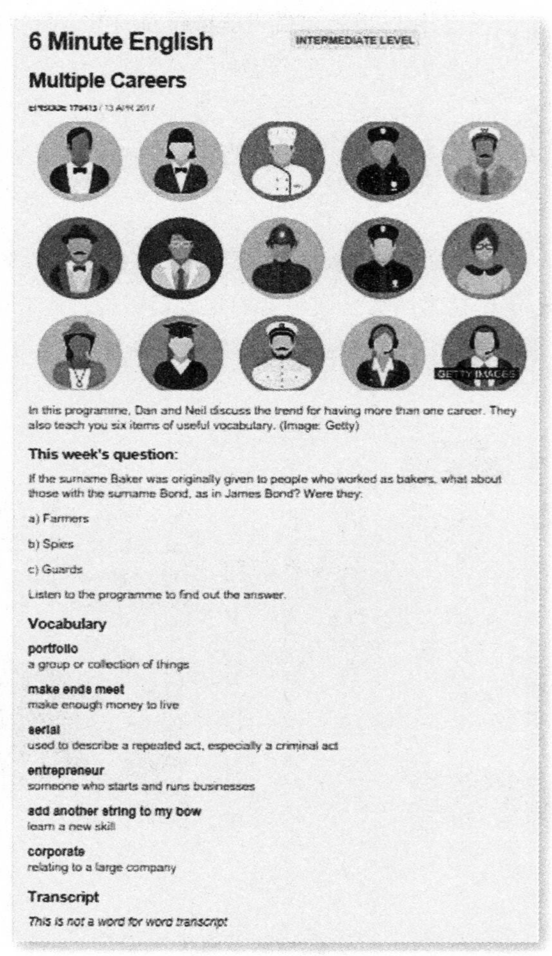

1.10.2 英语发音练习工具

“老张，我们又不是挖沟、盖房，还需要什么工具呀？我们只是要练习发音！我们有嘴不就够了吗？”其实，事情没有这么简单，我们发音练习的操作可以更加科学、细致。镜子和手机这两个日常的物件就能帮助大家在发音练习的时候矫正口型。不管是对着镜子一边念一边控制口型，还是用手机拍下自己的口型与规范口型对比，都是非常有效的练习方法。

此外，节拍器也是练习发音的法宝。国人的英语发音练习和乐器演奏学习有一个共同点：把握节奏很重要，因为英语和中文（音节计时）有本质的区别——英语是节奏语言（重音计时）。不论何种口音，英语发音都有比较明显的“节拍感”，这就是国人英语发音“不地道”的根本原因之一。这时候，节拍器就派上用场了。我建议大家在手机等移动设备上使用“节拍器”应用，大家可以去 iOS 或者 Android 软件平台，以“节拍器”或者“metronome”为关键词搜索并下载应用。

录音设备，不管是数字化的软件还是录音笔等实体设备，大家应该再熟悉不过了，但在发音练习中使用这些软件和设备的学习者就少之又少了。我强烈建议大家把自己的发音练习录制下来！跟读，即“一边听标准的发音，一边进行个人朗读”，是一种低效的练习方法，因为练习者既是“运动员”又是“裁判员”。只有被发音者判定为正确的音才能脱口而出，因为大家不会（故意）允许自己“明知故犯”地念错。所以，发音（“作为运动员参赛”）和发音评判（“身兼裁判”）都由练习者一人完成，这样一来，练习效果有限、进步缓慢也是情理之中的事情。

但是，当你把自己的发音录下来与原版发音做比较的时候，你完全脱离了“选手身份”、成了一名“纯粹的裁判”。只有这样，你才能从一个比较客观的角度去比较个人版本和朗读范本之间的差异，并且放大这种差异，以便后期修正。我的学生经常向我汇报说，“老张，我听过自己的录音之后，真想把录音机砸了，我怎么会念成‘那样’呢？之前我怎么没觉得自己的发音和标准发音差这么多呢？”这是学员的真情实感。听了自己的录音之后，你就会知道，其实你面前的路还很长。

学习外语词汇需要词典，发音也需要，但大家在这方面做得不太理想。为了提高大家单词发音的准确性，我为大家推荐 *Longman Pronunciation Dictionary*（《朗文发音词典》）。这本词典现在已经推出了第 3 版，本书后文将其简称为“LPD3”。LPD3 的纸质版封面和电子版界面截图如下。

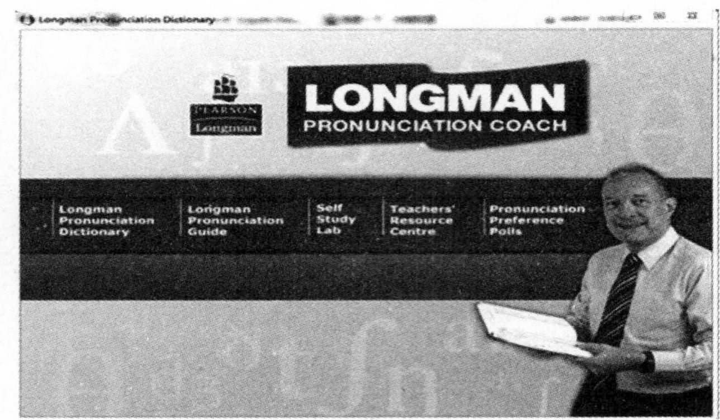

就此，我有两点说明。第一，LPD3 不是带有（电子）发音的一般词典。在 LPD3 中，如果单词的发音单一，大家是找不到单词的释义的，除非单词的多重词性导致单词有不同的发音：contract 一词注释中的突显标注就是具体发音对应的单词释义。此外，这本词典还有一个特色：Preference polls（发音偏好票选）统计了由于区域、年龄等因素造成的发音差异，并量化了各种发音的流行程度。

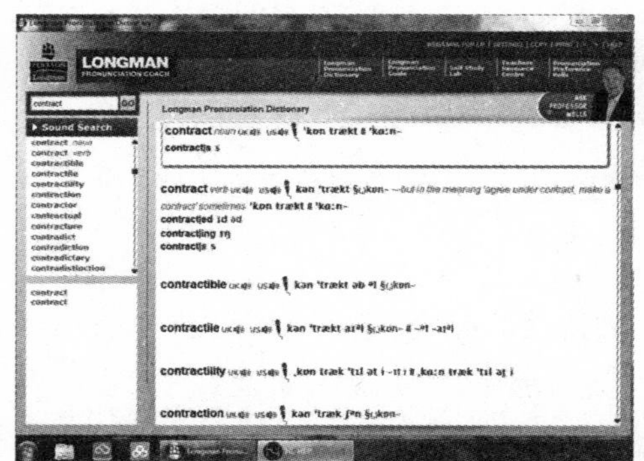

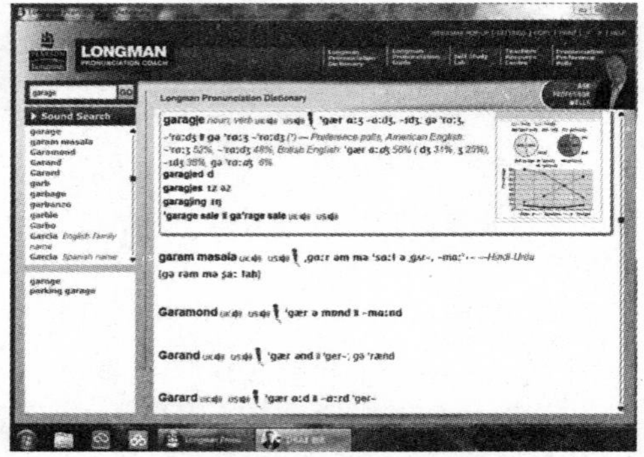

第二，市面上的发音词典不止 LPD3 这一款，但 LPD3 是发音词典的首选。在仔细对比各种发音词典之后，我认为 LPD3 的编纂更加细致、贴心，而且其电子版发音更加清晰。建议读者查找并购买 LPD3 正版资源，大家也可以使用电子版——便于携带、带有发音示范。

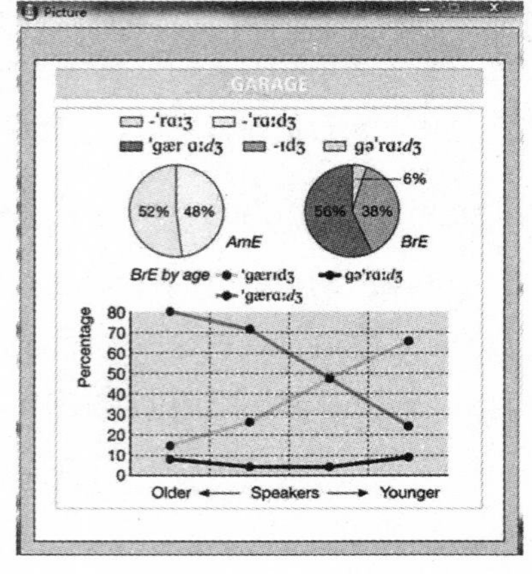

1.10.3 英语发音练习注意事项

在发音练习的过程中，除了认真仔细、长久坚持之外，还有一些几乎被所有发音学习者忽视的问题。

练习英语发音需要“仪式感”，也就是“做事得有模有样”。首先，发音虽然人人都会，但要想念得好听，需要气息充足、口齿灵活，张弛有度，这些都是非常耗时的基本功。这就是“新闻播报专业”“主持专业”存在的意义。其次，找一个相对安静的练习环境，这样练习者的注意力能更加集中，从而为个人分辨正误发音、提高录音质量提供基本保证。不能在正常营业的菜市场举办朗诵会，就是这个道理。最后，我们要在练习的过程中仔细思考：文段要表达什么思想内容？我的朗读如何才能把这些内容表达出来？如何把文段念得流畅？在哪里停顿？哪些发音问题需要修正？如果把这些发音和朗读中的“点”兼顾了，发音质量的提升就有了保障。

此外，发音学习者在练习的过程中，普遍存在发音速度过快的问题。大家通常觉得“念得溜”是好发音的标准，于是一味求快，忽略了“稳定”和“准确”这两个练习的基本前提，这样的练习就“费力不讨好”了。请大家再想想英国女王的发音，她说话的速度快吗？她的发音不好吗？关于“速度”，我在后续的章节中还会做专题讲解，请大家关注。

最后一个注意事项可能有点“伤自尊”——不要过分相信自己。使用镜子检验自己的口型，就是非常有效的自我修正手段。虽然嘴长在自己身上，但是特定的口型和舌位不是所有人都可以信“口”拈来的。此外，发音长短也是一个非常大的问题：你觉得已经念得很长的音可能还是不够长；相反，你觉得发音已经十分短促的音可能还应该继续缩短。这时，我们必须修正自己对于发音长短的界定标准。请大家做好“打破个人常规发音长短极限”的准备，如果你的“极限”有问题，那么在这个范围指导下的操作自然也就会出问题。

1.10.4 英语发音练习数量

在讨论练习的素材和工具之后，我们要聊一个比较枯燥的话题——练习的数量。一提到练习的数量，大家的第一反应就是作业：“我要写很多很多，我要念很多很多。”但事实并非如此。

练习的持久度远比单次练习的强度重要：发音练习的成功并非取决于你某天练了几个小时，而取决于你坚持练习了多少天，哪怕你每天仅练习 10 分钟。其实，包括发音在内的所有技能的训练效果都取决于不懈的坚持。但常见的情况是："今天没时间，我不练；明天没时间，我不练；第三天，我再把前两天欠下的练习补上。"就算你确实补上了落下的练习，甚至把任务量加倍了，第三天练习的效果都比不上连续三天坚持练习的效果好。练习要看数量，但是练习的频率同样重要，因为持续的练习才能巩固每次练习的成果——这就是那些"勤奋"的学习者最终未能成功的重要原因。

如果顺着上面的思路再想想，我们就会得出如下结论：适当缩短单位练习时长，但每日多次练习，效果更佳。也就是说，每天进行 1 次半小时练习的效果，不如每天进行 3 次 10 分钟练习的效果好。其实，追求练习最佳效果的思路很简单：在练习强度合理的基础上，加强重复、加强频度。如果大家一定要我将练习时间细化的话，我认为："每次练习不少于 10 分钟，每天练习总时长不少于 30 分钟"就足够了。贵在坚持！

1.10.5 英语发音练习形式

英语发音练习不外乎以下三种形式：个人练习、结伴练习和专业纠正。

第一种练习方式是个人能力范围内的发音基础训练，直白地讲，也就是"把自己能做的事情都做好"。不少南方的读者可能存在"了呢不分"的问题，而这个问题肯定会影响英语近似辅音的发音。此时，大家可以主动练习，"刘奶奶买榴梿牛奶"的绕口令就是一个很好的选择。但我也要提醒大家，我们进行任何练习的前提是"有效练习"：如果大家"了呢不分"十分严重，我还是建议大家把单字基本念准之后，再依次进行词、词组、句子和整段绕口令的练习。

当然，大家可以结伴练习发音。这种操作大家一定不陌生：找一两个也在学习英语发音的同学或者朋友就可以开始了。不管是音位拼读还是节奏训练，大家都可以在练习的过程中互相纠正。这种练习方法有两个注意事项：第一，练习伙伴的发音水平相近，这点很重要，否则原本平等的练习过程就变成了老师和学员之间的"教学"关系。第二，在结伴练习的过程中，大家要注意"多多存疑、仔细查证"。练习者的发音理论和实际操作都可能存在缺陷，一定要尽量避免负面的相互影响，否则还不如不练习。

最后，英语发音学习者还可以通过专业辅导提高发音水平，也就是"拜师学艺"。请大家注意："老师的发音好"并不意味着"老师的教学好"，更不意味着"只要跟着这位老师学，我就一定能进步"。在向老师学习的过程中，请大家注意做阶段性学习成果的总结，如果长期（6个月或以上）没有进步，那么大家就应该换老师了。

总结

如果你想学习某项知识或技能，你自己开始学习就可以了；但如果想学好，你就需要使用合理的、高效的、被大多数学习者验证过的方法。大家不要笼统地认为各种方法都是有效的，更不要对"流行的方法"趋之若鹜。学习的过程，花钱事小，耗时事大：选错方法、跟错老师，就是"慢性自杀"，因为时间就是生命。如果读者已经意识到了练习的重要性，请直接开始本书第9章的"发音练习"，逐步展开训练。预祝大家练习顺利！

答案及解析

练习题1： 下列哪个条件是发音学习素材质量的保证？

□ 专业研发　□ 资源热度　□ 旁人推荐　□ 个人喜好

答案及解析：专业研发；个人偏好无法保证材料的专业性；热播影视中的口音庞杂，且教学效果待验证。

练习题2： 下列哪种练习发音的安排效果最佳？

□ 一日多次　□ 每日多次　□ 单次长时间　□ 每日坚持

答案及解析：每日多次；在保证单次练习时长的基础上，练习频度十分重要，因此，"每日多次"是最高效的练习方式。

练习题3： 下列哪项不是英语发音练习的必备条件或设备？

□ 练习伙伴　□ 安静的环境　□ 录音软件或录音笔　□ 词典

答案及解析：练习伙伴；安静的环境保证练习质量，录音软件和设备为发音对比提供了可能，使用词典查证单词发音是练习发音的必要环节。

1.11 我应该练声吗

如果我们对一个陌生人的了解是从"看脸"开始，那么我们对发音的第一感受就是"听声"了。在被雄浑低沉、铿锵有力的声音震撼的同时，大家会有意识或无意识地希望自己也能获得优美的声线。 那么，大家的希望是不是空想呢?

☑ 自测

练习题 1：声线美化的原理是什么?

☐ 气流通畅　☐ 尽量模仿　☐ 有腔有调

练习题 2：为什么国人说话时好像不如英美人那么有底气?

☐ 发音器官有差异　☐ 国人说话不张嘴　☐ 国人的身体素质不够好

练习题 3：世界上存在两个声音完全一样的人吗?

☐ 有　☐ 无

练习题 4：下列哪个选项与“英语元音发音位置”不相关?

☐ 气流在口腔受阻的位置　☐ 舌部最用力的位置

☐ 舌部抬得最高的位置

1.11.1 音质全靠“投胎”

我曾经让我精通乐器和音频软件的表弟帮忙，把我自己录制的音频以某个 BBC 播音员的嗓音为目标进行调整。 试了几次，表弟放弃了，扔下一句意味深长的话：“哥，用玻璃做成的水缸，就算形状、大小和真水缸一模一样，敲出来的声音也是不一样的。你这活儿我做不了。”相信大家已经理解表弟的无奈了：声带形状、共鸣腔的大小等生理结构已经决定了我的音质。 发声练习和音频软件可以让我的声音更好听一点，但是除非做手术，否则我的声音听起来无论如何也不会和那个播音员的嗓音一样。

大家想想：帕瓦罗蒂等男高音是不是都有一些体型上的共同点? “个头不高”“脖子比较短”是男高音演员的体型特征。 当然，低音也和体型有一定的关系。 姚明、易建联彻底退出篮坛之后，唱唱低音也应该会有前途。 这种对应关系不分男女；身高、脖子长短、声带形状是决定性因素。 大家也可以想想各种乐器的形状及其发音高低的对应关系，是不是乐器越粗大发出的声音越低、乐器越细小发出的声音越高?

这让我想起了一句至理名言：好事儿不能全都让你摊上吧！ 面对“优美的声音”和“不太理想或者与常人迥异的体型”这两个选项，你将如何抉择呢?

每个人的声音都有其独特性，这就是“音质”，也称“音品”；这就是可以把一个人的声音与指纹、DNA 类比的根本原因。 不管大家的耳朵是否能够分辨出不同人声音的差异，所有人的声音都是不一样的。 大家可以把音质比作“一条辫子”。 大家听到的声音是由不同频率的声波（无数根头发）组成的；因此我们可以把音质的差别理解成“今天编辫子时抓起的那把头发和昨天抓起的那把头发不是百分百相同”——辫子看起来“一模一样”，但是两天的辫子确实不同，因为被编起来的头发不尽相同。就算连续两天抓起的头发百分百相同，编辫子的人也是同一个，但每天编辫子的手法也会存在细微的差别（辫子松点紧点、位置高低不同），因此这两天编出的辫子还是不会完全一样。现在回到声音的话题上。就算两个人有同样的发音条件，也就是说两个人的声带和体型一模一样（这仅仅是理论上的可能性），大家使用发音器官的方法也应该是不一样的。这样一来，虽然理论上仍然有两个人的音质完全相同的可能性，但这种可能性只是纸面上一个微小到可以忽略的数字。

影响音质的因素很多，但绝大多数因素是先天的，例如：声带的形状，咽腔、喉腔、鼻腔的大小和形状等不可控因素。看到这里，读者可能会有些不服气，于是扔出了一个不太有力的问题：“有好声音的人，不也需要练习吗？否则播音主持专业、新闻播报专业教什么呢？”

对，好的声音也可以改进，好的声音也可以变成更好的声音，但一块石头是怎么也磨不成玉的，只有“璞玉”经过雕琢才能大放异彩。不管是否中听，事实就是事实。读者会问，“难道我们只能守着自己不太理想的声音坐以待毙吗？不是说‘绝大多数’吗？那么可控的因素是什么呢？我们能做点什么呢？”此时，我们有两条路，“走通一条路”能解决问题，“两条路同时走”可以很好地解决问题。

1.11.2 The hard way

第一条路就是“难走的路”（the hard way），不过这条路大家一定可以走通。好的声音条件，归根结底只是工具和条件，但天赋好的人拿着好的工具，也不一定能够做出好的活计。如果你没有好衣服，如果你没有钱去买很漂亮的衣服，你的穿着打扮就一定会不得体吗？是不是好身材穿上什么衣服都好看呢？好身材和好衣服你选哪个呢？

熟悉文段，调整速度

请大家先听一段我的学员的录音（见1.11文件1）。不少读者会想：“这个同学念得不错！这个同学念得很地道！”但事实上，大家刚听到的录音是经过音频软件“提速”和“降调”处理之后的版本，大家可以听一下原版录音（见1.11文件2）。虽然

“降调”只能靠软件来完成，但是“提速”确实在个人能力控制的范围之内，是熟悉文本、多次练习之后的正常结果。对这名学员来说，她可以“再熟练一些”，这样一来，朗读的“听感”相比之前会有很大的提高。

上面的内容似乎“跑题”了，因为本节的主旨是“声音的质量”和“修饰嗓音的可能性”。所以，下文会专注发音的原理和美化发音的方法。我个人学习和实践音质相关理论的过程可谓漫长：学校课程、教学感悟、寻访专家、网络查询，不胜枚举。即便如此，也难免有偏颇之处，希望有能力的发音使用者或相关领域研究者为我和本书提供更多的反馈，让我和所有读者都能够更清晰地了解自己、懂得声音。

好好喘气

“声带在气流通过时产生振动、发出声音”，这就是人发声的基本原理。乍看起来，声带居功至伟，但是如果没有气流，再好的声带也无法振动发声。我在这里补充一个“知识点”：声带是“振动”（高频、往复的运动），而不是“震动”（与自然现象相关；偶尔、间断的动作）。不管大家是否能够体恤我们的声带，它是很“辛苦”的。大家可以把“啊”字拖长音念出来，同时用手指摸摸自己的喉咙，然后就知道了。

呼吸是最自然不过的事情了，但控制呼吸、训练呼吸，以使气流充盈、为我所用，确实很少有人能够做到，而能够做到的人也通常经过了一番艰苦的训练。大家可以试着朗读下面的练习内容：

> 南园一堆葫芦，结得叽里咕噜，甜葫芦，苦葫芦，红葫芦，绿葫芦，好汉说不出 24 个葫芦。一个葫芦、两个葫芦、三个葫芦……

各位读者，你们数了几个葫芦？这项练习的达标要求是：在不换气且吐字清晰的前提下，连续数 35 个葫芦（我可以数到第 41 个葫芦）。大家如果问“有什么诀窍数到第 35 个葫芦”，我会说“气足”；如果大家追问“怎么做到气足”，我会说“多练”；如果大家还要问“怎么练”，我只能不耐烦地回复大家“用嘴练”了。哪里有那么多诀窍？提问的功夫都足够大家练习好几遍了！只要坚持练习，总有一天你能做到的！

不过，我们不是机器，总有气流用完的时候。此外，气流再充沛也得换气。大家在朗读的过程中，一般都是到“再不喘气就气绝身亡”的时候才换气呼吸。在此提醒大家注意文段中的标点——断句是为了方便阅读，断句换气是必须进行的。所以大家要理解文段，处理好文段中的停顿。“紧张”会造成气短的生理反应，大家要尽量克服。

个人认为：心理疏导固然重要，但“强迫自己练习”是更好的办法。大家都有适应能力，“习惯了紧张”就不紧张了。

发音中的送气还给我们带来了一些小麻烦：大家是不是不理解为什么“台北”被拼成 Taipei？其实，这是没有办法的事情。这里我们先介绍一下：威妥玛式拼音法（Wade-Giles Romanization，又称威妥玛-翟理斯式拼音，简称威氏拼音法），是清末至 1958 年《汉语拼音方案》颁布之前中国和国际上流行的中文拼音方案。其中，威妥玛的全名是 Thomas Francis Wade；翟理斯的全名为 Herbert Allen Giles。

继续聊“台北”。b 和 p（均为拼音字母）的发音只差“一口气”，也就是念这两个音的时候是否有气流从口中喷出（大家可以对比一下“鼻”和“皮”这两个汉字的发音）。由于念 b 不送气，念 p 送气，所以在威式拼音法中用 p 和 p’ 分别对应这两个音。撇号“’”就是送气的标志，所以“台北”被拼成了 Taipei。大家会问为什么不用/b/这个音标去表示 b 的拼音呢？这个问题我们留在“浊化”部分讲解。

口型

我们接着上一点说：如果气流是电，声带是马达，那么口型就是功能不同的设备，而迥异或者相似的音就是这些设备的具体功用。电扇、汽车、剃须刀都靠马达工作，但这些设备的结构、大小、使用方法决定了这些设备是用来扇风、行驶还是刮胡子。简而言之，口型（包括舌位）起到了塑造声音的作用。大家可以张大嘴念“啊”，但在慢慢合上嘴的过程中，无论如何努力，大家都不能一直保持“啊”的发音。这就是口型“塑音”作用的结果——口型变了，音就会变。

读者可能还会有另一个疑问：为什么外国人的发音口型那么夸张？答案很简单：因为英语中的音本来就应该那么念。如果不张大嘴分辨音的细微差异，就有可能念不准。例如：念好 /iː/、/ɪ/、/e/、/æ/ 这四个前元音就需要非常精细的口型和舌位变化。如果不注意口型、不进行差异化发音，就有可能念错音。口型的要求对所有人都是一样的，外语学习者和母语使用者都不例外。当然，确实有以英语为母语的人说话时“不动嘴皮子”，这是个体差异，学习者还是要从“口型到位”做起。

反观中文，达到交流和理解程度的发音不需要“字正腔圆”。稍微模糊、不太标准的发音都是可以被听懂的，也就是说，中文的“抗噪性”强。“中国人说英语不张嘴”就是中文发音特点对于英语发音学习的负面影响。

1.11.3 The harder way

第二条路是：更难的路（the harder way）。对！不要以为“先难后易”是唯一的逻辑。恕我直言：学习发音没有简单的路。“更难的”内容在后面等着大家呢。

发音位置

发音位置是一个比较麻烦的问题。简单说来，元音和辅音都有发音位置，但元音和辅音发音位置的性质是有区别的。元音的发音位置是“舌头用力的位置”（或“舌头在口腔中最高点的位置”；但这不是便于学习者操作的动作指导。对此，本书后面的章节中会有详细的说明）。辅音的发音位置是“气流受阻的位置”，这就是为什么/b/、/m/虽然听起来很不一样，而且一个叫“爆破音”、一个叫“鼻音”，但两者都算作“双唇音”的根本原因。

所以，一个音的发音位置是固定的，我们可以用 IPA（国际音标字母表）把每个音区分开来并进行标注。因此一个音没有“不同的发音位置”，只有“发音位置正误”之分。上面的分析很好地回答了“念英语的时候，中国人的发音位置是不是和外国人的发音位置不同”这个问题。中国英语发音学习者的发音位置经常和母语人士的发音位置不同——人家的发音位置正确，但大家的发音位置错了。

国人说外语的时候会不自觉地受到母语中文的影响。中文发音比较依赖唇齿，而英语的音位分布在整个口腔。由于大家对于差别的感受强烈，特别是面对/ɑː/、/ɔː/等后元音的时候，大家会产生一种“英语发音位置靠后的整体印象”，但这种印象仅仅是感觉，或者是不完全的归纳总结。因为不管是中国人还是英美人念 tea 这个单词时，发音位置都是靠前的：辅音/t/是齿龈音，位置在口腔前端，而/iː/是英语中最靠前的元音。这样的组合无论如何也不会有“靠后的发音位置”。

浊化

威式拼音法之所以不用“bei”标注“北”的读音，是因为/b/这个音在英语发音中有声带振动，而汉语拼音中的 b 则不伴随声带振动。伴有声带振动的音就是浊音。由于这种“浊音”在汉语拼音中出现得不多，所以国人在念英语的时候，会念错“浊音”，也就是发英语浊音的时候，声带没有振动。这也会造成没有“外国人调调”

的听感。

浊辅音发音的时候声带用力，喉部有往下拉的感觉，这就是所谓的“低喉位”。低喉位的发声力度大，更容易准确地发音。同时低喉位容易引发胸腔共鸣，所以英语发音听起来会“低沉有力”。这就是为什么“英语发音比中文更低沉、说英语时感觉更累”。但这和人种没关系，谁真正说对了、说好了英语，都会有“英语的调调”。

共鸣

这是一个声乐方面的问题，我本来不想在本书中提及。但我承认：在收到很多学员关于“共鸣”的提问之后，我也曾经困惑过、查阅过各种资料、寻访过专业人士。不过，在所有查证工作完成之后，我只想跟大家说：不要“庸人自扰”。下面我就用最简洁的语言为大家解惑。

首先，我们要弄懂什么叫“共鸣”。当空气受到物体的振动时，就会产生声波。当物体振动产生的声波遇到一个适合它振动的空间时，就会产生共振作用，从而发出比原声波更洪亮的声音，这种现象被称为“共鸣”。省去艰涩的物理原理，我们做一个实验：大家对着瓶口唱音阶（do，re，mi，fa，sol，la，si）。当大家感觉瓶子轻微振动了，而你的声音听起来更响亮、更浑厚时，共鸣现象就发生了。

如果把这个瓶子装入身体，我们的声音会不会变得更加洪亮悦耳呢？会！但这样做是多此一举，因为我们体内本来就有“空间”，例如鼻腔、口腔、咽腔、喉腔、胸腔（主要是气管）。这些腔体会收集声音、放大声音、美化声音。发声者共鸣腔用得好，就会给人“唱歌、说话时自带低音炮”的感觉。面对可能产生的各种追问，我做几点说明：

A. 等到你“葫芦数到 35 个”的时候，再练习共鸣；

B. 等到你能闭上嘴“打哈欠”，并且会以“闭上嘴打哈欠”的方式说话时，再练习共鸣；

C. 等到你“对着瓶子唱歌”能找到共鸣的时候，再去体内找共鸣；

D. 就算你“对着瓶子唱歌”能找到共鸣，你也不一定能在自己的身体里找到共鸣；

E. “共鸣”的前提是“鸣”，你“鸣”得不好，就找不到共鸣；而“鸣”得好不好，要看你从娘胎里带来的声带是否好用；

F. 有些人一辈子也找不到共鸣，这就是所谓的“音商低”或“唱商低”；不服气，请重复 A 至 E 项。

读者明白为什么我认为研究共鸣是“庸人自扰”了吗?

1.11.4 身体力行

我的至理名言是：能做点什么，就做点什么。 所以我希望大家：

第一，请保持良好的发音姿态——身形正直（我建议大家站立发音）可以确保发音气流通畅。 充沛的气流可以让你的声音更加浑厚有力。 同时，请大家保持身体放松的状态；这一点和“坐正、站直”并不矛盾。

第二，请“放开”自己的声音。 充分的发音是你最美好的声音。 此时，我们要做的就是充分相信自己的声音，充分利用自己的声音。 退一步说，你的声音已经“这么不理想”了，那就干脆“放开”声音吧！ 这么做，你至少可以给人一种大方、体面、有信心的感觉。

所谓的“放开”是指：在个人觉得合适的音量范围之上，再多加一点力气、再提高一点音量。 大家在发音、说话以及做事的时候，总会有一个“度”，这个度就是自行设定的安全范围。 如果超出这个度，例如我们在一个比较安静的环境中大声地说话，大家（绝大部分有教养的人）都会觉得不合适。

每个人的“度”是不一样的：例如在地铁上，其他人都安安静静地坐在那里，你却在无所顾忌地嗑瓜子，这说明你的“度更大”，你会做别人觉得不合适的事情。 就发音而言，大家普遍的做法是：不张嘴、声音在口中含糊不清，不敢或者不愿意用力说话。 而放开说话时，大家需要突破原有的限制，用一种“疯癫”的感觉说话。 大家想想：“疯癫”和“放开”真的有本质区别吗?

总结

姚明夫妇的身高分别是 226 厘米和 190 厘米，他们的女儿姚沁蕾 7 岁时身高为 160 厘米，而 2015 年中国成年女性平均身高是 155.8 厘米。 其实，长不高不完全是因为我们“不吃菜、睡觉晚”。 嗓音和身高很像，确实不是个人可以完全掌控的。

答案及解析

练习题 1： 声线美化的原理是什么？

□ 气流通畅　□ 尽量模仿　□ 有腔有调

答案及解析：气流通畅；放松的器官、身体有助于气流流动；运用充沛的气流发声就是在个人能力范围之内最简易、最基本的美化声线的手段。

练习题 2： 为什么国人说话时好像不如英美人那么有底气？

□ 发音器官有差异　□ 国人说话不张嘴

□ 国人的身体素质不够好

答案及解析：国人说话不张嘴；“底气”可以理解为“共鸣”的通俗说法；英美人说话时口腔的共鸣效果非常明显。

练习题 3： 世界上存在两个声音完全一样的人吗？

□ 有　□ 无

答案及解析：无；相对于“理论上的有”，“无”这个答案更加合适。

练习题 4： 下列哪个选项与“英语元音发音位置”不相关？

□ 气流在口腔受阻的位置　□ 舌部最用力的位置

□ 舌部抬得最高的位置

答案及解析：气流在口腔受阻的位置；此答案与“英语辅音发音位置”相关。

1.12 怎样有感情地朗读

读者一定有过接受“朗读没感情”点评的经历。虽然大家能够分辨出别人朗读时是否有感情，但轮到自己上场的时候却是一头雾水。本节将为大家简单解答“什么是（朗读中的）情感”这个问题。

☑ 自测

练习题 1： 朗读中如何表达情感？

□ 模仿原版朗读　□ 调整发音要素　□ 凭个人感觉

练习题 2： 下列哪项不是“快速发音”对应的情绪？

□ 愤怒　□ 喜悦　□ 沉静　□ 慌张

1.12.1 两个“小”原因

在之前的章节中，我们提过《新闻联播》《舌尖上的中国》和《甄嬛传》三个节目中典型的发音风格。这三种风格其实就是借助不同语气表达出的迥异的情感。有些读者确实能够自如变换风格，把三种讲话的方式都模仿得惟妙惟肖，而有些读者无论如何尝试可能都会无功而返。

“放开”

朗读中情感不足是因为：大家可能都欠缺“放开”的精神，都不能突破自我。这个道理很直白：如果要表达丰富的情感，大家就得用一般情况下不会使用的方式说话，也就是用有点“过”的方式说话、朗读。大家开始尝试的时候可能会非常不好意思，因为这不是大家正常的说话方式。但是，请大家从另一个角度想：如果总是用你习惯的方式说话，你怎么表达超出日常表达范围的情感呢？

右图中的面具是电影《V 字仇杀队》（英文原名：*V For Vendetta*）中的道具，是男主人公佩戴的面具。我希望借助这个道具告诉大家：人们习惯让自己藏在面具之后，而展示一个容易被大众接受的自我。练习者经常觉得自己的真实朗读水平不高，所以干脆用一种比较平淡、甚至冷淡的风格去表达，因为这样做“很安全”，因为这样做不会收到更多的负面点评。但是，如果你永远保持冷淡、平淡的状态，你只会是 one of the men with masks（众多戴面具者中的一个），你永远不会“鹤立鸡群”。不管你的朗读水平多么不理想，你躲躲藏藏地念还不如干脆不念，因为你平淡的朗读可以轻易地被替代，说不定机器都比你念得好。

做了近 20 年老师的我可以负责地告诉大家：“过”没有大家想象的那么可怕。如果你真的融入了角色、理解了文本，你说话就应该是“那个调调”的，那应该是“真情流露”，你的听众会被你打动。如果你自己都对你在说、在朗读的内容不自信，你才会被认为是“矫揉造作”。所以，我给大家的建议是：认真体会文段传达的情感，然后尽力表现出来，这样你才有可能成功。所以，放“嘴”一搏吧！

忠实地传声

大家在练习发音的过程中，迟早会接触文段朗读；不管什么样的文段，都有其固有的内容和对应的情感。即便议论文或者说明文这些平铺直叙的文体，也有着“冷静、干脆、严谨”的风格。练习者“发准音、念对词、读顺文段”的专注是正确的，但同时必须考虑朗读内容传递的思想和情感。不幸的是，不少练习发音的学习者在朗读一段文字之后，可能连自己念的是什么都不理解。

因此，大家在发音、朗读练习之前要明确以下几个问题：

A. 你到底在读什么？
B. 这个文段想要传递什么情感？
C. 通过何种手段（例如回忆相似的场景）才能传递这种情感？
D. 当文段中出现对话等时，是否需要变换发音情感？

只有将以上问题逐一回答清楚了，我们才有可能忠实地传达原文的意图。其实，正确地朗读文段不是我们的目的，但大家需要明确的是：只有朗读和内容合拍，我们的朗读才有意义，才能听起来“靠谱”；也只有这样，我们的朗读才能走上正轨，并最终收获听众的好评。

1.12.2 三个“大”原因

上文的两个“小”原因对大家来说应该不陌生，但“速度”“轻重”“音高”这三个情感表达要素，大家可能就很少考虑了。

速度

速度，也就是发音的快慢，是一个大家熟悉但把握得非常不好的朗读要素。下面我用成语给大家举几个例子。“妙语连珠”是一个与速度紧密相关的成语，它的意思是“话说得非常到位，而且一句接一句”。如果你对某事有着超乎常人的见解，在合适的场合下，一群听众仰望着你，你一定会自我感觉良好。你的大脑中“干货满满”，肯定乐意分享！你肯定不停 blah-blah（英语非正式用语，替代可预料的表达内容，读作 /ˈblaːˌblaː/）地说啊！想想《神探夏洛克》中分析案情的“卷福”，大家有概念了吧？

当然，有内容、有见解也不一定说话很快，也不一定要抢着说。“洋洋自得”的人很可能会“不紧不慢地”表达见解——“你看，我说过吧……”“如果真是你说的那样，现在就会有这样的结果……”此类“高见”大家应该听过不少吧？很多时候，有话说的人是不着急的，因为他们有一种“你们随便演，演砸了我收场”的霸气和能力。

妙语连珠也好，不紧不慢也罢，轮到你传达这些情感时，请注意调整语速。

音高

除了速度，我们还要注意发音时的“音高”，也就是声音的高低。读者可以试着哼唱一下音阶，大家应该可以明显感觉到声音高度的递升，而且会感觉嗓子越来越累。不过，在这里我要很遗憾地说一句：25 人中就有 1 人“失歌”（Amusia，/əmˈjuːzɪə/）。他们唱歌会跑调，也无法体会自己发音时声音高度的变化。有些人可以通过训练重拾音感、治好失歌症，但是有些人可能只能下辈子“雪耻”了——至今没有发现确定有效的失歌症治疗方法。

日常生活中有很多与音高相关的实例。救护车、警车、消防车上都有警笛。这里的“警”是“警示”的意思，这些车辆在执行任务的时候，享有最高的“路权”，行人和其他车辆必须（提早）避让。警笛利用其尖厉的声音，表达出一种“严肃提示”“预警”甚至“明令禁止”的感觉。反之，比较低的声音可能会表达“舒缓”“羞赧”“谨慎”甚至“不合时宜”的感觉。

音量

在讲解“音量”之前，我要给大家科普一下“两种听不见”。第一种很简单：音量小听不见，例如：身患重病的人说话有气无力，亲友只好俯身倾听。第二种情况大家很难察觉，因为有些声音超出了我们人类听觉可以捕捉的范围。声音是一种波，有振动的频率；频率高的声音“尖”（声音高），频率低的声音“沉”（声音低）。当声音的频率高到一定程度之后，我们的耳朵就听不见了，这就是第二种“听不见”。

与第二种“听不见”相关的发音问题，我们在前文“音高”部分已经讨论过。下面我们将讨论的是音量的大小，确切地说，是“音量的对比”。

大家日常说话、朗读文本一般会使用常规的音量（科学的说法是“响度”；请参阅第 7 章）。不过，不少练习材料需要朗读者用不同的力度完成朗读——有些文本要求高声诵读，有些文本则要求浅唱低吟。 大声说话或者用力朗读会让声音“铿锵有力”，可以传递出“坚定、大气”的感觉；轻声说话的本质是降低音量，从而表达出“温柔、沉静”。

如果文本内容统一，那么轻重处理很简单：找准感觉，自始至终读下去就可以了。 但很多发音练习内容形式多样，如果其中还包含对话，那么朗读的音量可能就需要适时调整了。 要做到这点，就不只是要求英语发音好了，朗读者的综合英语实力才是顺利解读、传递文段内容的保障。

总结

对发音练习文段的理解是有效练习发音的前提。 情感是“速度”“音高”“轻重”三个维度叠加在朗读之上产生的效果。 尽管大家可能会认为情感是玄虚的，但通过朗读实现情感传递可以是一件科学的事情。

答案及解析

练习题 1： 朗读中如何表达情感?

☐ 模仿原版朗读　☐ 调整发音要素　☐ 凭个人感觉

答案及解析：调整发音要素；发音时速度、音高和轻重的调整和组合可以实现各种情感的表达。

练习题 2： 下列哪项不是“快速发音”对应的情绪?

☐ 愤怒　☐ 喜悦　☐ 沉静　☐ 慌张

答案及解析：沉静；可以被描述为“沉静”的人连话都不爱说，这些人快速发音的可能性很小。

1.13 发音需要练到什么程度

大家应该都听过“满了吗”的故事。 我们可以把大石块、小石子、沙子、水依次装进一个容器，每次装完一样东西，我们总觉得容器“满了”。 就算上面提及的东西都装完了，我们还可以在容器里插一朵小花吧? 最后这一步可能有点多余，但是“满”也好，“做到”也罢，确实不像看起来那么简单。 英语发音学习不也是这样吗?

☑ 自测

练习题 1： 下列哪项是国人口语交流困难的主要原因？

□ 发音和语法　　□ 语法和词汇　　□ 发音和词汇

练习题 2： 什么是个人最合适的发音练习目标？

□ 符合实际需求的目标　　□ 学到哪里算哪里

□（类似）母语水平的发音

练习题 3： 大部分国内英语发音学习者能分清 GA（标准美式英语发音）和 RP（标准英式英语发音）吗？

□ yes　　□ no

1.13.1 发音学习的四种级别

“我觉得 OK 就是好”

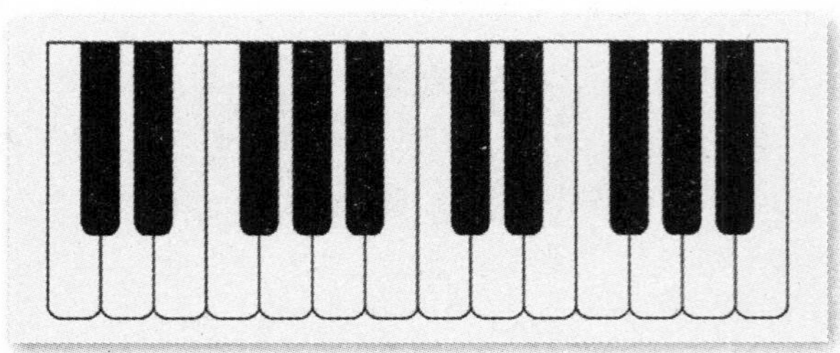

我教过很多希望学好发音的学员，在开始学习发音之前或者学习之初，大家对现有水平和目标水平有着像钢琴键盘一样非黑即白的判断：我现在的水平是“不好的发音”；我的学习目标是“好的发音”。

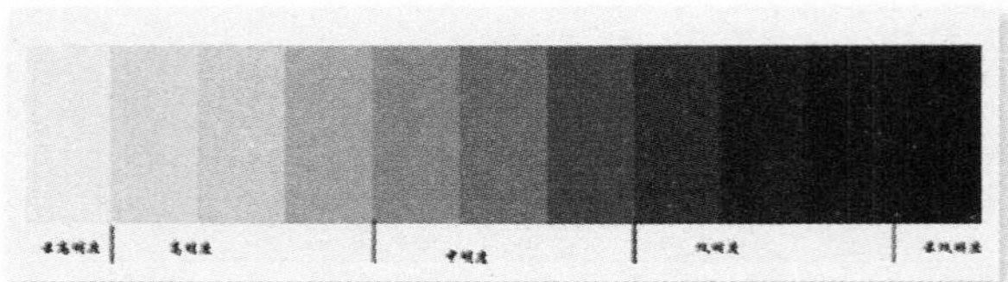

随着学习的推进，有些学员对自己发音学习的成果有了不同的预期。大家觉得：如果我学会了音标，我就走完了几个色块；如果我学会了连读和失去爆破，我又越过了几个

色块……总体来说，大家还是觉得发音学习有明确的阶段划分。

然而，根据我的教学经验，上面这幅图才是国人学习英语发音的真正过程。在学习的过程中，学习者很难分辨“与昨天相比，我今天有多少进步”；在整个过程中，大家无法估计自己所处的进度。而且，学习发音“今天进步，第二天却退回前一天的水平”也是很常见的现象。于是，大家只好走一步看一步，自己的发音目标也逐渐变得不清晰了。

以上就是英语发音学习的第一种目标级别——没有目标；即使有目标，目标也可能随时变化。

不影响交流

确实有些学习者提出“我学习英语发音就是为了能与别人顺畅地交流”。实际上，这种人不在多数；从国人实际的英语发音水平来看，此类学习者也不应该很多。

在现实课堂中，以“让别人听懂自己的英语而学习发音”为目标的人很少是因为：如果学习者不重视发音，他们也不会学习，这个群体不在我们的讨论范围之内；如果大家想学发音，绝大多数学习者不会满足于“确保交流顺畅”的水平。在交流不受发音阻碍之后，大家自然希望能够 stand out（直译为“在人群中站出来”），也就是“胜人一筹，高人一等”。

殊不知，绝大多数国内英语学习者的发音是“够用”的，也就是说，就算他们不再学习发音、只是保持现有水平，他们的口语也能够让别人听懂。根据我的观察和总结，词汇不足、语法不佳是口语交流中出现误解甚至不解的根本原因。

所以，对绝大多数国内英语发音学习者来说，“为了顺畅的交流”这种追求是不成立的。

收获非专业听众的好评

当然，我们还有第三个级别的发音学习目标：大家说你念得好。 有人的地方就有比较，不管是上课发言，还是参与英语相关活动，我们多多少少都会收到同学、朋友、家人，甚至陌生人的评价，毕竟发音水平相对于词汇、语法等语言要素及其评价标准更加直观。 因此，比较好的发音很容易收到业余听众的好评。

不过我要问大家两个严肃的问题：如果别人的发音比你好，他们为什么给你好评？ 如果别人的发音不如你好，他们给的“赞”又有什么意义？ 范冰冰是不会轻易对别人的长相品头论足的；如果冯巩说“老张，你比我长得帅”，我也不会以此为荣。 所以，旁人夸你发音好并没有什么实际的意义。

真正的优秀

当然，“优秀”“真正好”的学习成果还是存在的，例如你能够完成从“学员”到“老师”的华丽转身，或者你的发音可以作为练习素材被模仿。 把英语发音学好的标准应该是：你不仅自己知道怎样念好，还可以指导别人提高发音水平，让你的学生收获理想的发音。 不管大家是否有必要达到这种级别，但是大家学习发音的终极目标应该如此。

综上，我们提及了四个不同级别的发音目标，每种目标的学习方法都有所不同。 所以，请大家首先确定自己想要什么样的结果。 只有这样，大家才能选择合适的方式并做出相应的努力。

1.13.2 一项调查

先给大家做一个背景介绍：TESOL，Teaching English to Speakers of Other Languages，是国际公认的“对外英语教学”专业；其证书是对非母语者进行英语语言教学的国际通行资质。 言归正传，2006 年 12 月，Julie Scales，Ann Wennerstrom，Dara Richard 和 Su Huiwu 在 TESOL Quarterly（《对外英语教学季刊》）上发表了一篇名为“Language Learners’ Perceptions of Accent”（《语言学习者的口音认知》）的论文。 虽然这篇论文发表至今已经十年有余，但我认为这篇论文及其调研结论依然可以概括国内英语发音学习的现状 。

研究对 37 名在美国学习的非英语母语人士和 10 名美国普通大学生（母语人士）进行了关于口音认知的调查。非母语受访者的年龄范围为 18 岁至 30 岁，平均在美国生活了 15 个月，有 1 至 7 年不等的英语学习经历。受访者分布详见右表。

中国	11 人
日本	5 人
韩国	4 人
泰国	3 人
越南	1 人
阿根廷	4 人
委内瑞拉	3 人
哥伦比亚	2 人
墨西哥	1 人
秘鲁	1 人
厄立特里亚	2 人

调查采用“听录音——填问卷——做访谈”的流程进行。测试使用的录音是由 4 位 TESOL 研究生学位攻读者录制的。4 位录音员分别来自英国、美国、中国和墨西哥，其中两位非母语录音员在美国已经生活、学习了近 2 年，此前均有 10 年以上的英语学习经历，英语能力经测验为优秀水平。

问卷中的问题主要有两个关注点：“母语发音分辨”和“发音类型偏好”。为了填补问卷调查的不足，调查小组还进行了访谈，进一步获取受访者对于发音类型以及发音学习的态度。重点调查结果以及我的评注如下：

A. 62%的受访者的学习目标是“地道发音”；38%的受访者认为发音学习旨在“发音清晰可辨”。

评注：此项数据获得了早期同类调查结果的确认——大多数人学习发音的目标是“地道发音”。

B. 68%的受访者认为可以通过练习达到“地道发音”。

评注：根据我的教学经验，学习英语发音的时间越长，认为可以通过练习达到“地道发音”的人越少。“试过才知道”这句话，放在这里再合适不过了。

C. 73%的受访者成功辨出美式发音；62%的受访者成功辨出英式发音。

评注：国人英语发音学习者成功分辨英式和美式发音的概率可能会比这两个数字低很多。

D. 30%以“地道发音”为目标的学习者可以成功地辨出美式发音。

评注：很多英语发音学习者是盲目的——大家根本弄不清自己在学什么。

E. “易懂”是受访者喜欢某种发音的最主要原因。

评注：“喜欢简单易懂的东西”符合常识。

F. “流畅”是受访者判断某种发音是否为母语人士发音的首要标准。

评注：受访者有一种“神化母语人士”的倾向，即：母语人士说话一定很流畅、很连贯，而且不会犯错。这种观点直接导致一名受访者判定美国籍录音员的发音“不地道”，因为录音员在朗读的过程中有一处极微小的迟疑。

G. 10名以英语为母语的大学生不喜欢自己的发音，他们更喜欢英式发音和墨西哥式发音。

评注：看来“自己没有的东西都是好东西”这句话是真理啊！

1.13.3 几点提示

首先：发音是一种“奢侈品”。所谓“奢侈品”就是：既贵又非必需的东西。虽然奢侈品有“制作工艺”“品牌价值”等高定价原因，但是这些产品的实际使用功能确实可以被正常价格的同类产品替代。所以，对奢侈品的负面态度出于“功能替代”。

发音的功能是“使非文字交流成为可能”，简而言之就是“别人能听懂”。正如我在上文提到的，绝大多数国人已具备让别人能听懂自己英语的发音能力。此时如果再专注于发音的提升，大家就是“在买奢侈品”了。我不阻拦读者继续学习发音，因为奢侈品有其存在的价值，大家也有权选择个人的价值观。我只是希望告诉大家：发音水平不等同于英语水平，发音的实际作用也是有限的。我不帮大家进行价值判断；但作为作者、身为老师，我有义务理性地告知大家学习的目标及其意义。

第二点，任何发音质量的提升都需要“巨量”的练习和修正。如果我说“大量”，读者只会觉得“少不了练习”，我的意思也就被大家误解了。请读者注意：每一次提升发音目标的级别，都意味着要以幂指数的量级增加你的训练时间以及强化你的专注程度。大家考虑一下：你是否有能力付出这样的努力？

第三点，适合自己实际需求的目标才是最好的。如果只是简单的日常交流，大家现在的发音水平应该就够用了；如果你要代表公司进行商务会谈，你把发音稍微修正一下，达到出众的级别就可以了，也就是说，你比合作伙伴见到的其他中国人的发音稍好一点。当然，如果你是一名英语专业的学生，而且你将成为一名英语（发音）教师，那么你的发音就不仅要“独善其身”，而且要达到“兼济天下”的水平了。

总结

以现实的方式处事并不代表着妥协；满足不同需求意味着不同难度的操作和必要的努力。“这山望着那山高”是人性的弱点；但坚持确实可以让人们勇攀高峰。你是哪种人，你又将做出何种选择呢？

第一章到此结束。我希望通过本章告诉读者：（英语）发音是一个理性的科目；其选择、坚持、成功等过程无不是对理性精神的坚持。“热爱”本无可厚非，但要保持“热度”，必须找到“爱的原因”。

答案及解析

练习题 1： 下列哪项是国人口语交流困难的主要原因？

□ 发音和语法　□ 语法和词汇　□ 发音和词汇

答案及解析：语法和词汇；国人的发音虽然不够理想，但从交流的角度讲，还是合格的。

练习题 2： 什么是个人最合适的发音练习目标？

□ 符合实际需求的目标　□ 学到哪里算哪里

□ （类似）母语水平的发音

答案及解析：符合实际需求的目标；有目标才能有学习计划；以“实用”为指导，学习才有动力。

练习题 3： 大部分国内英语发音学习者能分清 GA（标准美式英语发音）和 RP（标准英式英语发音）吗？

□ yes　□ no

答案及解析：no；根据我近 20 年的教学经验，一般国人很难分清英式与美式发音，而且声称自己有 GA 或者 RP 口音的人通常对英式与美式发音的区别也知之甚少。

第 2 章

见微知著——音标

章节总览

在英语中，红色与绿色是 colours of red and green，砖红色和玫红色是两种不同的红色，即：two shades of red；“colours 和 shades”就是本章的主题。很遗憾，章节开始的线轴图片不能以色彩丰富的原版形式呈现给各位读者，但我相信“纷繁且差异大小不同的色彩”与“相似但区分度不等的音标”这一类比已经在大家的脑海中形成了。

从本章开始，我们将进入大家期待已久的“干货”部分。不过，我要提醒各位：如果大家没有完全理解第 1 章的内容，在学习后面章节的过程中，一定会遇到不少“过不去的坎”：知道不对劲，但却无法锁定问题。例如：明明已经“完全执行”了发音要领，但听着自己的发音时仍然感觉不对，而且还不知道是哪里出问题了。不管是口齿灵活度不够、情感三要素把握不稳，还是无法跳出音色的限制去辨音，这些都有可能影响大家的判断。如有必要，请大家重读第 1 章寻找答案。

本章将涉及以下内容：

- 与“音”有关的方方面面
- 音标详解

相对于第 1 章的内容，本章会涉及更多实操的部分，需要大家胆大心细：不念永远不会念对；念就要集中精力，争取一次念对。还要注意：

- 忘掉以前的发音方式，按照书中的指导进行发音！
- 忘掉以前的发音方式，按照书中的指导进行发音！
- 忘掉以前的发音方式，按照书中的指导进行发音！

发音需要或者可以改进是因为发音有问题；发音有问题，就意味着（大多数）不假思索地念出来的音很可能是不正确的。如果大家希望改进发音，请有意识地抛弃现有的发音经验——就当自己完全不会，看着要点从头学。重复自己的错误不仅会降低学习效率，而且会影响学习积极性。请大家轻装上路，开始全新的学习里程。

此外，发音学习者要做好准备，去接受“未知发音方法”带来的不安全感。之所以这样要求大家，是因为在英语中，音的长短差异、口腔和舌位极为微小的调整都可能是分辨不同音或单词的依据，例如 seat 和 sit 的对比。但这种对比在中文中是没有的，所以学习英语发音的国人会有一种“无助”的感觉——（可以用于中文的）发音动作不管用了。大家如果不确定自己的发音是否准确，可以加入本书读者 QQ 群，我会尽力帮助大家。

2.1 毫厘之差——“音”的定义

一个个音以一定的方式排列，反复出现在单词和语句中，因此任何一个音的失误不是这一个音的问题，而是所有含有这个音的单词的问题。如果你有两三个不准确的元音，那么你的发音就会受到很大的影响。我们只有毫厘不差地对待“细枝末节”，才能确保发音的准确性。如果大家对“发音是细致活”还心存怀疑，那就好好理解一下下面的两个等式吧。

$$1.01^{365} = 37.8$$

$$0.99^{365} = 0.03$$

☑ 自测

练习题 1：“你的‘th 音’念得有问题”这句话中的“音”是什么？

☐ 音位　　☐ 音素

练习题 2：严格地讲，大家日常使用的音标能够百分百反映单词发音吗？

☐ 能　　☐ 不能

练习题 3：一个音节中辅音的数量是确定的吗？

☐ yes　　☐ no

2.1.1 “音”的方方面面

正如章节序言所说：颜色纷繁复杂，“音”又何尝不是这样呢？为了铺平以后的学习之路，让读者清晰理解书中的内容，我觉得有必要把“音”的概念阐述清楚。为确保概念清晰，我在本章开篇特此说明：除非明确指出，本书后续章节中的“音”及相关概念指的是“人声”，而不是物体发出的声音或者乐声。

音

“音”是音标、词句和语言的语音形式：这个音标怎么念？这个词、这个句子怎么读？我们可以把“音”理解为“符号、文字的发音形式”，或者“用嘴发出的声音”。因此，有时候我们也会用“发音”来表示“音”这个概念，例如：这个词的“发音”是什么。“音”是一个很大的概念，就像“颜色”这个总称一样。

音位和音素

大千世界，色彩缤纷：赤橙黄绿青蓝紫，颜色不一而足。

如上文所述，如果将“音”和“颜色”进行类比，那么“赤橙黄绿”就是“音位”了。这里有两个要点：第一，正如“赤橙黄绿都是颜色”，所有的音位都是音；第二，如果音和音之间的差异大到一定程度，那么这两个音就是两个音位。虽然每个人对颜色的界定不同，但黄色和棕色之间总有“一条不可逾越的分界线”：一边是黄色，而另一边是棕色。例如前元音 /e/ 和后元音 /ɑː/ 就是两个不同的音位；爆破音 /t/ 和摩擦音 /ʒ/ 也是两个不同的音位。

但分类工作还没有结束——就是黄色也有各种 shades 啊！我们念出来的音又该如何分类呢？此时，我们需要引入一个更小的概念“音素”来对应黄色这种 colour 中的橙黄、土黄、棕黄等 shades。之所以橙黄、土黄都算作黄色，是因为它们之间的差异远远小于黄色和棕色之间的差异；level 这个单词中前后两个“l”的发音是不一样的，所以它们是两个音素，但是两者相似到难以分辨的程度，所以是一个音位。

对广大读者而言，“音位”“音素”是两个全新的概念，所以，我再给大家举一个例子。例如，pit 和 spit 这两个单词中字母 p 的发音是不一样的：pit 中的 p 字母有爆破（气流从口腔中喷薄而出），而 spit 中 p 的发音却几乎不伴有气流。在给这两个 p 字母注音的时候，我们都用“/p/”这个音位标注。大家可能会问：这样一来，音标就不能完全准确地描述单词发音了吧？我的回答是肯定的；pit和spit这两个单词的对比就是例证。但是，我也要说句公道话：虽然IPA可以精准地标注单词的发音，但IPA太复杂了，所以我们用“并非百分百精确但确实好用、至少够用”的DJ或KK等（源于IPA的）音标体系标注英语发音。

音位和音素的简单对比如下：

A. 英语的48个音标就是48个音位，本章中会做详细的讲解。我们也会听到“英语有44个音标”的说法，因为/ʦ/、/ʤ/、/tr/、/dr/这四个辅音组合没有被列为单个的音标。所以，“48”和“44”没有本质区别。

B. 音素可以用IPA体系如实地反映，是发音的最小单位。

C. 音位这个概念一定要有语言的范围限定，中文的音位和英语的音位是不一样的。音位可以影响字词的意思，例如中文的“了呢不分”，就是因为l和n这两个汉语拼音音位的误用，导致别人听“错”了。有些人平舌、翘舌不分，以致“照做”和“造作”混淆，这也是音位出了问题。再比如seat和sea这两个单词的区别仅是结尾/t/音位是否存在，所以必须把这个音清晰地读出来，才不会造成单词的混淆。中文没有以/t/音（此音为英语音位，和汉语拼音t音或者汉字“特”的读音有本质区别）结尾的拼读结构，所以国人读此类音节时会有一定的困难。

D. 下图描述了音、音位、音素的包含关系；各级别中的圆圈表示具体的“音”“音位”和“音素”。

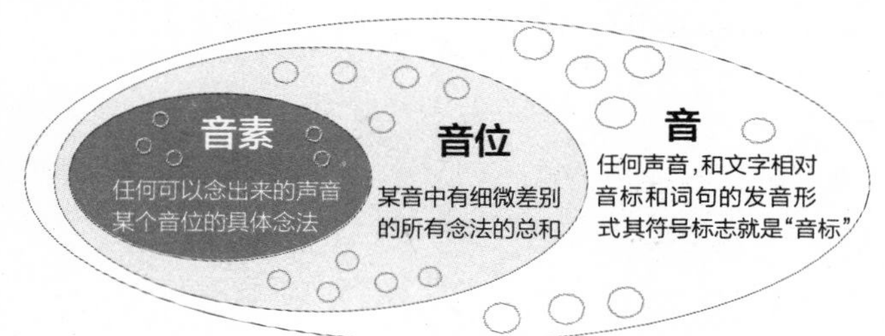

E. 用音位写音标的时候，音标应该放在“//”之间；音素音标则用“[ ]”括起来，前者常被称为“宽式音标”，而后者常被称为“严式音标”。国内能找到的词典、所有等级的教材以及与发音相关的图书，包括广大读者学习（过）的“国际音标”，基本都是“音位注音”，也就是采用了“宽式音标”标注。因此，在写音标的时候，请大家使用“//”符号。

F. 在本书中，读者还会见到“单音”这个词，我用这个词表示（某个）音素或音位及其对应的音标，与“单词发音”“句子发音”进行对比。

2.1.2 音位标注的准确性

看到这里，有些读者会有一个困惑：“严式音标我不会，宽式音标我可能念不准。怎么办呢？”对此，我的解释如下。在 level 这个单词中，两个 l 确实发音不太一样，但是二者的发音只有极为细微的差别，如果大家能够念准 /l/ 这个音位，在自然连贯的发音过程中，大家就可以轻松区分单词首尾两个 l 的不同念法了。

再比如 space 这个单词。在标准的朗读中，/p/ 这个音确实（几乎）不送气，大家也可能会因为直接按照宽式音标的写法念“错”这个词。不过，在听了正确的发音之后，大家应该会进行比较。相比之下，大家一定会觉得不送气的念法更加自然、省力，进而转投“不送气”的阵营。退一步说，就算大家一直送气念 space 中的 p 字母，也不是太大的问题，因为：严式音标确实太复杂，掌握起来太困难。

“记住、念准全部音素不现实”“音位念准就能用”，两害择其轻，我们也只能选择后者了。

2.1.3 音节

此处介绍“音节”旨在为本章中后续内容进行铺垫。本节会为读者讲解音节的基本概念，而第 3 章则会详细讲解音节划分、音节类型和音节拼读等知识。

说起音节，不能不提“元音”和“辅音”这两个概念。元音是在发音通道或发音器官相对打开的条件下，通过声带振动发出来的声音；这种声音中没有气流与发音器官（可分辨）的摩擦。因此，元音比较响亮。辅音听起来较弱，因为辅音基本上是由气流和发音器官摩擦或者是气流冲破阻碍产生的声音。所以辅音听起来并不是特别响亮。

在了解元音和辅音的概念后，我们就可以研究“音节”了。音节是元音或者元音与其前和（或）后的辅音构成的发音单位。为了简化概念，我将音节的形式为大家列项总结如下：

- 元音；例如单音节词 a 或 err

- 辅音+元音；例如单音节词 he，或 believe 一词中“be-”这个音节
- 元音+辅音；例如单音节词 an，或 working 一词中“-ing”这个音节
- 辅音+元音+辅音；例如单音节词 hat，或 believe 一词中“-lieve”这个音节

通过对概念的细化，大家可以看出元音是构成音节不可缺少的要素。 不过，由于英语及其拼写、发音的演变，上面列出的条目只是“够我们讲解本章之用”，关于音节的话题远不止于此。

总结

声音看不见摸不着、转瞬即逝，所以，准确听声和发音的难度都很大，准确标注这些千差万别的声音就更是难上加难了。 因而，弄清楚“音”的来龙去脉是我们在学习发音时不能忽略的环节。

答案及解析

练习题 1：“你的‘th 音’念得有问题”这句话中的“音”是什么？

☐ 音位　☐ 音素

答案及解析：音位；字母组合和一定的发音对应，但被引用的表达并不涉及这个音的发音环境，即包含字母组合 th 的不同单词。

练习题 2：严格地讲，大家日常使用的音标能够百分百反映单词发音吗？

☐ 能　☐ 不能

答案及解析：不能；因为常见音标是宽式音标，音标写法和单词实际发音可能存在差异。

练习题 3：一个音节中辅音的数量是确定的吗？

☐ yes　☐ no

答案及解析：no；在一个音节中，元音前或后可以有或者没有辅音。

2.2 谬以千里——“音”的数量与质量

质量、数量差异比较“矫情”：样子不一致不行，数量不正确也不行。 在发音中，“质量”是指发音位置、器官运用等硬件标准；“数量”是指一个音念多长，是相对

值。如果音的长度没有固定数值、其长短只能相对而言，那么“相对”的比较项是什么呢？可供发音学习者参考的准绳又是什么呢？

☑ 自测

练习题 1： 一个音的长短是固定的吗？

☐ yes ☐ no

练习题 2： 下面两个单词的发音哪个（听起来）更长？

☐ had ☐ hat

练习题 3： 两个音的本质区别是什么？

☐ 发音器官的不同动作 ☐ 两个音的长短差异

2.2.1 音的质量

音的质量，不是我们在第 1 章中谈到的“不可改变的嗓音条件”。这里的“音”指的是“音位”，而“质量”指的是“属性”。这样一来，与音的质量相关的问题就是：口型怎么摆？上下牙齿的间距大约是多少？舌头和口腔的相对位置如何？不管是 IPA 还是英语音标，所有的单音都存在质量上的差别，而这些差别很可能超出了中国英语发音学习者能分辨、愿意分辨的范围——“我听不出 A 音和 B 音有什么区别”，或者“这点差异就可以决定 A 和 B 是两个音吗？”

更常见的情况是，大家不理解“为什么嘴张开程度的细微差别、发音位置的移动会造成音的变化”。此时，第 1 章学过的内容又派上用场了。产生于肺部的气流经过声带振动和口腔塑造两个环节形成声音；任何细微的口型、舌位变化都会改变声音的共鸣效果，从而产生不同的音。发音学习者可能听不出音的变化，但这并不意味着音素，甚至音位之间的差异不存在。

2.2.2 音的数量

音的数量就是音的长短。在学习发音的过程中，大家会看到有些音标带有冒号，表示“该音延长”。但应该把长音念到多长呢？到底是 0.5 秒还是 1 秒？其实长音和短音是一组相对的概念：长音比短音长就可以了。至于长短音的绝对时长，那就要看发音的具体情况了。说话的速度会影响发音的长度：老师在示范发音的时候需要增加音的绝对时长并放大长短音之间的对比；大家在念绕口令的时候，会缩短所有音的发音时长，导致长短音的时长对比缩小甚至消失。

2.2.3 音的质量和数量

如果一定要比较“音的质量”和“音的数量”这两个维度的重要性，那么我认为还是前者更重要。因为英语朗读、对话的正常速度大致为150词/分钟，而且一个词中通常有不止一个音节。这样一来，在正常语速下，我们真的没有那么多时间去“照顾”长音，所以“口型和舌位瞬时转换并保持动作准确”才是关键。

“规矩”

下面，我以bid和bead这两个单词作为例子，讲解一下音的质量和数量之间的关系。这两个单词的音标分别为：/bɪd/、/biːd/。通过查证发音词典，我们发现这两个单词发音长短的区别并不明显，但大家确实会感觉bid的发音比较轻快，而bead的发音比较稳重。在这里，我重申一下：大家的耳朵不是那么可靠。根据LPD3提供的音频、通过音频软件的分析和测量，这两个单词的英式与美式发音时长对比如下。（本节中其他单词发音的时长数据均为LPD3中例词发音的测量结果。）

单词	英式发音时长（秒）	美式发音时长（秒）
bid	0.278	0.453
bead	0.473	0.642

我们的嘴无法把发音控制到“毫秒”（0.001秒）级别；就算能做到，我们的耳朵也听不出那么细微的发音时长区别。但是，我们确实可以得出“长音比短音长”这个结论。说句题外话：我们可以做好一切准备只念一个单词，此时，分辨长短音不是很困难。但分别带有/ɪ/和/iː/这两个音的单词先后出现在同一句话中的可能性是非常大的。此时，要在大约1秒之内完成长短音的切换，并且很可能还需要发出元音前（或）后的辅音，这确实是一件难事。大家现在知道“句子、段落念起来不顺畅”的原因了吧？

“出格”

一般来讲，单词的发音或单词中某一部分的发音，要和这个单词周边的单词形成一种合理的对比。 但我们确实有可能为了表达某种情感而打破这种对比。 例如：

What a beautiful ship! → WHAT a BEAUtiful SHIP!!!

如果要表达“这艘船很漂亮”，大家可以使用箭头左边文字对应的常规方式朗读。 但如果要传递“这艘船的外形美到令人震惊的程度”，大家可能就要用箭头右边的版本来朗读了，也就是要将 what，beau-，ship 这 3 个音节重读（句中以大写标注）并适当拉长。 这时候问题来了：what 和 ship 中的元音都是短音，我们怎么拉长？ 难道念这两个元音对应的长音——/ɔː/和/iː/？ 答案是否定的。 此时大家只需要保持这两个音的口型并适当拉长音就可以了。 这种操作就是发音质量（口型和舌位）的保持，也说明了音的质量比音的数量更加稳定。

细分

大家在日常学习的过程中，会见到 /ɪ/、/i/ 和 /iː/ 这 3 个音标。 /i/这个大家不是很熟悉的音标常见于单词末尾，例如 happy 这个单词中的最后一个音。 在我刚开始学习英语的时候，y 字母对应的音经常被标记为 /ɪ/。 单词末尾的元音由 /ɪ/ 演变为 /i/ 的现象在学术上被称为“Happy Tensing”：单词末尾的 /ɪ/ 音由于口型和舌部的紧张（tensing），其质量发生了变化——微张的口型变成了轻微咧嘴角的口型、舌头也用了更大的力度——最终变成了 /i/，也就是把 /iː/ 缩短后得到的发音。

讲解 Happy Tensing 不是我们的主旨，我只是希望通过这个实例告诉读者：音可以分得很细，而且这种细分是客观的、必要的；这种细分和“朗读者是否注意到、能否读出这种差异”没有多大的关系。 下面我把 /ɪ/、/i/和/ iː/ 这 3 个音标两两详细对比如下：

对比音	长短差异	音质差异
/ɪ/ vs /i/	无	口型、舌部形态都有区别
/ɪ/ vs /iː/	后者长	口型、舌部形态都有区别
/i/ vs /iː/	后者长	无

再次细分

如果我们比较 beat 和 bead 这两个单词的发音时长，大家可能会觉得“没有区别”。 但真是这样吗？ 请看下表。

单词	英式发音时长（秒）	美式发音时长（秒）
beat	0.438	0.445
bead	0.473	0.642

这种发音时长差异可能是以下两个原因造成的：第一，/t/、/d/ 两个爆破音的发音困难程度不同，浊辅音 /d/ 念起来比较困难，需要更多的时间准备，从而拉长了整个单词的发音。第二，/d/ 是浊辅音，其前的 / iː/ 被拉长以配合整个单词“凝重”的感觉。听起来也好，看数据也罢，都是浊音之前的 /iː/ 更长些；“带有浊音的单词整体听起来更长些”也是稳妥的说法。请大家记好这个知识点，并恰当地运用在发音之中。

2.2.4 中英文音的数量对比

前文提过：中英文的音位不相同，也就是说，中英文音的质量各不相同。国人对这种差异的体会和把握相对不错，因为听起来确实不同！但是国人对这两种语言中音位的长短（对比）把握得不是很好。这也是国人发音不地道的根本原因之一。接下来，我们就用同一句话的中英文两个版本进行分析。

The bead is greenish to me.
我觉得这颗珠子偏绿色。

“等距时长”与“长短不一”

中文发音不强调字音的长短对比。读者用（尽量）标准的普通话、不添加任何个人情感去朗读上面的中文句子。大家感受一下，是不是每个字的发音长度基本是相同的？我们朗读时可能会有一些轻重音的变化，但是每个字的发音时长确实没有什么变化。而英文的念法就不是这样了。为了方便读者直观地感受朗读中发音时长的对比，我将用小字号标注发音短的部分，而用大字号标注发音长的部分。我们会得到下面的句子：

The **bead** is **green**ish to **me**.

句中 bead，green-和 me 被拉长了，是因为这 3 个音节（或单词）本身就含有长音。而更重要的原因是：这 3 个音节（或单词）传递了句子中比较核心的内容：珠子、（近似）绿色的、我（看来）。在中文中，我们可能会用“轻声”带过不重要的字词，但是英语词汇没有固定的声调，我们只能用长短、轻重来区分单词、音节的重要性。如果我们把英文的这种发音特点照搬到中文朗读中，我们就会得到下面的句子。请一口气连贯朗读下面的句子，不要有任何停顿；“我”“珠”“绿”这 3 个字的重复以“拖音”的方式完成朗读：

我我我我我我觉得这颗珠珠珠珠珠珠子偏绿绿绿绿绿绿色。

大家是不是觉得这句中文“变味”了？大家有这种感觉是正常的，因为大家说话时一般不会拖音。不过，如果大家不习惯这种字、音长短间隔的发音，而且不能自如地以这种方式去念中文，那么大家的英文可能也很难有发音长短不一的模式，英语的“调调”自然也就没有了。

如何做到英文“长短发音”

A. 使用词典查证单词的发音；

B. 加强音位长度对比：是否是长音；朗读比较长音和短音，看看长音是否有稍长的感觉；

C. 选择一种发音速度（正常、偏慢、急速等），以确认音位、音节的发音速度；

D. 确认某个单词是否在句中传递重要的信息；如果是，则应该适当延长音位、音节或单词的发音。

由于前文已经讨论了/ɪ/和/iː/的对比，我们按顺序执行 C 步骤。如果大家以非常慢的速度朗读 bead 这个词，在正常的发音速度下，green 和 me 也应该大致保持 green 的发音时长；is 中的元音是短音，故 is 的发音时长稍短。接下来，我将为“The bead is greenish to me.”这句话中不同的单词加上重读，以表达不同的句意：

“强调个人感受”的朗读版本：The bead is greenish to me.

“澄清个人观点”的朗读版本：The bead is greenish to me.

D 步骤：理解句意并选取加长的部分。常规朗读的版本见前文。但如果我们想强调“‘我’认为，而不是张三李四发表了观点”，只需要加长 me 的发音就可以了。同样，如果交流对象把观点听反了（“我认为珠子不是偏绿色的。”），我们就需要加长 is 的发音，澄清观点。这里请大家注意，虽然 is 中的元音是短元音，我们也可以在保证/ɪ/发音质量的同时，将其读成/iː/的发音时长。

如果按照以上规则进行朗读练习，开始的时候，大家会觉得朗读“很麻烦”——一会儿长，一会儿短，还需要反复查证、进行对比。但是只有这样，大家才能确保练习的有效性。好消息是：等念熟了、念好了之后，大家就不需要再刻意关注长短音的对比了，因为大家已经将这种模式内化于心，想忘记都不容易了。

总结

母语的发音方式对英语的发音影响巨大，很多时候大家会把母语发音照搬到英语发音之中，导致“中腔中调”。这种照搬体现在音的质量和数量两个方面。认识“照搬”的危害、避免母语的负面影响，是脑力活，更是体力活。所以，大家赶快行动起来吧！

答案及解析

练习题 1： 一个音的长短是固定的吗？

□ yes　　□ no

答案及解析：no；音的长短取决于语速或者上下文。

练习题 2： 下面两个单词的发音哪个（听起来）更长？

□ had　　□ hat

答案及解析：had；这两个词的差异只有结尾的辅音，以浊辅音结尾的单词发音稍长些。

练习题 3： 两个音的本质区别是什么？

□ 发音器官的不同动作　　□ 两个音的长短差异

答案及解析：发音器官的不同动作；请回顾本节相关内容。

2.3 谨言慎行——音高与语调

如果音位是一条鱼，这个音念多高、音的高度的走势，就是鱼的不同做法。今天我们下厨，请大家做好“起灶”准备！此外，在阅读本节的时候，大家可能会觉得自己买错了书。我要告诉大家的是：如果你读完本节依旧觉得自己买错了书，那你可能就真的找不到英语的“洋腔洋调”了……

☑ 自测

练习题 1：“老张唱歌总是跑调”这个陈述中涉及的问题是什么？

☐ 音高　☐ 嗓音　☐ 语速　☐ 节奏

练习题 2：中英文的基本音调是完全一致的吗？

☐ yes　☐ no

练习题 3：“音调”和“语调”可以互换使用吗？

☐ yes　☐ no

2.3.1 音调

“音调”需要实践，所以在阅读本节的时候，大家需要找一个安静、安全的地方。然后，请大家放开嗓子演练，把自己当成一只在月黑风高之夜引吭高歌的狼，并告诉自己：我是最勇敢的！我是最凶猛的！没有人能够左右我！只有这样，大家才有可能掌握这部分内容。

谈到音调，最直观的例子就是“一闪一闪亮晶晶，满天都是小星星”（选自经典儿歌《小星星》）这句了。这两句歌词的简谱如下：

1 1 5 5 | 6 6 5 - | 4 4 3 3 | 2 2 1 - |

一 闪 一 闪 亮 晶 晶 满 天 都 是 小 星 星

第一句中有两个“一闪”，但是大家唱第二遍“一闪”的时候，明显比第一遍费劲，因为第二个“一闪”的音调提高了。正如我在之前章节提到的，气流通过声带振动产生声音；声带振动越快，声音越高，我们的喉咙自然就越累。简言之，声音的高度，即“音调”或“音高”，和声音振动频率正向相关。“音调”和“音高”是同一个概念，只不过后者更容易理解一点。

音调是一个绝对的概念：不管是人发出的声音，还是乐器演奏出来的声音，只要是一个高度，声音振动的频率就是相同的。就像《小星星》中的这两句歌词，如果严格按照上面的简谱去歌唱、去演奏，不管是谁唱、用什么乐器演奏，每个字的声音高度都是一样的，所以音调（音高）是一个绝对的概念。就好像老王身高 1 米 8，不管有没有别人站在他身边和他比个子，老王的身高都是 1 米 8。

2.3.2 语调

语调是让中国英语学习者极为困惑的一个知识点；同时，作为中英文发音的根本差异之一，语调确实值得读者高度关注。但很多与发音相关的著作对此涉及不多，或者没有给出清晰的解释和说明。本节将对语调做简单的介绍，如果读者希望更详细地了解语调，请查看本书第 4 章和第 6 章相关内容。

我们再回到《小星星》的例子。大家是不是觉得自己的声音在“一闪一闪亮晶晶”这句中逐渐升高，然后在“满天都是小星星”这句中逐渐下降？大家在唱这两句的时候是不是经历了从“越唱越累”到“越唱越舒服”的过程？这就是音高变化的结果。如果大家想更加直观地感受这种音高变化的感觉，请大家使用“啊”字代替这两句歌词的发音，并用一口气“啊”完这两句，这样大家对音高的变化就有感觉了。

话语中字词音高的变化就是“语调”。再回到老王的例子：老王的身高是音调；老王和其他身高不等的人一字排开、组成的那个“身高起伏”的队列就是语调。

中英文“调”的差异

我们来玩一个游戏——“装外国人”。请大家去掉下面例句中所有汉字的标准声调，根据汉字下面的声调（0、1、2、3、4 分别对应轻声、一声、二声、三声、四声）来朗读下面的句子。

我叫杰克·约翰逊，我来自美国。我来中国三年多了，但是中文还是说不好。

1 0 1 0　1 1 0　1 3 1 1 4　1 1 4 2 1 3 1 2　1 0 3 1 4 0 1 1 4

大家读完这句话之后，是不是找到了外国人说中文的感觉？中文的“四声”对于说英语的英美人而言是很难理解的。与英文相比，汉语拼音中对应元音的发音数量较少，而且没有在字的末尾加上辅音以示区分的做法（例如：sea→seat，bar→bard）。这样一来，在与字对应的时候，中文的音可能会出现“不够用”的情况。智慧的中国人利用“四声”（“声调”）让音发挥了更大的作用：把中文发音的数量扩大了三倍，让字和音的对应关系更加直接，避免了过多同音字的出现，这就是“声调辨义”。

正如没接触过中文的英语母语人士很难分清“妈、麻、马、骂”这 4 个字，“英语单词没有固定的调子”也让国人挠头不止。这也是外国人打乱声调读中文的时候没有中国味、中国人带着“四声”说英语没有“洋味”的根本原因。大家现在也理解“歪果仁”（网络用语，“外国人”的谐音）的来历了吧。

给大家补充一个知识点：所有的语言可以分为声调语言和非声调语言两种。中文、越南语（6个声调）、非洲和某些印第安语言是声调语言；而英语、法语、德语等印欧语系的语言多为非声调语言。

母语的重要性

第1章第12节中，我们提到了“失歌症”（Amusia）这个概念。这里结合语调，我再和大家多说几句。作为老师，纵观我教授过发音知识的所有学员，我总结出了一个规律：英语发音学得好的学员唱歌都不错，而唱歌跑调的学员的发音一般都不太理想。读者作为发音学习者，可能也会有“英语老师、说英语好听的人唱歌都不错”的感受。唱歌和好的英语发音有关系吗？我的回答是肯定的。

不管是国内的英语老师，还是国内的英语发音高手，大家在说好英文之前都接受了母语——中文的洗礼，大家都已经学会并习惯了中文的说话方式。在这种情况下，如果大家还能接受英语（非声调语言）的腔调，并且说得有模有样，这就证明：这些双语人士有一定的音韵能力，至少有分辨和使用音高的能力，但这种能力并非先天存在且人人都有的——有些人唱歌会跑调、有些人听不出来英语句子中音调的变化。

很自然地，有两个问题摆在我们的面前：第一，“失歌症”导致跑调，但为什么唱歌跑调的人能够念准拼音的四声呢？第二，外国人的英语说得都很地道，难道他们唱歌就不跑调吗？面对这两个尖锐的问题，我能够做出的合理解释就是：母语为王。

母语是任何人在娘胎里就开始接收的语言，更是人们开口说话时使用的第一种语言，所以，这种语言就好像写在白纸（没接触过任何语言的大脑）上的字，擦掉了也会留下印记。从某种意义上说，母语就像我们大脑中标配的硬件一样，除去极特殊的个案之外，都能正常运转，而乐感、音调则是选配能力。虽然“失歌症”人群的比例只有4%左右，但确实有些人不具备这种能力，该人群在学习英语发音的时候会遇到很大的困难。

2.3.3 如何操作语调

音高的变化形成语调。从定义上讲，语调是句子作为一个整体表现出来的音高的变化，例如疑问句句尾可能是升调，也可能是降调。前文提过：英语是非声调语言；也就是说，每个单词都没有固定的声调。但是，“没有固定的声调”并不意味着我们用任何声调念句子中所有的单词都是可以的。读者可能会问：我们到底应该用什么调子念句子中的单词，从而获得地道的“调调”呢？我将在第 6 章中解答这个问题，大家不要着急。

本节不回答这个问题，不是我要卖关子，而是因为大家还没有做好准备。要表达特定的语义，句子的语调是基本固定的，不过我们是否从“单词的语调”入手更切合实际呢？毕竟，句子是由单词组成的，句子的语调也是在特定单词上完成的。所以，熟练掌握单词，甚至音节、音位的语调是很有必要的，因为单词、音节、音位都参与表现语调，而且它们的作用更加具体、直观。本节我们只涉及音位和单音节词的“语调”；非单音节词和句子的语调，我们会在后续章节中仔细讲解。

下面我将为读者介绍英语中最常见的五种调子：平调、升调、降调、降升调、升降调。这五种调子的排序大致是按照其使用频率降序排列的，也就是说，平调最常用、升降调最少用。各种调子都配有图示，我会用两条平行的直线表示人声能达到的最高和最低音调；用箭头标注音高的走向。所有的调子都会以字母 A（/eɪ/，音位或音位组合）和 hat（单音节词）这个单词为例进行讲解。

平调

如右图所示，音的起点和终点没有音高上的变化，这个音就是“平调”。其实平调和后面的升调都是英语中非常常见的调子，数量上难分高下。但因为“平调是国人掌握得最不好的调子”，所以我把平调当作最重要的调子首先展示。

平调表示话语的延续，常见的功能有：进行多项列举（末项除外）、句子中间部分朗读等。平调和汉语拼音的“一声”很相似，大家基本可以照搬、模仿中文声调。国人不习惯平调大多是因为“缺乏自信”：平调要求声音和调高的保持，但国人不确定其发音的准确性，潜意识里有点“虚”，平调念不稳，经常是越念声音越小。这一点请大家多加注意。

在以实例讲解平调之前，我们首先要明确：由平稳气流摩擦或受阻形成的辅音没有调子，辅音依附于其前后的元音形成调子。大家可以用/t/这个音试试：是不是怎么念，都念不出调子？

大家用平调念字母 a 问题不大，但是单词 hat 的平调会给大家带来麻烦：大家可能会在单词结尾辅音后添加/ə/的声音。这种错误有两个原因：第一，元音 /æ/ 念得不够长，让大家没有“平直延续”的感觉，为了实现平调，于是画蛇添足地加上了 /ə/ 的尾音。第二，/æ/ 和 /t/ 连接得不够紧密，中间有明显的停顿。为了弥补这种不连贯，大家就在结尾加上一个小元音，“捏造”出一个音节，使 /æ/ 后的停顿合理化。

升调

升调一般用来表示疑问、列举（末项除外）、分句连接等。音位和单音节词的升调处理比较简单，大家可以模仿汉语拼音的“二声”完成发音。不过读者还是要注意 hat 中的升调在元音上完成，不要在结尾加上元音 /ə/，否则 /ə/ 会与 /t/ 构成音节。双音节词、多音节词的升调不太好把握，我们会在后续章节中讲解。

降调

降调是国人使用得最多的一个调子，但让人遗憾的是，国人使用降调多为“滥用”，原因有二。其一，降调显得确定、稳定，给朗读者一种安全感，所以大家愿意使用这种调子。其二，降调有一种“结束感”，让大家有一种“这个词、这段话念完了，总算踏实了”的感觉，所以大家会不自觉地使用这种调子。但是滥用降调的危害很大，我在这里先提醒大家一下。

上面的两个图都是降调的音高走势图，区别是“声音的起始音高不同”：左边降调的起始音高比较高，被称为“高降调”，一般出现在句尾；右边被称作“低降调”，可以在句中（意群结尾处或逗号处）使用。不管大家是否能分清这两种降调，都要留意一下此处提及的区别，因为后面的章节中会用到这个知识点。

降升调

顾名思义，降升调是先降下去然后再升起来的调子。不过读者要注意的是，降升调和汉语拼音的“三声”有区别。汉语拼音的“三声”上扬的动力比较大、声音结尾部分的音高是整个音中

最高的部分。但如图所示，英语中降升调上扬的幅度不是很大，降升调中音高最高的部分在音的起始部分，且比汉语拼音“三声”的起始音高要高一点。

这个调子在听感上有明显的“阶段性”：前一部分下降，后一部分上升。因此，在读 /eɪ/ 这个音标的时候我们可以使用“/e/ 降调，/ɪ/ 微微升调”的方法朗读。但是在读 hat 这个单词的时候，调子的变化都要在 /æ/ 上完成（这点极为重要！），结尾的辅音紧紧跟上即可。

虽然降升调能够让大家的发音有“洋腔洋调”，但是这种发音变化较多，不宜经常使用。哪怕是在音调变化较多的 RP 中，这个调子也只能适当使用，避免发音显得矫揉造作。

升降调

与刚讲解过的降升调一样，升降调也是一种有波折的语调，先升后降的读法传递了引起注意（升）并坚定确认（降）的态度。升降调的内涵丰富，需要内容、语言和表达力的支撑；就算能够念准调子，大家第一次尝试使用的时候，也会有“自己都觉得不舒服”的感觉。因此，谨慎使用是上策。

总结

再给大家重复一下开篇的类比：“怎么张嘴、舌头放在哪里”是鱼，音调和语调是鱼的做法。虽然新鲜的食材做熟了就应该不会太难吃，但是“做得好吃”确实是一门技术活，甚至是一种艺术。不过，再好的厨艺也是“一顿好吃、一顿不好吃”地练出来的。在此告诫大家：发音练习要一步步来，只有先练好音位和单音节词的调子，后面的多音节词、词组、句子、段落、篇章才有可能出彩。最后一点提醒：一声、二声、三声、四声是汉语拼音专用的说法，如果谈及英语的音调或语调，我们得规规矩矩地说平调、升调、降调、降升调、升降调。

答案及解析

练习题 1：“老张唱歌总是跑调”这个陈述中涉及的问题是什么？

□ 音高　□ 嗓音　□ 语速　□ 节奏

答案及解析：音高；能不能听出、唱出高低音调，这是音高问题。“嗓音”条件确实可能影响歌唱者在高音或低音音域的表现，但不会“总是跑调”，故排除。此外，我们会用“跟不上节奏（或节拍）”“踩不到点”等说法来表述某人在唱歌时语速和节奏出了问题。

练习题 2: 中英文的基本音调是完全一致的吗？

☐ yes　　☐ no

答案及解析：no；请回顾本节相关内容确认。

练习题 3: “音调”和“语调”可以互换使用吗？

☐ yes　　☐ no

答案及解析：no；“音调”也称音高，而语调则是句子中音高的走势。

2.4 规矩方圆——华丽怎么教发音

阅毕本节，读者就要看到期待已久的音标讲解了。大家一定好奇——为什么要拖到现在才开始介绍音标？难道音标不是发音学习的第一步吗？对于这个问题，我只想说：大家换一种思路说不定就能成功！而且读到现在，大家也学到了不少本来就应该安排在音标学习之前的发音知识。

2.4.1 两种发音学习方法的轨迹

很多方法都可以达到“殊途同归”的效果，英语发音也有两种不同的学习方法。

自上而下

所谓“自上而下”，就是从整体和全局入手，把握最关键的要领，强化表现和发挥；淡化细节问题，以取得最佳的学习效果。英语发音中自上而下的学习线路是：从文段分类入手，掌握文段的特点；强调情感要素的表现，适当忽略对音位和拼读准确性的要求。这种学习路线的逻辑是：发音的实际需求重于细节表现——很多英语发音学习者的目标只是“把文段念顺”“找到感觉”“让别人听起来很清楚”。

不少人对发音的兴趣源于某部影片的对白、某首诗歌的朗诵；随着各种英语发音、朗读App的出现，不少学习者会小试牛刀，开始模仿练习。这种练习是从较难、较综合的任务出发开始发音学习。然而，随着练习时间的推移，大家可能并没有取得相应的进步，很多练习者通过寻访高手或者个人思考，悟出了“细节决定成败”的道理，于是重新开始音标、单词、发音技术等基础知识的学习。

自下而上

“自下而上”地学习发音是按照音位、音节、单词、词组、句子、文段、篇章的顺序拾级而上；基础先行、逐层推进是这种发音学习方法的理念。

两种方法的比较

无论采取哪种方法都是为了解决问题。在现实学习过程中，用这两种截然不同的方法完成“学好英语发音、念得像外国人一样”的目标的学员都不少：不论受学校教育的左右，还是按照“默认方式”操作，很多人都是从音标开始逐步学习发音的；同时，相当一部分发音学习者希望能直接掌握文段的朗读，哪怕只是一段或一篇。

“个性化学习”是这两种方法同时存在的意义。如果时间充足，我建议大家按部就班地进行“自下而上”的学习，因为毕竟知识有层递性——如果连简单的内容都学不好，那怎么提升难度？怎么综合地处理问题？但是，现代人最缺的可能就是时间，我们也不能排除发音需求的偶然性和特殊性（例如，某位读者只有一次偶然的英语演讲及发音修正的需求，而听众也不会太多关注演讲者的真实发音水平），这样一来，“自上而下”的学习方法可能更为合理。

我知道读者最关心的问题是什么：哪种方法能够让我进步更快？哪种方法能够让我更省力地学习发音？我很遗憾地告诉大家：如果需要达到并停留在一个比较理想的发音水平，两种方法一样慢，哪种方法都不能加快发音学习的进程。因为“比较理想的发音水平”是一个比较高的标准，自然要求对发音各方面要素的掌握和运用。我在教学中多次实践这两种方法，得出的结论也验证了那句“俗话”：背着抱着一样沉。

《华丽英语发音》一书采取的方式是“自下而上”。我相信大家对此已经了然于胸了。

2.4.2 本书如何讲解音标

本书没有采用其他发音教程、讲义中常见的“口腔侧面解剖图”和“梯形音位图”来讲解音标，因为那些图表是给研究者和老师看的；学习者并没有能力纠正十多年、数十年养成的舌位习惯，进而摒除中文发音对英语发音的影响。此外，那些图表本身就是一个悖论——如果你知道了正确的口型、舌位，那么你就不需要看图解了；如果你什么都不知道，图解对你的帮助也就小到可以忽略了。

我曾经在教学的过程中让学员“咬住舌头”，以达到切断常规气流通道的目的。那位学员的追问让我无言以对——“张老师，我用什么部位咬住舌头啊？”当时，我就下决心要为学习英语发音的国人写一本大家都能看懂的发音书！忠告：音标讲解部分没有任何“无用的内容”；大家要理解、揣摩、练习、掌握每个单词对应的发音要领。只有这样，这次的音标学习才有可能成为大家最后一次音标学习。

第十节：e & æ 1

本节中的两个音是发音学习难**点**，因为中文中没有通过细微调整口腔打开的大小**程度**、**改变**发音位置形成不同韵母的情况。

2.10.1 音标讲解

	DJ	KK	韦氏	DJ	KK	韦氏
音标写法	e	ɛ	e	æ	æ	a
口型、舌位	小开口：上下牙齿打开的一指距离；舌尖顶下齿龈内侧			小开口：上下牙齿打开的两指距离；舌尖顶下齿龈内侧 [illegible]		
位置、长度	[illegible]					
国人问题	[illegible]					
英美差异	/e/音在 GA 和 RP 中区别甚微 [illegible]			/æ/在 GA 中 [illegible]		
例词	leg			nag		
例词音标	leg	lɛg	leg	næg		nag

2 3 4 5

2.10.2 其他例词朗读自检表

lenses / lenzɪz/	bed /bed/	pal /pæl/	bad /bæd/
□ [illegible]			
□ /e/音小开口：[illegible]		□ /æ/音小开口，上下齿打开两指距离；[illegible]	
□ /e/音在 RP 中舌部用力较大；在 GA 中该音相对放松		□ /æ/音在 GA 中 [illegible]；RP 中 [illegible]	
□ [illegible] □ /z/音振动声带；[illegible] □ 整个单词的发音过程基本保持小开口口型 □ [illegible] □ [illegible]	□ /b/音声带振动；[illegible] □ /e/与/d/音 [illegible] □ 单词结尾避免 schwa 音 □ 整个单词发音 [illegible]	□ /p/音 [illegible] □ /æ/与/l/音 [illegible] □ [illegible] □ /l/音 [illegible]	□ /b/音 [illegible] □ /d/音振动声带；[illegible] □ 单词结尾避免添加 schwa 音

1

上图是音标讲解部分的示例截图，下面我来明确一下其中的类别和注意事项。

A. 标注 1：节编号及该节讲解的音标。音标一般以“//”（DJ 和 KK）或“\\”（韦氏）符号标注，本书为求简洁，除了例词音标和条目讲解等必要情形之外，省略了上述符号。所有音标以“先易后难、同类合并、对比反差、元音辅音交错”的原则组织、排序。所有例词中的音标均为此前已经讲解过的音标。这样的安排既便于读者复习，也不会加重其学习负担。

B. 为求统一，除了标注 2（不同音标体系的音标写法）以外的所有章节内容注音均使用 DJ 音标体系。本书后续章节除特殊说明之外，也均使用 DJ 音标体系标注发音。

C. 标注 3：音标口型、舌位详解。本书以准确且简洁地描述发音动作为宗旨，使用最直白生动的语言，让读者获得最高效的发音指导。但在日常语音教学中，经常被教师和学习者忽视的问题就是：教师的讲解不能或者没有被学习者吸收，由此导致学习者无法正确实践。例如“张大嘴”这个常见的动作指导，可能有多种意思，包括“嘴角咧开”“上下牙齿间隙打开”“扩大口腔容量”等具体动作要领。

为了能让读者清晰地接受技术指导、避免误解，同时确保概念和定义的讲解统一，现将书中的技术指导常用语归纳汇总为“附录一”，安排在本书最后。请读者仔细阅读，熟悉相关定义和发音动作描述用语。

D. 标注 4：国人问题。不同的问题以“||”隔开。

E. 标注 5：例词及例词音标。绝大部分章节会列举两个例词；个别音标配有多个例词，单词及其对应的音标按照一定的顺序排列，以分号隔开。

F. 标注 6：其他例词。例词中突显的字母或字母组合对应本节的主题音标。包括但不限于本节主题音标的发音注意事项逐一列出，重复之处进行了合并，并以表格形式呈现。

G. 英式与美式音标发音存在差异，但并不多见，故“英美差异”仅在出现此种情况的章节中列出并进行详解。

H. 音标讲解部分列出了 DJ，KK 和韦氏这三种音标体系。DJ 和 KK 音标体系是基于 IPA（国际音标字母表）的英语音标体系，而韦氏音标则以“在字母上加注符号”的方式标注读音。DJ 是英式音标；KK 和韦氏都是美式音标。在 GA 中，同一个单词可能在 KK 或韦氏音标中的发音标注方式会有所不同，但发音没有差异。

I. 所有单音节例词默认为重读，故注音时省略重音符号。

J. “趋向中文 x 字的发音”（或类似表达）中的“发音”为标准普通话发音。

K. LPD3（《朗文发音词典》第 3 版）是迄今为止最严谨、最准确、最全面的英语发音词典。如果大家希望获得音标部分的朗读示范，请使用该词典的电子版进行查证和模仿。

L. 由于组成音标的音位不唯一，双元音或组合辅音（例如/ts/）的发音位置会在音标发音过程中出现变化，讲解时将省略此类音标“发音位置”的描述。

总结

发音虽然看不见、摸不着，但确实是一件科学的事情。读者在学习音标的过程中会有一个“想问、应该问，但绝大多数人没问出来”的问题：我的口型正确，舌位也没问题，但是我念什么音才能读准音标呢？这是一个“傻问题”，因为如果大家摆好了A音的口型和舌位，而且兼顾了声带的动作（振动或不振动），那么你想念出B音都是不可能做到的；不管大家怎么出声，发出的都会是A音。

这就是发音的科学之处。你准备好最后一次学习音标了吗？

2.5 ə & ɜː

这两个音可以说是英语发音中最常见的音；短音甚至有了专属名称：“schwa 音”（源自希伯来语，意为“虚无”）。它们在 RP 和 GA 中的区别很大，值得关注。

2.5.1 音标讲解

<table>
<tr><th></th><th>DJ</th><th>KK</th><th>韦氏</th><th>DJ</th><th>KK</th><th>韦氏</th></tr>
<tr><td>音标写法</td><td>ə</td><td>ə/ɚ</td><td>ə/ər</td><td>ɜː</td><td>ɝ</td><td>ər</td></tr>
<tr><td>口型、舌位</td><td colspan="3">小开口；舌部自然置于下齿后，不强调接触（舌部有悬空感）；舌后部两侧接触臼齿</td><td colspan="3">大于“小开口”但不到“咧嘴角”的嘴唇形态；舌部在/ə/音位置稍稍上抬；舌后部两侧接触臼齿</td></tr>
<tr><td>位置、长度</td><td colspan="3">居中；短音</td><td colspan="3">居中；长音</td></tr>
<tr><td>国人问题</td><td colspan="6">不够放松、咧嘴角动作太大、嘴角下咧 || 在无“r”字母的音节、单词中发音时卷舌 || 长音过长 || 长音咧嘴不足</td></tr>
<tr><td>英美差异</td><td colspan="6">在常速 RP 中，长音、短音长度对比明显；在 GA 中，长音、短音长度对比不明显 || GA 中带有“r”的字母组合发音时卷舌</td></tr>
<tr><td>例词</td><td colspan="3">a（量词；非重读形式）</td><td colspan="3">err</td></tr>
<tr><td>例词音标</td><td colspan="3">ə</td><td>ɜː</td><td>ɝ</td><td>ər</td></tr>
</table>

2.5.2 音标详解

A. 关于卷舌：在 GA 中，只有带“r”的字母组合才有发卷舌音的可能，但此类字母组合在 RP 中不卷舌。美式音标符号后的波浪线或者“r”的标注就是卷舌音的提示。例如 worker 一词中的 or 和 er 字母组合，在 GA 中都卷舌，而在 RP 中都不卷舌。但 campus，Christmas，nervous 中加下划线的部分在 GA 和 RP 中均不卷舌，均读作/ə/。

B. 如果大家无法在必要的时候去除 schwa 音的卷舌动作，可以尝试拉长朗读“饿”这个汉字，找到平舌的感觉，再在音节、单词中放慢速度朗读，以确保去除卷舌动作。

C. 不管是念法还是标注，GA 对于长短 schwa 音的分辨都不是十分明显。例如，worker 一词的 RP 为/ˈwɜːkə/，但有的权威词典中 GA 的标注为/ˈwɚkɚ/。

D. 此外，GA 中确实有把不卷舌的 schwa 音念作/ɪ/的情况，例如 nervous 会被念作/ˈnɝvɪs/。这也给“去除多余卷舌音有困难”的学习者提供了修正的捷径。

E. 在口腔闭合的状态下，舌部和上腭贴合，舌尖在上齿龈后端，因此要做到舌部自然“悬空”，我们只需要自然打开口腔，舌部就会自然脱离与上腭的接触，无须额外用力。

2.6 t；d；k；g；p；b

本节中的 6 个音是爆破音。顾名思义，爆破音是由阻碍气流的发音器官突然打开、气流喷薄而出形成的声音。

2.6.1 音标讲解

	本节音位在 DJ，KK，韦氏三种标注中无差异；突显音标为浊音；爆破音均为气流冲破口腔器官阻碍而形成，故“口型、舌位”部分仅描述气流受阻的原理					
音标写法	t	d	k	g	p	b
口型、舌位	舌尖抵上齿龈内侧阻碍气流		舌后部上抬接触软腭阻碍气流		双唇闭合阻碍气流	
位置、长度	口腔前部（舌尖和齿龈接触的位置）；轻短有力		口腔后部（舌后部和软腭接触的位置）；轻短有力		口腔前端（双唇）；轻短有力	
国人问题	发/t/、/d/两音时，舌前部（而非舌尖）抵上齿龈内侧 || 所有爆破音的气流（爆破）不够强烈 || 在词首发音不充分 || 在词尾带出本不存在的 schwa 音 || 浊音无声带振动 汉语拼音声母 t、d、k、g、p、b 发音时字母本身对应的气流微小，例如 tea 一词中气流爆破的强度远大于“踢”这个字中的气流强度，而且这 6 个声母在组字发音时没有声带振动。 “发音器官用力”是念好这 6 个辅音的重点。练习之初，学习者可在类似拼音字母口型的基础上进行器官位置、声带振动的修正，以获得准确的英语发音。 此外，/t/和/d/音要求舌尖接触齿龈阻碍气流，但受中文中相似音的影响，很多人用舌前部抵住上齿龈，造成 two 和“吐”的发音相同。此处一定要注意舌部动作的精细度。					

2.6.2 其他例词朗读自检表

turk /tɜːk/	**burp** /bɜːp/	**dirt** /dɜːt/	**girder** /ˈɡɜːdə/
□ 确保爆破音气流充足 □ /ɜː/音口型到位及口型保持 □ 在 GA 中，/ɜː/和/ə/两音注意卷舌 □ 使用/ɜː/音口型念出随后的爆破音 □ /t/、/k/、/p/声带不振动；/d/、/g/、/b/声带振动			
□ 结尾辅音不含元音/ə/			□ 在 RP 中，注意音节长短对比 □ 音节轻重对比

2.7 ɪ & iː

“这两个音的差异就在于长短”是国人的误解。 相比发音位置和口型上的不同，这组音的长短差异就显得不那么重要了。

2.7.1 音标讲解

	DJ	KK	韦氏	DJ	KK	韦氏
音标写法	ɪ		i	iː		ē
口型、舌位	小开口；舌尖稍用力抵下齿			咧嘴角；舌尖用力抵下齿，向口腔外部推舌		
位置、长度	发音位置靠前；短音			发音位置极度靠前（英语中发音位置最靠前的元音）；长音		
国人问题	发音过于急促（发音产生窒息感）‖ 嘴唇过度用力咧开			虽然嘴角咧开，但注意力不在口型和舌尖上，错误的舌根用力导致发音位置后移		
例词	pig			geek		
例词音标	pɪg		pig	giːk		gēk

2.7.2 其他例词朗读自检表

bit /bɪt/	**bid** /bɪd/	**beat** /biːt/	**bead** /biːd/
□ /b/音振动声带 □ 连贯朗读单词，不要在元音和其后辅音之间插入停顿 □ 结尾辅音不含元音/ə/			
□ 控制短音/ɪ/舌部的力度，不要用力控舌 □ 控制咧嘴程度，避免与/e/混淆 □ bid 比 bit 整体发音时间感觉稍长		□ 极度咧开嘴角发/b/音 □ 长元音/iː/口型到位且重于简单延长 □ 长元音/iː/极度靠前 □ bead 比 beat 整体发音时间感觉稍长	
/t/声带不振动，爆破气流充足	/d/声带振动，但不要带出 schwa 音	/t/声带不振动，爆破气流充足	/d/声带振动，但不要带出 schwa 音

2.8 l & n

“了呢不分”是中国南方省份的英语发音学习者经常遇到的问题，所以本书把这两个音放在一节中进行对比。 掌握两个音的正确发音方法，是对其进行区分的第一步。

2.8.1 音标讲解

	DJ	KK	韦氏	DJ	KK	韦氏
音标写法	l			n		
口型、舌位	在整个发音过程中，舌尖抵上齿龈内侧，使气流从舌两侧流出；嘴唇打开但形态无须固定			在整个发音过程中，舌尖抵上齿龈内侧，使气流从鼻（腔）流出；嘴唇打开但形态无须固定		
位置、长度	舌两侧，故名“舌侧音”“（舌）边音”；与元音相比更加轻短			造成声带振动，鼻腔共鸣的气流从鼻腔流出；与元音相比更加轻短		
国人问题	/l/、/n/和其后元音拼读的时候，会有舌尖从上齿龈内侧弹开的动作，以便进行其后的元音发音；但/l/、/n/在音节、单词结尾的时候，要注意保持口型，直到发音气流停止时，再放开舌尖 || 在单词开头或结尾采用“咬住舌尖”的动作代替“舌尖顶住上齿龈内侧”的动作，以利于练习者观察自己的舌位，确保气流和口型同步；待动作稳定后再采取“舌尖顶齿龈”的方式发音 || /l/音在音节起、止位置的发音略有不同，分别对应“bright L”“dark L”这两个名称；“bright L”的发音要求舌中后部与臼齿接触，而在“dark L”的发音中，只有舌尖发生与齿龈的接触					
	注意力没有集中到舌部，以致气流从鼻腔流出			注意力没有集中到鼻腔，以致气流从口腔流出 || 嘴唇闭合		
例词	Lee			eel		
例词音标	liː		lē	iːl		ēl

2.8.2 其他例词朗读自检表

<table>
<tr><th>kilt /kɪlt/</th><th>nil /nɪl/</th><th>kneel /niːl/</th><th>glee /gliː/</th></tr>
<tr><td>□ 结尾两辅音连接紧密</td><td colspan="2">□ 首尾辅音发音充分，有清晰可辨但不过长（长于元音）的发音
□ 注意单词开头鼻音的声带振动和气流通道
□ 分辨单词的起始和结尾辅音</td><td>□ 开头两辅音连接紧密，在摆好咧嘴角的口型之后，连贯地完成这两个辅音的发音</td></tr>
<tr><td colspan="2">□ 短元音/ɪ/小开口；短促有力</td><td colspan="2">□ 长元音/iː/咧嘴角、舌尖稍用力顶下齿龈内侧并向外推；发音不要过长
□ /l/音在音节起始或元音前的时候，相比其在音节结尾、元音后的时候，舌部更加用力</td></tr>
<tr><td colspan="4">□ 含有短元音两词的整体发音时长略短于含有长元音的两词（可放慢速度练习，但要控制所有单词正常发音的时长）</td></tr>
</table>

2.9 s & z

“摩擦音”是这两个音的属性，对此国人并不陌生。但是汉语拼音中 s 和 z 的发音和本节中的音标并非百分百相同，特别是/z/音和汉语拼音中的 z 发音差异很大。

2.9.1 音标讲解

<table>
<tr><th></th><th>DJ</th><th>KK</th><th>韦氏</th><th>DJ</th><th>KK</th><th>韦氏</th></tr>
<tr><td>音标写法</td><td colspan="3">s</td><td colspan="3">z</td></tr>
<tr><td>口型、舌位</td><td colspan="6">嘴唇无固定形态，但咧嘴角的口型有利于发音；上下牙齿间留出很小的缝隙；舌尖（并非舌身）指向（非接触）齿龈；舌中后部两侧贴臼齿；/s/音只需送气，/z/音送气的同时振动声带</td></tr>
<tr><td>位置、长度</td><td colspan="6">气流通过舌尖和齿龈构成的缝隙时发生摩擦，故两音的发音位置均比较靠前；在确保气流充足和摩擦充分的前提下，发音轻短</td></tr>
<tr><td>国人问题</td><td colspan="6">卷舌，趋向汉字“失”或“之”的首音 || 发音不足，特别是在音节、单词首尾时一带而过 || 查证不充分、记忆错误，导致发音错误 || /z/音摩擦和振动不充分（此问题极为常见）
注：/z/音是浊音，需要声带振动，声带的振动会传导到舌尖，再加上气流对舌尖的摩擦，舌尖会有发麻、微痒的感觉；此外，可以通过延长发音（连续念/z/音 3 秒）的方法提高发音的稳定性</td></tr>
<tr><td>例词</td><td colspan="3">seek</td><td colspan="3">zit</td></tr>
<tr><td>例词音标</td><td colspan="2">siːk</td><td>sēk</td><td colspan="2">zɪt</td><td>zit</td></tr>
</table>

2.9.2 其他例词朗读自检表

<table>
<tr><th>sir /sɜː/</th><th>zip /zɪp/</th><th>zeal /ziːl/</th><th>seize /siːz/</th></tr>
<tr><td rowspan="3">□ /s/音气流充足、发音可辨
□ /ɜː/音口型在小开口和咧嘴角之间</td><td colspan="2">□ /z/音声带振动、摩擦充分、发音可辨</td><td>□ /s/、/z/两音对比清晰</td></tr>
<tr><td rowspan="2">□ /ɪ/音轻快、口型到位</td><td colspan="2">□ /iː/音咧嘴角且气流与口型同步，但不要过长</td></tr>
<tr><td>□ /l/发音可辨；气流停止后再放松口型</td><td>□ 加重元音发音力度，以便于结尾的摩擦音发音</td></tr>
</table>

2.10 e & æ

本节中的两个音是发音学习的难点，因为中文中没有通过细微调整口腔打开的大小程度、改变发音位置形成不同韵母的情况。

2.10.1 音标讲解

	DJ	KK	韦氏	DJ	KK	韦氏
音标写法	e	ɛ	e	æ	æ	a
口型、舌位	小开口；上下牙齿打开约一指距离；舌尖顶下齿龈内侧			小开口；上下牙齿打开约两指距离；舌尖顶下齿龈内侧		
	注：本书中“小开口”指的是嘴角咧开的幅度较小，不描述上下牙齿打开距离及口腔容量的变化；详见“附录一”					
位置、长度	由于舌前端相对用力顶住下齿龈内侧，故两音发音位置均靠前；但由于上下之间齿距离有所不同（开口较大的音会出现发音位置后移的情况），故/æ/比/e/的发音位置更加靠后；两音均为短音					
国人问题	声带、喉咙用力过大，发音注意力后移，使两音趋向后元音 || 口型未能在发音过程中自始至终保持，特别是/æ/在发音过程中会产生滑动 || 发音过于急促、产生窒息感					
英美差异	/e/音在 GA 和 RP 中区别很小（美音中舌部更加放松），几乎可以忽略			/æ/在 GA 中舌部用力，有向上、往外顶的动作；现代 RP 发音中舌部比较放松，稍微向/ɑː/音靠拢		
例词	leg			nag		
例词音标	leg	lɛg	leg	næg		nag

2.10.2 其他例词朗读自检表

lenses /ˈlenzɪz/	**bed** /bed/	**pal** /pæl/	**bad** /bæd/
□ 突出（重读）音节中的元音，适当加力朗读			
□ /e/音小开口；发音时不要向喉咙施压，避免发音位置后移		□ /æ/音小开口，上下齿打开约两指距离；在整个发音过程中保持口型不变	
□ /e/音在 RP 中舌部用力较大；在 GA 中该音相对放松		□ /æ/音在 GA 中要求顶舌力度较大、舌身上抬；RP 中舌部紧张程度较小	
□ 舌尖顶住上齿龈内侧发/l/音，不要过快松舌 □ /z/音振动声带；气流摩擦充分 □ 整个单词的发音过程基本保持小开口口型 □ 两音节无缝衔接，避免音节之间的停顿 □ 重读音节比非重读音节略长、略重	□ /b/音声带振动；爆破充分 □ /e/与/d/两音无缝衔接 □ 单词结尾避免多余的 schwa 音 □ 整个单词发音时长比较短	□ /p/音爆破充分，但声带不振动 □ /æ/与/l/音无缝衔接 □ 不要使用双元音代替/l/音 □ /l/音发音清晰可辨，但不要过长	□ /b/音爆破充分，且声带振动 □ /d/音声带振动；有爆破 □ 单词结尾避免多余的 schwa 音

2.11 θ & ð

本节讲解的两个音是中文中没有的发音，而且国人非常不适应其口型、舌位的摆放。

2.11.1 音标讲解

	DJ	KK	韦氏	DJ	KK	韦氏
音标写法	θ		th	ð		th
口型、舌位	舌尖置于上下齿之间，舌尖和上齿临界接触；气流摩擦舌、齿间隙形成清音/θ/，声带振动形成浊音/ð/；口型随动，小开口比较容易发音					
位置、长度	发音位置靠前（舌尖和上齿接触）；发音轻短					
国人问题	牙齿咬舌、封死气流通道 || 气流不足、摩擦小 || 过分使用声带发音代替舌、齿间隙的振动（嗓音大于气流的声音）|| 气流通道控制不稳，导致气流不畅、发音不平顺					
例词	thank			than		
例词音标	θæŋk		thaŋk	ðæn		than

2.11.2 其他例词朗读自检表

teeth /tiːθ/	these /ðiːz/	tether /ˈteðə/	zither /ˈzɪðə/
□ /θ/音气流充分	□ /ð/音声带振动、摩擦稳定、不要过长但清晰可辨		
□ 长元音/iː/口型到位，重于简单延长；these 听起来比 teeth 略长		□ 短元音/ɪ/和/e/响亮、清晰，应适当用力朗读 □ 音节无缝衔接，重读与非重读音节的轻重和长短对比明显 □ 在 GA 中，单词结尾 schwa 音卷舌	
□ /t/音爆破充分 □ /θ/音气流充分	□ 结尾/z/音摩擦充分且声带振动	□ /t/音爆破充分、声带不振动	□ 基本以小开口的咧嘴状态念完整个单词

2.12 ɒ & ɔ

本节中的两个音在 RP 和 GA 中有较大的差异，所以读者可能会有在学习“4 个音素或音位”的体验，请大家注意分辨英式与美式发音的异同。

2.12.1 音标讲解

	DJ	KK	韦氏	DJ	KK	韦氏
音标写法	ɒ	ɑ	ä	ɔː	ɔ/ɔr	ȯ/ȯr
口型、舌位	霍形嘴；圆唇直径一指左右（RP）；圆唇直径一指半左右（GA）			霍形嘴；圆唇直径小于一指（比/ɒ/音的口型更为合拢，但嘴唇不闭合）	/ɔ/和/ȯ/：将 GA 短音稍拉长，见于没有 r 的字母组合 /ɔr/和/ȯr/：RP 中/ɔː/发音后卷舌，见于带 r 的字母组合	
位置、长度	口腔内部呈含水状（发音位置靠后）；RP 中发音短促，而 GA 中音长无具体限制			口腔内部呈含水状（发音位置靠后）；RP 中为长音，而 GA 中的发音关键在开口度和卷舌，音长无具体限制		
国人问题	圆唇收拢过紧，口型过小	开口不够大，受对应 RP 影响		口型不固定，有双元音倾向	开口不够大；必要的卷舌消失或不到位	
例词	sock			Paul; port		
例词音标	sɒk	sɑk	säk	pɔːl; pɔːt	pɔl; pɔrt	pȯl; pȯrt

2.12.2 其他例词朗读自检表

doll /dɒl/	**cotton** /ˈkɒt(ə)n/	**torn** /tɔːn/	**north** /nɔːθ/
□ 所有单词起始辅音口型随动，以确保发音顺畅			
□ 单词起始的爆破音气流充足；doll 中/d/音需要振动声带			□ 为确保/n/发音充分，发音动作应适当延长
□ /ɒ/音口型到位；RP 口型比 GA 口型稍小；GA 舌部比较松弛		□ 控制口型，保持开口比较小的霍形嘴；GA 卷舌	
□ /l/音气流停止后再把顶在上齿龈内侧的舌尖松开；为确保该音发音准确，可采取咬舌阻碍正常气流通道的舌位进行发音	□ 音节轻重、长短对比要明显 □ 在 RP 和 GA 地道的常速发音中，/ə/音是不念出的。此时爆破音/t/和鼻音/n/相连，形成"鼻腔爆破"的发音现象——保持/n/的口型让/t/的爆破气流从鼻腔骤出，形成爆破。如鼻腔爆破有困难，请朗读该音节时保留/ə/音	□ /ɔː/和/n/两音无缝衔接，不要在两音之间夹带起过渡作用的 schwa 音	□ /θ/音不要咬舌，该音气流充足，发音可辨

2.13 r & h

之所以把/r/音和/h/音一起放在本节中讲解，是出于平衡章节内容难易程度的考虑——前者较难，后者简单。两音并无本质上的相似点和相关性，特此说明。

2.13.1 音标讲解

	DJ	KK	韦氏	DJ	KK	韦氏
音标写法	r			h		
口型、舌位	口型含水状；舌尖上卷；嘴唇形态无特殊要求			放松发音器官，然后呼气		
位置、长度	舌尖用力，但由于舌尖卷起，故其发音位置比较靠后			发音器官放松，气流基本不受阻碍，确认其发音位置无意义		
国人问题	在卷起的舌位上没有发音或发音长度不够 || 在打开卷舌的过程中，舌部接触上腭形成/l/或者类似/l/的音 || 嘴唇用力过大且参与发音，使/r/音趋向于/w/音			极少数国人在发此音的过程中带有小舌音（口中含水，“咕咕咕”漱口即为小舌运动所致）		
例词	reel			hall		
例词音标	riːl		rēl	hɔːl	hɑːl	hȯl

2.13.2 其他例词朗读自检表

<table>
<tr><th>haunt /hɔːnt/</th><th>read /riːd/</th><th>ran /ræn/</th><th>crawl /krɔːl/</th></tr>
<tr><td rowspan="2">□ /h/音气流充足；口型随动
□ /ɔː/和/n/无缝衔接
□ /t/音气流充足、声带不振动</td><td colspan="2">□ /r/音充分（或适当延长），清晰可辨；发音结束后迅速调整口型，做好其后元音的发音准备</td><td>□ /k/音口型随动，为/r/的发音做好准备</td></tr>
<tr><td>□ /iː/音咧嘴角口型保持，并与气流同步
□ /d/音声带振动，但不要附带schwa音</td><td>□ /æ/口型务必保持，不受前后辅音影响
□ /æ/和/n/无缝衔接
□ /n/音充分，清晰可辨，避免发音不足</td><td>□ /k/和/r/两音无缝衔接，中间不要添加/ə/音
□ /ɔː/音发音过程中不要改变口型
□ /l/音口型与气流同步，不要过早解放口型</td></tr>
</table>

2.14 eɪ & ɔɪ

自本节起，我们开始讲解双元音。 双元音由两个元音音位组成；双元音通过其内部两个音位依次滑动完成发音，即：念完第一个音位之后，气息不停、改变口型，继续念双元音中的第二个音位。 双元音的重点是“口型的滑动”，这与单元音的“口型保持”和音位之间的“无缝衔接”形成了鲜明的对比。

2.14.1 音标讲解

	DJ	KK	韦氏	DJ	KK	韦氏
音标写法	eɪ	e	ā	ɔɪ		ȯi
口型、舌位	从/e/轻微咧嘴的口型，滑动到/ɪ/的小开口；口型运动趋向自然闭合			从/ɔ/的霍形嘴口型，滑动到/ɪ/的小开口；口型运动趋向自然闭合		
长度	相对于短促、清脆的单元音而言，双元音发音略长，与长元音的长度近似；在组成双元音的两个音位中，第一个比第二个略长					
国人问题	受汉语拼音中发音近似的韵母的影响，双元音中两个音位之间的滑动不够 || 过度专注于双元音中的前一个音位，而过度缩短，甚至省略了第二个音位（特别是在双元音后紧接辅音的情况下）					
英美差异	RP 强调滑动；GA 的滑动小、口型变化的幅度微小			RP 与 GA 差别细微，可忽略		
例词	spade			noise		
例词音标	speɪd	sped	spād	nɔɪz		nȯiz

2.14.2 其他例词朗读自检表

tale /teɪl/	**pain** /peɪn/	**loin** /lɔɪn/	**loyal** /ˈlɔɪəl/
□ 双元音滑动充分（/eɪ/的 GA 可适当减少滑动）；不要忽略或省略双元音中的第二个音位，以确保双元音的完整（在 pain 和 loin 两词的发音中可以听到 in 一词即为双元音发音完整）			
□ /l/音清晰可辨，确保口型和气流的同步	□ 双元音与其后/n/音无缝衔接，中间不要夹带起过渡作用的 schwa 音 □ 单词结尾/n/音清晰可辨		□ /l/音清晰可辨，确保口型和气流的同步
□ 起始爆破音气流充分，声带不振动		□ /l/音发音充分，口型与气流同步，切忌发音一带而过	

2.15 f & v

本节涉及的两个辅音对国人来说既熟悉又陌生，因此，注意中文和英文发音之间的细微差异是关键。

2.15.1 音标讲解

	DJ	KK	韦氏	DJ	KK	韦氏
音标写法	f			v		
口型、舌位	上齿与下唇外侧边缘、上边缘、内侧边缘（均可）临界接触，气流与唇齿之间缝隙摩擦发音；/f/为清音，发音时声带不振动，/v/为浊音，声带振动；嘴唇无固定形态，口型随动					
位置、长度	两音的发音位置均为唇齿之间的缝隙，故非常靠前；两音均为辅音，发音轻短					
国人问题	上齿咬下唇，以致气流通道阻塞 || 发音不稳定，气流不足 || /v/音只有口型而没有气流、没有气流和唇齿缝隙的摩擦（“口型和气流不同步”是主要原因）|| 与/w/音混淆					
例词	fiend			veal		
例词音标	fiːnd		fēnd	viːl		vēl

2.15.2 其他例词朗读自检表

<table>
<tr><th>very /ˈveri/</th><th>five /faɪv/</th><th>fervor /ˈfɜːvə/</th><th>fever /ˈfiːvə/</th></tr>
<tr><td colspan="4">□ /f/、/v/音气流充足，确保摩擦；确保必要的发音时长
□ 重读音节发音时力度稍稍加大，与非重读音节形成对比；注意音节之间的无缝衔接</td></tr>
<tr><td rowspan="2">□ 注意/r/音卷舌，避免舌部接触上腭形成/l/音
□ 发结尾元音时会自然打开嘴角，故为/i/音</td><td colspan="3">□ /f/、/v/两音对比清晰；声带及传导到下唇的振动是划分两音的根本依据</td></tr>
<tr><td>□ 加强元音发音力度有助于/v/音摩擦和振动</td><td colspan="2">□ 在 GA 中，er 和 or 等字母组合发音需要卷舌</td></tr>
</table>

2.16 ʊ & uː

本节的两个音要求发音器官完成细腻的发音动作；区分中文中的类似发音也是学习的重点。 特别提请读者注意本节两音在 KK 音标体系中的写法差异。

2.16.1 音标讲解

	DJ	KK	韦氏	DJ	KK	韦氏
音标写法	ʊ	u	u̇	uː	u	ü
口型、舌位	霍形嘴；舌部稍稍后缩，舌尖悬空，以达到舌后部抬高的舌位；舌后部两侧接触臼齿			霍形嘴；舌部稍稍后缩，舌尖悬空，舌部用力程度比短音更大，以便将舌后部提升到更高的位置		
位置、长度	舌后部用力，故发音位置靠后；发音短促			舌部用力的位置更加靠后，发音位置相比对应短音更加靠后；长音		
国人问题	发音过于急促，产生窒息感；舌后部用力过大，发音困难 || 霍形嘴用力过大，导致发音位置前移 || /uː/音没有“推动感”，即发音没有从口腔后部开始并逐渐前移的感觉					
例词	full			fool		
例词音标	fʊl	ful	fu̇l	fuːl	ful	fül

2.16.2 其他例词朗读自检表

pull /pʊl/	goods /gʊdz/	boot /buːt/	cocoon /kəˈkuːn/
□ 单词中爆破音气流充沛；浊音声带振动 □ /ʊ/、/uː/两音霍形嘴口型到位；舌后缩；长短音舌部紧张程度有异			
□ /l/音舌位保持并与气流同步；清晰但不过长	□ 加强元音重读，以确保/dz/发音顺畅	□ 确保/uː/和/t/之间的无缝衔接	□ 轻重音节对比明显，重音在后 □ 非重读音节的元音为/ə/，而非/ɒ/ □ /uː/和/n/无缝衔接，不要添加过渡的/ə/音

2.17 m & ŋ

希望“了呢不分”的读者已经攻克了难关，因为本节将涉及两个近似的鼻音。 这两个音的口型差异将改变音的共鸣效果，从而在音色上将两音区分开来。

2.17.1 音标讲解

	DJ	KK	韦氏	DJ	KK	韦氏
音标写法	m			ŋ		
口型、舌位	双唇闭合；声带振动发音；气流通过鼻腔流出体外			口腔含水状；舌部放松悬空；声带振动发音；气流通过鼻腔流出体外		
位置、长度	充分但轻短；发音位置在鼻腔；两音在音节或单词结尾且快速、用力发音之时，可能出现在其后加 schwa 音的现象，此现象属正常（正确）发音，但发音练习初期不要刻意模仿					
国人问题	口型、气流不同步导致发音不充分（只有口型，没有对应的发音）			口型、气流不同步导致发音不充分||以/n/音替代		
例词	ma'am			sing		
例词音标	mæm		mam	sɪŋ		siŋ

2.17.2 其他例词朗读自检表

meme /miːm/	**min** /mɪn/	**song** /sɔːŋ/	**thank** /θæŋk/
□ 单词结尾的鼻音清晰发音有一定困难；饱满朗读鼻音时会延长单词、弱化单词中（关键）元音；所以，在朗读这类单词的时候需要在元音上用力，以确保元音的突出			
□ /m/音在单词、音节起始位置时发音充分（比“个人正常发音”略长）		□ /ŋ/音口型到位，鼻腔发音 □ /ŋ/音与其前元音无缝衔接，切忌使用中文类似发音替代“元音+ /ŋ/”的音位组合	
□ 结尾/m/发音充分	□ /n/音充分，但元音/ɪ/仍是单词中的发音重点	□ /s/音气流充足	□ 受其后字母 k 的发音影响，字母 n 念/ŋ/ □ /ŋ/和/k/两音自然衔接，口型无须改变

2.18 əʊ & ʊə

之所以把这两个双元音放在一起讲解，是因为这两个双元音含有两个相同的音位，只是音位的位置不同。 特别是在 RP 中，本节的两个音标都有其特定的难点和注意事项。

2.18.1 音标讲解

	DJ	KK	韦氏	DJ	KK	韦氏
音标写法	əʊ	o	ō	ʊə	ur	u̇r
口型、舌位	从/ə/的小开口口型，滑动到/ʊ/的霍形嘴口型			从/ʊ/的霍形嘴口型，滑动到/ə/的小开口口型		
长度	相对短促、清脆的单元音而言，双元音发音略长，与长元音的长度近似；在组成双元音的两个音位中，第一个比第二个略长					
国人问题	使用中文“欧”字的发音替代/əʊ/，忽略双元音的滑动			在 RP 中，双元音中的/ə/音不清晰；在 GA 中，卷舌不够		
英美差异	此双元音在 RP 中的滑动比在 GA 中的滑动明显			此双元音对应的字母组合一般带有 r 字母拼写，在 GA 中卷舌；在 RP 中，/ʊə/有可能被/ɔː/音替代		
例词	cone			moor		
例词音标	kəʊn	kon	kōn	mʊə 或 mɔː	mur	mu̇r

2.18.2 其他例词朗读自检表

<table>
<tr><th>tour /tʊə/</th><th>allure /ə'lʊə/</th><th>only /'əʊnli/</th><th>bone /bəʊn/</th></tr>
<tr><td colspan="2">□ /ʊə/音在 GA 中需要卷舌发音，且卷舌发音清晰</td><td colspan="2">□ /əʊ/音在 RP 中的滑动比在 GA 中更加充分；/ə/音获得更多的强调，因而更加清晰
□ /əʊ/和/n/无缝衔接，不要在两音之间添加/ə/音</td></tr>
<tr><td>□ /t/音爆破时气流充沛；声带不振动</td><td colspan="2">□ 对重读音节采取加重朗读的处理；适当延长重读音节的发音</td><td rowspan="2">□ /b/音爆破时气流充沛；声带振动
□ /n/音充分，保持气流和口型同步</td></tr>
<tr><td>□ 英国人及英国主流媒体倾向使用/tɔː/的发音</td><td>□ 近六成英国人倾向于使用/ə'ljʊə/的发音</td><td>□ /n/和/l/清晰分辨，避免“了呢不分”</td></tr>
</table>

2.19 ʌ & ɑː

这组音标，尤其是其中/ɑː/这个音标可能是所有音标中最麻烦的一个，而英式与美式发音差异是症结。

2.19.1 音标讲解

	DJ	KK	韦氏	DJ	KK	韦氏
音标写法	ʌ		ə	ɑː	ɑ/ɑr/æ	ä/är/a
口型、舌位	小开口；上下牙齿间距一指左右；舌部放松，位于下齿后（但不接触）			大幅度开口；口腔呈含水状；舌部放松至自然状态；在 GA 中有可能卷舌；/æ/音要领见本章第 10 节		
位置、长度	开口且舌部有后移动作，故此音为中后元音；短音			大幅开口且舌部无特殊动作，/ɑː/为后元音；长音，但在 GA 中无明显的长音特征		
国人问题	舌部用力或抬起，导致发音位置前移 || 发音过程中口型未保持			开口不够、口腔打开不够（含水状口型不到位）|| 在 GA 中卷舌不够 || 在 GA 中选错读音		
英美差异	在 GA 中此音发音更加自然，有 schwa 音的发音特点			在 RP 中带 r 字母组合不卷舌；字母 a 在 RP 和 GA 中常有对应不同音位的情况发生		
例词	nun			father; Carl; glass		
例词音标	nʌn		nən	fɑːðə; kɑːl; glɑːs	fɑːðɚ; kɑrl; glæs	ˈfäthər; kärl; glas

2.19.2 其他例词朗读自检表

<table>
<tr><th>sung /sʌŋ/</th><th>sun /sʌn/</th><th>bun /bʌn/</th><th>barn /bɑːn/</th></tr>
<tr><td colspan="4">□ 保持元音口型；加大发音力度，以确保其后鼻音顺畅发音
□ 元音与其后鼻音无缝衔接，切忌在衔接处加入起过渡作用的 schwa 音</td></tr>
<tr><td colspan="2">□ /s/音气流充足，摩擦到位</td><td colspan="2">□ /b/音振动声带，发音充分</td></tr>
<tr><td>□ 保持开口直至/ŋ/音和单词发音结束</td><td colspan="2">□ 不要使用（类似）中文“安”的发音替代“元音+ 鼻音”组合</td><td>□ 在 GA 中元音卷舌</td></tr>
</table>

2.20 tr & dr

在某些音标体系中，本节中的两个音标并未列入其中。 最主要的原因是，这两个音标是由更加基础的音位（/t/和/r/、/d/和/r/）组合而成的。 但是，这些基础音位对于国人来说有一定的难度（爆破、卷舌），其组合就更不易被国人掌握了。

2.20.1 音标讲解

	DJ	KK	韦氏	DJ	KK	韦氏
音标写法	tr			dr		
口型、舌位	由/t/、/d/音的舌位（舌尖顶上齿龈内侧）开始，爆破音完成后迅速卷舌进行/r/的发音；整个过程非常迅速，发音形成“不可拆分”的/tr/、/dr/音；两音均无固定口型，但亲吻状口型便于发音					
长度	音标中的两个音位无缝衔接，虽然发音时涉及爆破、卷舌等动作，总体来讲发音时长与其他辅音没有本质上的区别，都是比较轻短的					
国人问题	爆破音力度不够 || /d/音声带振动力度不足或者过大，造成发音不到位或发音困难 || 卷舌不够 || 音标中的两个音位未以无缝衔接的方式组合，两音间夹带元音					
例词	try			dry		
例词音标	traɪ		trī	draɪ		drī

2.20.2 其他例词朗读自检表

truth /truːθ/	trace /treɪs/	drain /dreɪn/	drill /drɪl/
□ /tr/、/dr/音中两个音位无缝衔接 □ /r/音卷舌到位（极为重要） □ /t/音爆破气流充足；/d/音声带振动			
□ /uː/音不要过长 □ /θ/音气流充足；控制好上齿和舌尖空隙	□ /eɪ/音滑动；注意/ɪ/音存在但不过度发音		□ /ɪ/音短促有力；控制口型 □ /l/音口型与气流同步；发音结束后放松口型
	□ /s/音气流充足；控制好气流摩擦缝隙	□ /eɪ/和/n/音无缝衔接，其间不要夹带/ə/音	
		□ 元音稍加力重读，为结尾辅音的顺利发音做好准备	

2.21 aɪ & aʊ

有了之前双元音章节的铺垫，本节中的两个双元音不会给大家带来太多的麻烦。但保持双元音的完整和滑动是所有双元音共同的、也是最重要的发音规则。

2.21.1 音标讲解

	DJ	KK	韦氏	DJ	KK	韦氏
音标写法	aɪ		ī	aʊ	au	au̇
口型、舌位	/a/和/ɑː/的口型一致，只是前者的舌部更加放松一点，和中文“啊”的位置相似；从这个位置开始完成从/a/到/ɪ/、从/a/到/ʊ/的滑动					
长度	与短促、清脆的单元音相比，双元音发音略长，与长元音的长度近似；在组成双元音的两个音位中，第一个比第二个略长					
国人问题	双元音中的两个音位发音不准 || 双元音固有的滑动不足 || 双元音中的第二个音位过于微弱，或以汉语拼音中发音相似的韵母替代双元音的发音					
英美差异	两音在 RP 中的滑动（即发音饱满度）要比其在 GA 中明显很多，但这种差异并不意味着在 GA 中忽略双元音中的第二个音位					
例词	nine			town		
例词音标	naɪn		nīn	taʊn	taun	tau̇n

2.21.2 其他例词朗读自检表

idea /aɪˈdɪə/	**Einstein** /ˈaɪnˌstaɪn/	**found** /faʊnd/	**pout** /paʊt/
□ 双元音饱满、完整；滑动充分，但整体发音不要过长			
□ 单词中两音节无缝衔接 □ /ɪ/与/d/无缝衔接 □ 有不到两成的美国人将单词重音放在词首 □ 在 GA 中该词第二个音节的发音为/diːə/	□ 双元音/aɪ/、/aʊ/和/n/音无缝连接；其间不要添加/ə/音		□ 首尾爆破音气流充沛，爆破到位
	□ 轻重音节元音相同，重读音节需用力朗读	□ /f/音气流充沛，摩擦到位 □ /d/音声带振动，但不夹带 schwa 音	

2.22 ʃ & ʒ

由于本节中的两音对国人来说有不小的难度，所以大家很自然地开启了“中文发音替代”模式，力求发音近似。 但鉴于中英文发音器官的运用有本质上的区别，如果大家不能抛开中文，甚至忘记中文，大家会在学习这两音时遇到不小的麻烦。

2.22.1 音标讲解

	DJ	KK	韦氏	DJ	KK	韦氏
音标写法	ʃ		sh	ʒ		zh
口型、舌位	口型亲吻状，舌身靠近上腭（此舌位可通过稍稍打开自然闭合的口腔、下移舌身完成）；气流于舌尖和齿龈缝隙摩擦；浊音声带振动，舌尖有轻微麻、痒的感觉					
位置、长度	发音在舌尖和齿龈缝隙完成，故发音位置靠前；两音比/s/、/z/的发音位置更加靠前；两音均为摩擦音，特别是浊音有一种“凝滞感”，但发音仍然轻短					
国人问题	卷舌并发出汉语拼音“sh”的声音 ‖ 咧嘴并发出汉语拼音“x”的声音			（受韦氏音标标注的影响）卷舌并发出汉语拼音“zh”音或/r/音		
例词	shush			usual		
例词音标	ʃʌʃ		shəsh	ˈjuːʒuəl	ˈjuːʒə(wə)l	ˈyüzhə(wə)l

2.22.2 其他例词朗读自检表

rash/ræʃ/	shown /ʃəʊn/	genre /ˈʒɒnrə/	mirage /ˈmɪrɑːʒ/
□ /ʃ/、/ʒ/两音气流充足；浊音需要振动声带 □ 加强重读音节的发音力度，为/ʃ/、/ʒ/的顺畅发音做好准备			
□ 含水状口型可使/r/发音更方便 □ /æ/音口型保持，变换口型之前停止送气 □ /æ/音在 GA 中发音比较靠前	□ RP 强调/əʊ/音的滑动 □ /əʊ/与其后/n/音无缝衔接，其间不夹带/ə/音 □ /n/音气流和口型同步，注意保持口型	□ 本词源于法语，发音比较特别，需注意 □ 字母组合 en 的发音和单词 on 相同 □ GA 中/ɒ/的发音比其 RP 版本口型更大	□ /m/发音充分，比“个人常规版本”略长 □ /r/音卷舌到位 □ RP 中重音（一般）在前；GA 中重音在后 □ mi-音节在 RP 中念/mɪ/，在 GA 中念/mə/

2.23 tʃ & dʒ

读者可能还没有走出/ʃ/、/ʒ/两音的阴影，本节又给大家带来了两个更加困难的音。 两点提醒：第一，请大家（尽量）忘记中文发音习惯，根据英文音位的发音要领进行发音，这样才能念对。 第二，请大家回顾一下本章第 20 节中/tr/、/ dr/两音的讲解，以便更好地理解本节的两个音标。

2.23.1 音标讲解

	DJ	KK	韦氏	DJ	KK	韦氏
音标写法	tʃ		ch	dʒ		j
口型、舌位	本着“清音+ 清音、浊音+ 浊音”的原则，/t/和/ʃ/、/d/和/ʒ/组成了新的音标；亲吻状口型有利于这两个音标的发音，且贯穿整个音标的发音；舌尖顶上齿龈内侧，爆破后顺势做出/ʃ/、/ʒ/的动作；浊音声带振动					
长度	音标中的两个音位无缝衔接，虽然发音时涉及爆破、摩擦和声带振动等动作，但总体来讲发音时长与其他辅音没有本质上的区别，都是比较轻短的					
国人问题	卷舌并发出汉语拼音“ch”的声音 || 咧嘴并发出汉语拼音“q”的声音 || 发音过长			卷舌并发出汉语拼音“zh”的声音 || 发音过长、过重		
例词	leech			judge		
例词音标	liːtʃ		lēch	dʒʌdʒ		jəj

2.23.2 其他例词朗读自检表

butcher /ˈbʊtʃə/	ciao /tʃaʊ/	Jew /dʒuː/	drudge /drʌdʒ/
□ /tʃ/、/dʒ/两音保持亲吻状口型以便于发音；不要过长、过重地发音			
□ /b/音振动声带 □ /ʊ/音短促、响亮；注意口型和舌位 □ 在 GA 中结尾 schwa 音卷舌	□ 单词源于意大利语，请注意其英语发音 □ 双元音/aʊ/滑动，注意/ʊ/的气流和口型同步	□ 整个发音过程中保持亲吻状口型 □ /uː/的发音位置靠后，嘴唇不要过于用力	□ 对比首尾辅音，避免误读为 judge □ /ʌ/音短促；此词发音也不应过长 □ 加重元音朗读，以便于/dʒ/的发音

2.24 eə & ɪə

本书音标讲解部分渐入尾声，我们也看到了英语中的最后两个双元音。 从技术角度讲，这两个双元音并不难，但英式与美式发音的区别以及发音的演变值得读者关注。

2.24.1 音标讲解

	DJ	KK	韦氏	DJ	KK	韦氏
音标写法	eə	ɛr	er	ɪə	ɪr	ir
口型、舌位	从/e/轻微咧嘴的口型，滑动到/ə/的小开口；舌尖脱离下齿龈，舌部进入自然放松的状态			基本保持小开口口型；舌尖脱离下齿龈，舌部进入自然放松的状态		
长度	本节两个双元音的口型变化很小，导致发音中的滑动过程也很短、很不明显，因此发音是相对短促的，和单元音发音时长没有明显差异					
国人问题	急于滑动，导致元音/e/或/ɪ/发音不到位 || 在 GA 中，两音卷舌不到位					
英美差异	GA 卷舌 || RP 中有减弱（甚至省略）/ə/音的倾向，学习者不要过度模仿			idea 一词在 GA 和 RP 中的区别不只是“是否卷舌”，该词在 GA 中的发音为/aɪˈdiːə/ || 在 GA 中，real 读作/riːəl/；55% 的英国人将 real 读作/riːəl/，而且英国人越年轻越倾向于这种发音		
例词	spare			spear		
例词音标	speə	spɛr	sper	spɪə	spɪr	

2.24.2 其他例词朗读自检表

mayor /meə/	**scare** /skeə/	**smear** /smɪə/	**dear** /dɪə/
□ 双元音中第一个音位口型到位（请练习者回顾相关章节确认/e/和/ɪ/的发音要领） □ 在 GA 中，所有例词中的/eə/和/ɪə/都需要卷舌发音；RP 无卷舌			
□ /m/音发音充分，气流从鼻腔流出 □ 此词的 GA 为/ˈmeɪər/	□ /s/音气流充沛 □ /k/音在单词中变为声带不振动的/g/音	□ /s/音和/m/音无缝衔接	□ /d/音声带振动

2.25 w & j

本节要引入一个新的概念——近音。所谓“近音”是：发音近似于元音，但依旧遵循辅音发音原理的音。本节涉及的两个音标就是近音。

2.25.1 音标讲解

	DJ	KK	韦氏	DJ	KK	韦氏
音标写法	w		(h)w	j		y
口型、舌位	与/uː/音近似；舌部放松，在霍形嘴的基础上，双唇继续用力紧缩，形成微小开口与气流摩擦			与/iː/音近似，但舌中后部抬高至与上腭非常接近的位置，留出细小缝隙，形成对气流的阻碍		
位置、长度	口腔前端；轻短			口腔中部；发音轻短		
国人问题	与/v/音混用；口型与气流不同步，造成发音过短			口型与气流不同步，造成发音过短		
英美差异	当此音对应的拼写为 wh 时，部分美国人将其念作/hw/			无差异		
例词	when			yes		
例词音标	wen	wɛn	hwen 或 wen	jes	jɛs	yes

2.25.2 其他例词朗读自检表

<table>
<tr><th>we /wiː/</th><th>wow /waʊ/</th><th>yea /jeɪ/</th><th>hallelujah /ˌhæləˈluːjə/</th></tr>
<tr><td colspan="4">□ /w/、/j/两音发音时均须振动声带
□ /w/、/j/两音发音均须遵循口型与气流同步的原则，确保发音到位、充分</td></tr>
<tr><td rowspan="2">□ /iː/咧嘴角口型保持至发音结束</td><td colspan="2">□ 双元音/aʊ/滑动到位</td><td rowspan="2">□ 注意次重读音节与重读音节、轻读音节的对比
□ 第一个字母 a 对应/æ/音
□ 字母 e 对应/ə/音</td></tr>
<tr><td>□ 不要忽略/ʊ/音</td><td>□ 不要忽略/ɪ/音</td></tr>
</table>

2.26 ts & dz

和/tr/、/dr/一样，本节的两个辅音音标也是由两个音位构成的；所以有些音标体系中不包含这两个音标。 不过，由/t/和/d/音结尾的名词变复数形式、由/t/和/d/音结尾的动词进行一般现在时第三人称单数变形时，都会形成带有/ts/和/ds/发音的词形。 因此读者要熟悉并准确运用这两个音标。

2.26.1 音标讲解

	DJ	KK	韦氏	DJ	KK	韦氏
音标写法	ts			dz		
口型、舌位	由/t/、/d/音的舌位（舌尖顶上齿龈内侧）开始，在爆破后控制舌尖，与齿龈构成细小缝隙与气流进行摩擦，完成/s/、/z/的发音；整个发音过程非常迅速，发音形成“不可拆分”的/ts/、/dz/音；两音无固定口型，但咧嘴角口型更便于发音；在/ts/的整个发音过程中声带不振动，在/dz/的整个发音过程中声带振动					
长度	音标中的两个音位无缝衔接，虽然发音时涉及爆破、气流摩擦和声带振动等动作，总体来讲发音时长与其他辅音没有本质上的区别，都是比较轻短的					
国人问题	/t/和/s/两音气流不充足			/d/音声带不振动 || /z/音摩擦力度不够		
例词	pizza			woods		
例词音标	ˈpiːtsə	ˈpitsə	ˈpētsə	wʊdz	wudz	wu̇dz

2.26.2 其他例词朗读自检表

tsumami /tsuˈnɑːmi/	**Brits** /brɪts/	**roads** /rəʊdz/	**stands** /stændz/
□ /ts/音气流充沛	□ 加大元音朗读力度，以便/ts/、/dz/顺畅发音		
□ 单词的第二个音节重读 □ 结尾元音会自然产生咧嘴角动作，发音为/i/	□ /r/音卷舌到位 □ /b/音振动声带 □ /b/音爆破后，迅速将口型调整为亲吻状口型	□ 在 RP 中，/əʊ/音强调音位滑动	□ /t/念作声带不振动的/d/音 □ /æ/音上下牙齿打开幅度约两指宽 □ /æ/和/n/无缝衔接；避免用中文发音直接替代

2.27 英音、美音的差异——远不止于“是否卷舌”

我是一名使用英式发音的英语老师，经常有学生问我：“张老师，我现在使用美音，但我觉得英音好听，我想转换成说英音可以吗？”或者“张老师，我说美音，不知道您是否能帮我纠正一下发音？”我不否认存在发音纯正（英式或美式）的英语学习者，但是，学员和广大读者有一种误解——英式与美式发音的差异就在于是否卷舌，例如在 worker 一词发音上的差异。对此，我只想说：“大家把这件事想得太简单了。”在本节中，我将为大家简洁地介绍一下英音、美音的差异。

☑ 自测

练习题 1： 同一个音标在英式与美式发音中的读法相同吗？

☐ 相同　　☐ 不同　　☐ 可能相同

练习题 2： PROgress 和 proGRESS（大写部分为重读音节）哪个是英式发音，哪个是美式发音？

☐ 英、美　　☐ 美、英　　☐ 无法判断

练习题 3： 单词 secretary 在 RP 和 GA 中最主要的区别是什么？

☐ 音节数量不同　　☐ 重音位置不同　　☐ 单音发音不同

2.27.1 单音差异

前面的章节提过，“单音”就是某个音的音位或音素及其对应的音标，所以，英音、美音的“单音差异”就是某个音在两种口音中，（因为特定的音节结构，）有不同的念法。英音、美音的单音差异有以下几种情形。

请读者注意，除特殊标注之外，本节所有讨论仅限于辨析标准英式发音（RP）和标准美式发音（GA）之间的区别；所有的注音均采用 DJ 音标体系，以加强对比。如果读者希望“英美分明”地使用例词，特别是能够把 GA 用好，还请大家复习之前的音标精讲章节，特别是其中与 GA 相关的内容，然后使用可靠的发音词典（LPD3）进行查证，以获取准确的发音。

元音长短

RP 对长短音的对比更加清晰，采用“:”进行长短音的区分；GA 无此特点，长音符号也在 KK 音标体系中省略了。

单元音/æ/

在现代 RP 中，该音的位置有稍稍后移的倾向。 因此，与 GA 相比，RP 中/æ/的发音位置更加靠后、发音更加低沉一点，给人一种“更加收敛和保守”的感觉。

双元音/əʊ/

单词 boat 和 no 中的元音/əʊ/在 RP 中是不折不扣的双元音，但是 GA 发音不强调这个（双元）音“滑动”的属性，发音趋向于单元音。

字母 t（字母组合 tt）的发音

根据 GA 的发音规则，在“元音 1（重读）+ 字母 t 或 tt+ 元音 2（不重读）”的音节结构中，/t/经常被念作像/d/一样的音，所以，letter 一词在 GA 中听起来就像“ledder”。 但这种情况在 RP 中是不存在的。 很多国内的发音课或发音教师把这种情况讲解为“清音浊化”，这种对发音变化的解读是错误的，因为在这种情况下/t/变成了近似[ɾ]（齿龈闪音）；更直白的理解是：/t/被念成了“去掉声带振动且快速发音的/d/”。 很多 GA 使用者还是会对 ladder 和 fatter 进行分辨，以明确字母 d 以及对应的/d/音。

字母 r 的发音

在 GA 中，只要有字母 r 的拼写，/r/的发音就是存在的，大家发音时就应该卷舌。 但在 RP 中，只有字母 r 之后紧跟元音才发音。 像 bore，err，bar 这些带有字母 r 的拼写组合在 GA 中都要卷舌；但这些字母组合在 RP 中单独朗读的时候，都没有卷舌的动作。

之所以要加入“单独朗读”这个限定语，是因为“r 插入”这个在 RP 中表现得很突出的现象：不管单词结尾是否有字母 r 的拼写，如果单词尾音为/ə/或/ɔː/等音，且其后单词的起始音为元音，常速连贯朗读的时候，RP 使用者会在两词之间插入/r/的发音。我们来看以下例子：

Africa is the second largest continent in the world.
The bar is no more interesting to me.
This is the picture of my old place.
I saw it with my own eyes.

上述句子中以下划线标注的单词在独立朗读时，突显的部分在 RP 中均不卷舌。但在上面的语境中，RP 使用者会在突显的部分之后加上/r/音，并与其后的单词连读。箭头指向的是原结构在 RP 中的实际发音：

Africa-r-is→Africa *ris*
the bar-r-is→the bar *ris*
more-r-interesting→more *rinteresting*
picture-r-of→picture *rof*
saw-r-it→saw *rit*

说明：在朗读上述词组的时候，不要过分强调/r/音；如果上述词组在朗读的过程中，（由于思考等原因）两词之间产生了停顿，/r/音应加在前一个词之后。这样的操作确实可能会给单词加上不必要的卷舌音，例如把 Africa 念成 AfricaR 或者把 saw 念成 sore，但这种念法确实是 RP 使用者的常规操作。欲了解更多关于字母 r 连音的介绍，请参阅第 5 章第 1 节。

字母 z 的发音

在 GA 中，这个字母念作/ziː/；在 RP 中，这个字母念作/zɛd/。

2.27.2 单词中的单音差异

下面要讲解的内容不再强调“同一个音在英美发音中的细微差别”，而是“某个单词在英式发音中用 A 音，而在美式发音中用 B 音”。在这个类别中，规则可以覆盖一些 GA 和 RP 的差异，但更多的情况则是“看情况”，也就是“因词而异”。像 sergeant 这种拼写和发音不对应的单词虽不常见，但如果真的碰到了，不管大家想念准 GA 还是 RP，都需要仔细查证。

元音/ɪ/、/ə/的分辨

GA 不强调/ɪ/和/ə/音的分辨，因此，roses 和 Rosa's 两词在 GA 中的是一样的。但是在 RP 中，突显的字母发音依次是 /ɪ/ 和 /ə/。

元音/juː/、/uː/的分辨

重读音节以 /t/、/d/、/θ/、/s/、/z/、/n/、/l/ 音开始，其后出现 u、eu、ew 等拼写的时候（例如 student，new 等词），上述拼写的 RP 为 /juː/，GA 为 /uː/。

元音/ɑː/、/ɒ/、/ɔː/的分辨

在 GA 中，father 和 brother 中突显部分的发音均为 /ɑ/；有些 GA 使用者认为 caught 中的突显部分也为此发音。但在 RP 中，这三个词中突显部分的发音分别为：/ɑː/、/ɒ/和/ɔː/。在 GA 中，moral 和 oral 中字母组合 or 的发音相同，但是在 RP 中，字母组合 or 的发音依次为：/ɒ/ 和 /ɔː/。

字母 a 的发音

在 GA 中，字母 a 后有两个辅音或者其后紧跟 /s/、/f/ 或者 /θ/ 音时（例如在 plant，pass，laugh，path 等词中），字母 a 的发音为 /æ/；在 RP 中，字母 a 念作 /ɑː/。

其他常见单词的发音差异

单词	RP	GA	单词	RP	GA
tomato	/ɑː/	/eɪ/	procedure	/ə/	/əʊ/
accomplish	/ʌ/	/ɒ/	grimace	/ə/	/eɪ/
monetary	/ʌ/	/ɒ/或/ʌ/	Amazon	/ə/	/ɒ/
courier	/ʊ/	/ɜː/	taboo	/ə/	/æ/
beta	/iː/	/eɪ/	Chopin	/ɒ/	/əʊ/
squirrel	/ɪ/	/ɜː/	clerk；derby	/ɑː/	/ɜːr/

（续）

单词	RP	GA	单词	RP	GA
Kentucky	/e/	/ə/	Vivaldi	/æ/	/ɑ:/
masseuse	/ɜ:z/	/u:s/	route	/u:/	/aʊ/
bulimia	/ɪ/	/i:/	Indonesia	/zi/	/ʒ/
nonsense	/ə/	/e/	hygienic	/i:/	/e/
enclave	/e/	/ɑ:/	jaguar	/ju:/	/w/

2.27.3 单词的重读差异

单词中重读音节的位置也是单词发音的重要属性，GA 和 RP 在这个方面也有非常明显的差异。

法语重读

英语中三成词汇源自法语，所以，是否秉持最后一个音节重读的法语发音原则，或者说如果不坚持这个规则，英语单词应该在哪里重读，就成了这些外来词发音的关键。 有些理论认为：GA 保留了法语最后一个音节重读的特点，而 RP 则重读倒数第二个音节。

但是，例外情况并不少见，特别是有些常用单词游走于上述规则之外。 下面就为读者展示一下源自法语的英语单词的重音在 GA 和 RP 中的差异。

说明：“• ”代表音节；“ˈ”之后的音节为重读音节。

单词	RP	GA
massage；vaccine	ˈ• •	•ˈ•
exposé；attaché	•ˈ• •	• •ˈ•
magazine	• •ˈ•	ˈ• • •

-ate 结尾重读

以-ate 结尾的双音节词的重读比较有规律，GA 的重音在前，RP 的重音在后；但是，

create，debate，equate 等词的重音在两种发音中是一致的，都在第二个音节。以 -ate结尾的多音节词在 GA 和 RP 中的重读音节基本相同，但也有例外，如 elongate（RP：ˈ• • •；GA：•ˈ• •）。

词性重读

一般来说，同一拼写所对应不同词性的单词在 GA 和 RP 中重音的位置没有区别，但例外还是无法避免的，而且是常用的单词，请见下表：

单词	RP	GA
alternate (*adj.* & *n.*)	•ˈ• •	ˈ• • •
prospect (*v.*)	•ˈ•	ˈ• •

2.27.4 单音、重读都有差异

下面要给大家展示的单词中，字母对应的发音或整个单词的重音位置，在 GA 和 RP 中都有很大的区别，以至于有些单词的两种发音听起来是完全不同的。下表可以很好地考查大家的英美发音偏好和能力——如果你不能准确对应下列单词的 GA 或者 RP，“我用某种英语发音”就是空话了。

说明：在下表中，“+ GA”或“+ RP”分别表示某单词的 GA 或 RP 也适用于其 RP 或者 GA。

单词	RP	GA
advertisement	/ədˈvɜːrtɪsmənt/	/ˌædvərˈtaɪzmənt/
borough	/ˈbʌrə/	/ˈbɜːroʊ/+ RP
bouquet	/buːˈkeɪ/ 或 /ˈbuːkeɪ/	/boʊˈkeɪ/ 或 /buːˈkeɪ/
Caribbean	/ˌkærəˈbiːən/	/kəˈrɪbiən/
combatant	/ˈkɒmbətənt/	/kəmˈbætənt/
communal	/ˈkɒmjʊnəl/+ GA	/kəˈmjuːnəl/
coronary	/ˈkɒrənərɪ/	/ˈkɔːrəˌneri/

（续）

单词	RP	GA
corollary	/kəˈrɒləri/	/ˈkɔːrəleri/
docile	/ˈdoʊsaɪl/	/ˈdɒsəl/
enquiry/inquiry	/ɪŋˈkwaɪəri/	/ˈɪnkwəri/ 或 /ɪŋˈkwaɪəri/
ethos	/ˈiːθɒs/	/ˈɛθˌoʊs/+ RP
glacier	/ˈglæsiər/ 或 /ˈgleɪsiər/	/ˈgleɪʃər/
lieutenant	/lefˈtenənt/	/luːˈtenənt/
Pakistan	/ˌpɑːkɪsˈtɑːn/	/ˈpækəˌstæn/+ RP
penchant	/ˈpɒnʃɒn/	/ˈpentʃənt/
progress（*n.*；*v.*）	/ˈproʊgres/；/proʊˈgres/	/ˈprɒgres/；/prəˈgres/
quasi-	/ˈkweɪzaɪ/	/ˈkwɑːzi/
resource	/rɪˈzɔːs/ 或 /rɪˈsɔːs/	/ˈriːsɔːrs/
thorough	/ˈθʌrə/	/ˈθɜːroʊ/+ RP
vase	/vɑːz/	/veɪs/ 或 /veɪz/ 或 /vɑːz/
chauffeur	/ˈʃəʊfə/	/ʃəʊˈfɝ/
fillet	/ˈfɪlɪt/	/fɪˈleɪ/
tourniquet	/ˈtɔːnɪkeɪ/	/ˈtɝːnəkət/

2.27.5 音节（或音位）数量不同

由于重音不同或受词源影响，有些单词在 GA 和 RP 中的音节（或音位）数量也存在差异。

单词	RP	GA
dilettante	/dɪləˈtænti/ （发音反映单词的意大利语来源）	/ˈdɪlətɑːnt/ 或 /ˌdɪləˈtɑːnt/ （发音反映单词的法语来源）
Don Quixote	/ˈdɒnˈkwɪksət/	/ˌdɒnkiːˈhoʊteɪ/
respiratory	/rɪˈspɪrətri/	/ˈrespərəˌtɔːri/
secretary	/ˈsekrətri/	/ˈsekrəˌteri/

2.27.6 发音速度

我在之前的章节提过：使用 RP 的人群在英国只占人口总数的 3%左右。所以，我就不把关于发音速度的比较限于 GA 和 RP 的范围之内了，而把比较扩大到“英国人和美国人说话谁快谁慢”。但这样的比较很难量化，因为话语类型至少可以分为日常表达、媒体影视、特殊功用（例如：教学）等，特别是有限的个人经验无法为大家提供客观的速度对比。

你身边朋友说话速度的快慢、RP 和 GA 速度的高下，甚至是同类内容，例如 BBC 和 CNN 新闻播报速度对比，可能并没有孰快孰慢的定论，都需要对具体案例进行分析。不过学界的观点是：一般来讲，英国人说话更快一些。

2.27.7 语调

很多对英语发音有一定了解的读者会有这样的感觉：RP 听起来有腔有调、高冷端庄；而 GA 稍显慵懒，更加平易近人。产生这种差异的根本原因是“音高变化幅度不同”。对此，我在后面的章节中会做详细的介绍。关于 GA 和 RP 在语调上的差异，美国语言学家 A. C. Baugh 做了简洁有力的概括：我们（美国人）讲话比较慢，声调变化比较少。不可否认的是：我们的话（美式英语）比英式英语要单调得多，语调变化要少得多。观点原文如下：

> We speak more slowly and with less variety of tone. There can be no gainsaying the fact that our speech is much more monotonous, is uttered with much less variety in the intonation, than that of England.

总结

“英美混合偏中式、带有强烈方言色彩的个人发音”是我对大多数英语学习者发音的“毒舌”概括。大家看过本节之后，应该能够理解我的观点了——英美发音的差异居然如此多、如此细！选择权在大家手中：你可以继续英音、美音混用，也不用担心谈话对象听不懂你的英语；当然，你也可以使用发音词典细细查证，把每个单词用标准的

RP或GA念到位。你会做何选择呢？

答案及解析

练习题 1： 同一个音标在英式与美式发音中的读法相同吗？

□ 相同　　□ 不同　　□ 可能相同

答案及解析：可能相同；KK和DJ音标体系中的辅音写法相同，而且发音也是一样的；但元音确实存在写法和发音上的区别。此外，即使写法相同的音标，也可能存在发音上的差异，例如/æ/和写法相同的双元音。

练习题 2： PROgress和proGRESS（大写部分为重读音节）哪个是英式发音，哪个是美式发音？

□ 英、美　　□ 美、英　　□ 无法判断

答案及解析：无法判断；该词的重音位置决定了单词的词性，但在两种发音中，重音和词性的对应关系相同。

练习题 3： 单词secretary在RP和GA中最主要的区别是什么？

□ 音节数量不同　　□ 重音位置不同　　□ 单音发音不同

答案及解析：音节数量不同；详见2.27.5中表格。

第 3 章

妥帖见于方寸——音节

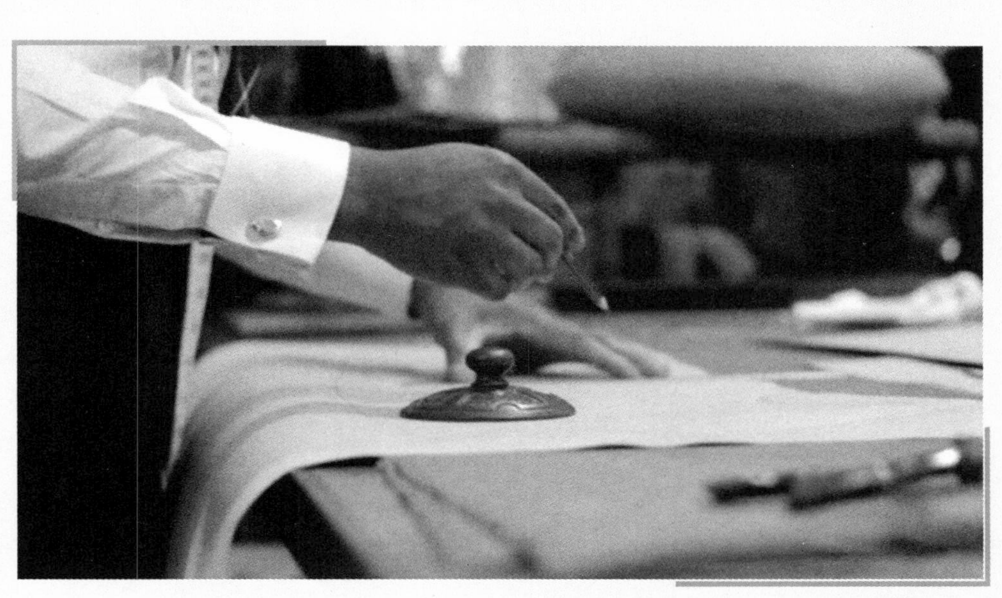

章节总览

不知道大家是否还记得第 1 章总览开篇介绍不同身形的图片。虽然力求详尽，但剪裁指南终究无法囊括所有顾客的体态，更不可能列出所有符合实际需求的必要调整。好裁缝方寸之间的收放能让服装更为妥帖地加于顾客之身。如果 Savile Row 裁缝们必修的身形介绍课程是本书的学习导论，那么制版时的细微调整就是本章的内容——音节精讲。

读者在本章将读到如下内容：

- 音节的定义
- 音节拼读详解
- 容易遇到困难的音节

读完第 2 章中“锱铢必较”的音标讲解，我相信读者已经对“任何细节都有可能对全局产生决定性的影响”这种说法有了认同或更深的感触。 正是这种“细致”将第 2 章和本章联系起来：音标基础支撑音节拼读，音节拼读又将深化音标认知。

国人对音节持有一种“敷衍”的态度：不理会音节问题的来龙去脉，一念音节就会出问题。 我认为：音节概念不清放大了中文发音对英语发音的影响。 本章将列出国人英语发音中最大问题（“无缝衔接”的失败）的各种形式并给出修正方法。 由于音节是英语实际应用中最基础的发音单位，所以本章内容十分重要。

3.1 音节那些事儿

“化整为零”是处理问题的常见办法，但在练习和研究英语发音的过程中，“音节”这个概念却通常被老师们一笔带过，或者被学习者完全忽略。 大家不懂、不重视音节是有一定客观原因的：音节概念远比我们听到的、理解的难得多。 在本节中，我将清晰定义“音节”，并为读者重新讲解一下那些“耳熟能详但混沌不清”的相关概念。

☑ 自测

练习题 1： 音节划分和音节拼读有何因果关系？

☐ 音节划分是音节拼读的结果　☐ 两者互为因果

☐ 音节划分是音节拼读的原因

练习题 2： 下列哪个因素完全不影响音节划分？

☐ 辅音是否连缀　☐ 成节音　☐ 朗读速度　☐ 元音

练习题 3： 英文单词中双写某个辅音字母的根本原因是什么？

☐ 划分音节、影响发音　☐ 没意义　☐ 英语习惯

3.1.1 什么是音节

在正式开始音节的讲解之前，我们再复习一下“元音”和“辅音”这两个概念。 元音是发音器官或发音通道相对打开且声带振动时发出的音；元音一般不带有清晰可辨的（气流与发音器官的）摩擦。 辅音则与元音形成的原理相反，是气流因受到发音器官的阻碍（并产生摩擦）而形成的音。 音节是由一个元音与其前和（或）后的辅音构成的发音单位。 读者可回顾本书第 2 章第 1 节中的相关内容。

通过复习，读者可能得出了一个非常“粗犷”的结论：有元音才有音节。 但这种说法对吗？ 在使用词典查证之后我们会发现，有些单词的个别“音节”中并没有元音，但它仍然是 1 个音节。 middle, button 和 prism 这 3 个词各有几个音节呢？

如果大家用 LPD3（或其他词典）查证这 3 个单词，大家会发现在这 3 个单词音标起始音的左上角都有一个标记“ˈ”，这就是重音符号，用于提示其后音节需要重读。 如果某个单词只有 1 个音节，该音节被默认为带有重音，因此包括 LPD3 在内的词典省略了单音节词音标中的重音符号。 由此可以推断：重音符号的存在意味着音节之间有“重”和“轻”的区别，所以这 3 个单词肯定都有不止 1 个音节。 这 3 个单词的音标如下，此处以“·”分隔其中的音节：

ˈmɪd · ᵊl

ˈbʌt · ᵊn

ˈprɪz · ə m

大家看到了，不管拼写如何，这 3 个单词都有“第二个”音节，因为我们看到了 schwa 音——/ə/；也正是由于 schwa 音的存在，这 3 个单词都成了双音节词。但问题“成群结队”地来了，我一一解答如下：

1. 问：为什么 prism 中的 schwa 音是斜体，而其他两个 schwa 音写成角标形式？

   答：一般不念出来的 schwa 音写成角标；可以不念出来但通常念出来的 schwa 音以斜体标注。

2. 问：如果不念出 schwa 音，那么这些单词就没有第二个元音，也就没有第二个音节了吗？

   答：虽然 schwa 音在这 3 个单词中都可有可无，但这些单词结尾的辅音都有很大的学问。

   A. /l/音是一个介于元音和辅音之间的音，语音学上称这种音为“近音”（approximant），这种音兼具元音和辅音的特性。特别是考虑到/l/这个音的“声响比较大”，middle 中的第二个元音就出现了。

   B. 在某些词典中，/m/和/n/这两个音标的下方会有一条小竖线，即/n̩/、/m̩/。这条小竖线的意思是：其标注的音可以构成音节，因此这种音也被称为“成节音”。这个规定确实是音节定义中的例外情况。

   C. 单词 middle 中的/l/音既可以算作近音，也可以使用/l̩/音标进行标注。

3. 问：没有真正元音的音节怎么念呢？

   答：该怎么念就怎么念，顺着音标序列朗读就可以了，肯定是能念成音节的。如果朗读这样的音节有困难，那么原因只有一个：音标掌握得不好。

4. 问：在这 3 个单词的音标中，第一个音节的尾音应该算作第二个音节的起始音吧？

   答：且听我慢慢道来……

3.1.2 音节的类型

在了解音节的定义之后，我们来看一下音节的分类。问题 4 的答案还要等一下才能揭晓。在详解音节类型之前，让大家放松一下——下面的图片让大家想到了哪个“哲学命题”呢？

开音节

音节的第一种类型是“开音节”。以元音结尾的音节，也就是“元音裸露在音节结尾”，即 open syllables——开音节。这里请大家注意，开音节结尾处是“元音”而不是“元音字母”：how 就是一个单音节词，它也是开音节词。此外，音节的结尾有可能是单词的结尾，例如刚提到的 how；当然，一个单词中也可以有多个开音节，例如 super 中 su-和-per 这两个音节都是开音节。

我们之所以讨论开音节的定义，是因为当我们确认某个音节是开音节后，我们可以得到一些发音上的帮助——单个元音字母在开音节中的发音是其字母的名称音，也就是这个字母在字母表中的发音。例如 me 这个单词：因为它是一个开音节词，所以它的发音是/miː/；在 super 这个单词中，su-是开音节，所以这个音节念作/sjuː/。

开音节还有另外一种情况：元音字母加上辅音字母，再加上一个不发音的字母 e 构成开音节，例如 cake 这个单词。“字母念名称音”的规律此时仍然适用：cake 中的字母 a 读作/eɪ/。

闭音节

下面我们继续看第二种音节类型：“闭音节”。与开音节相对，闭音节是以辅音结尾的音节；由于辅音把元音字母封闭在音节内部，因此得名 closed syllables，例如 bad 这个词（音节）。如果仅从定义的角度来看，大家是不是觉得 cake 是闭音节才合理呢？友情提示各位读者：无须就此纠结，现实意义不大。

为什么要研究音节类型

研究音节类型和对开音节与闭音节进行分类的意义如下：第一，解答学习者在此类问题上的疑问，纠正一些误解；第二，为正确朗读生词提供一定的发音帮助。第一点很直白，我就不多言了；对第二点的解释从下面的故事开始。

当我还是“小小张”的时候，我的“超人”就是“晚餐使者”：我把 superman 念成了 supper man。粗心大意是出错的表面原因，而出错的根本原因则是“我不理解 supper 和 super 这两个词的音节结构”。这两个单词的音节结构划分如下：

sup • per

su • per

因为 su-是开音节，所以这个音节念/sjuː/；而 sup-是闭音节，所以念/sʌ/。这就是为什么单词中会连续出现两个相同的辅音字母的原因——提示：双写辅音字母之前的元音字母的发音不再是其名称音。用音节理论来解释就是：第一个字母为其前的一个音节收尾，构成闭音节；第二个字母引领其后的元音构成音节。总之，双写某个辅音字母是为了标记发音（的变化）。

不过，音节类型和发音的对应关系十分复杂，至少还需要考虑三个变量：重音、词源、字母组合。在同一种音节类型中，元音有可能因为重读与否而改变发音；外来词汇通常不遵守英语发音规则；字母组合发音多变且规定琐碎。上文提过，研究音节类型是“为正确朗读生词提供一定的发音帮助”，下表很好地解释了我为什么要使用“一定的”这个限定词。表格中从第二列起所有音节的属性与第一列中着重标注的音节对应。

单词及音节划分	开音节	闭音节	重读	不重读	发音	说明
cot • ton		√	√		kɒt	音节是否重读导致相同元音字母在同一类型音节中的发音出现变化 注意：双写字母在朗读中只读一次，其音节归属不影响整个词的发音
cot • *ton*		√		√	t^{ə}n	
pho • to	√		√		fəʊ	
pho • tog • ra • phy	√			√	fə	
Can • *nes*	戛纳（法国地名），单词发音为/kæn/或/kænz/；法语词源导致音节划分及归类无效或存疑					

（续）

单词及音节划分	开音节	闭音节	重读	不重读	发音	说明
stu · dent	√		√		stjuː	在重读但类型不同的音节中，相同元音字母的发音不同
stud · y		√	√		stʌd	
four	√		√		fɔː	相同字母组合在同样的音节类型中发音不同
flour	√		√		flaʊə	

和绝大多数读者一样，我也学过很多字母（组合）与发音的对应规律，这些规律也应该或多或少地帮助了我识记单词发音，但我可以肯定的是，查证发音、对比发音的持久努力和经验积累才是念准单词、猜对单词发音的必要条件。发音规律繁复、英语词汇来源庞杂、单词拼写及发音演变过程漫长；综合考虑这些因素之后，我只能说：查词典，保平安。

3.1.3 如何划分音节

虽然音节划分的实际意义不是很大，读者可能还会心存疑惑：如果一定要把单词的音节构成划分出来，有什么可用的规律吗？ 3.1.1 的讨论中问题 4 的答案到底是什么呢？我现在就以 prism 这个单词为例，解答上述问题。此处补充一下：音节划分的主体是单词的发音，也就是说，在单词的音标上标注音节才是科学的；在单词中以“·”标注音节起止较为直观，但不一定准确或易于理解。

ˈprɪz · əm

ˈpraɪ · zəm

以粗体标注的音标（序列）是 prism 这个词准确的音节划分方法。如果将粗体音标中的音节划分位置向左移至单词第一个元音之后（如斜体音标所示），单词的第一个音节就由闭音节变成了开音节，该音节中的元音也会根据“字母发音规律”发生变化。

大家还记得本节开始的图片吗？ 答案揭晓：鸡生蛋还是蛋生鸡？ 这是一个对“发音与音节划分”而言很恰当的类比——因为把/z/音划分在第一个音节，所以 prism 念 /ˈprɪzəm/；因为 prism 念 /ˈprɪzəm/，所以把 /z/ 音划分在第一个音节。这个观点并不武断，因为国际语音界对英语单词音节的划分方法（或规律）至今尚未达成共识。大家现在能够理解我在“字母发音规律”（上一段结尾）上加引号的意义了吧？ 大家现在对“发音规律”的认识更加深刻了吧？

总结

本节的根本目的在于：完善本书的结构并为学习者答疑解惑。 如果读者希望了解更多具体单词的音节划分方法以及准确的发音，我还是建议大家多多使用词典查证：手勤嘴不错。

答案及解析

练习题 1： 音节划分和音节拼读有何因果关系？

□ 音节划分是音节拼读的结果　□ 两者互为因果

□ 音节划分是音节拼读的原因

答案及解析：两者互为因果；请查看本节相关内容。

练习题 2： 下列哪个因素完全不影响音节划分？

□ 辅音是否连缀　□ 成节音　□ 朗读速度　□ 元音

答案及解析：朗读速度；“朗读速度”是具体发音的外部特征，与“音节划分”这一音节根本属性无关；“辅音是否连缀”会造成例如/ɪ · ˈskeɪp/ （escape）等单词音节划分的差异。

练习题 3： 英文单词中双写某个辅音字母的根本原因是什么？

□ 划分音节、影响发音　□ 没意义　□ 英语习惯

答案及解析：划分音节、影响发音；请查看本节相关内容。

3.2 音节拼读详解

国人在学习英语发音的过程中，会遇到各种各样的困难；母语中文的发音特点和习惯是绝大多数英语发音问题的根源；就好像字迹擦得再干净，纸上多多少少也会留有痕迹。本节的主题“拼读”就是国人英语发音的“重灾区”。 由于很少有教科书涉及这个问题，加之“积习难改”，所以请读者务必理解本节内容，并细心体会。 如反复阅读本节讲解后依然不得其法，请大家在本书读者 QQ 群内寻求帮助。

☑ 自测

练习题 1： 下列哪项关于汉语拼音（包括声母和韵母）和英语音标（包括元音和辅音）对比的陈述不正确？

□ 韵母和辅音有本质区别　　□ 声母和辅音没有本质区别

□ 有些元音与其对应的韵母无本质区别

练习题 2： 练习英语拼读的关键是什么？

□ 拼得快　　□ 念得快　　□ 不考虑速度但念得准　　□ 一次拼读几个音标

□ 反复进行同一拼读练习

3.2.1 什么是“拼读”

其实“什么是拼读”“怎么拼读”这些问题本来不应该是什么难题。拼读，就是以一定的顺序朗读音标、音节或完成整个单词的发音；简而言之，就是“按音标发音”“照着单词念”。举一个简单的例子：bet。这个单词中一共有 3 个音/b/、/e/、/t/；我们把这 3 个音连起来念就是/bet/。如果需要大家拼读的单词都这么简单的话，那真是“天下太平”了！如果遇到下面这个单词，大家会怎么办呢？

supercalifragilisticexpialidocious

3.2.2 音节划分

“上面这一串字母是英语单词吗？”答案是肯定的。这个单词虽然不那么正式，但是英语词汇中确实有这个单词。这个单词的解释为：extraordinarily good（极好的）。迪士尼 1964 年出品的音乐剧*Mary Poppins* 中插曲的名称就是这个单词，可能就是出于这个原因，“这一串字母”被收入了英语词汇表。言归正传，拼读陌生长词毕竟有难度，第一个操作步骤无疑是化繁为简，即“音节划分”，哪怕这种操作只是在大家的潜意识中完成的。不过，大家不要灰心，因为常用英语单词的平均长度远比我们想象的要短。

Google 工程师 Peter Norvig 以 Google Books 项目中 23GB 的文本为统计范围，汇总了近 10 万个总共出现过 10 万次以上的单词，这些单词在 23GB 的文本中总共出现过

7,438 亿次。统计结果令人欣喜：这 10 万个单词的平均长度只有 4.79 个字母；有 80%的单词长度在 2 到 7 个字母之间。如果大家对这项统计有兴趣，请登录*norvig.com/mayzner.html* 进行查看。根据上述统计，我们可以推断：80%的英文常用词汇应该不会超过 3 个音节。

这样一来，大家应该可以通过目测常见单词来进行大致的音节划分。这么做可能会有疏漏和失误，但划分结果应该不会太离谱，拼读也基本不会受到太大的影响。万一真的遇上长难词汇，大家一定要把握“慢工出细活”的原则，把一个个音节看清之后再读出来——不要想着“快快念、混过去”。总而言之，从音节划分这个角度来说，拼读的困难不是很大。如果真有困难，解决起来也不是一日之功——基础知识决定了你的发音可以走多远。这时，最好的办法就是：从第一页起，把本书再读一遍。

3.2.3 长短分明

根据我的教学经验，在熟悉文本的情况下，国人英语朗读速度普遍偏快。“早读完、早收工”是第一个原因，在此就不多言了。第二个原因是：不管大家是否知道，清晰且稍低于常速的朗读是以扎实的音标基本功为基础的，但身怀良好音标基本功的国人为数很少。此时，聪明的大脑悄悄地告诉我们：慢慢念有点难，速度快点才能不丢人！朗读速度确实立竿见影似地提高了，但新问题也随之而来了。

毫无疑问，发音速度的提升将导致（几乎）所有词、音节和音位发音时长的缩短，而音位发音时长缩短势必导致音位固有长短的对比更加困难。虽然在常速朗读中不同音位发音时长差异并不明显，但频繁的音长对比失当将导致“虽然说不出具体原因，但听起来就是不地道”的发音效果。特别是在比较强调单音长度的 RP 中，音长不当带来的不良影响将被放大——发音根本没有“英腔的调调”。

当拼读，特别是慢速拼读的时候，音长控制的难度被放大了，因此大家必须注意音节中音位长短的对比关系。虽然无法给出每个音位的绝对发音时长，但我可以告诉大家“音位类型发音时长的对比关系”：双元音 ≥ 长单元音 > 短单元音 ≥ 辅音。请大家在慢速拼读的时候，注意前述对比关系并按照一定的比例增加各音位的时长。

3.2.4 “前推”与“后靠”

按照元音和辅音排列顺序的不同，音节大致可以划分为单独元音（例如：a）、辅音+元音（例如：the）、元音+辅音（例如：an）、辅音+元音+辅音（例如：tan）这四种类型。“辅音+元音+辅音”这种类型由于音位类型齐全，最具分析价值，所以下文将着重分析这种音节的具体拼读方法。

按照音位排列顺序进行拼读是最自然的方法，但出于清晰拼读或纠正发音的目的，大家可能还需要把已经非常短小的音节截断，进行更小音节的拼读。我们以 tan 这个词举例说明。如果大家的/æ/音掌握得不好，可以先单独朗读此音，然后再将其与前面的/t/音组合成音节/tæ/，待/tæ/音节拼读顺畅之后再加上/n/音。这种以元音为中心，先向前组合音位，然后完成单词整体拼读的方法，本书称之为“前推”。如果大家念不好/æ/和/n/两音的组合（这是本节的难点；本节下文详述），可以先练习/æn/这个音位的组合，然后在前面加上/t/音，完成整个单词的拼读。这种以元音为中心，先向后组合音位的拼读方法，就是“后靠”。

不管是“前推”还是“后靠”，大家都有可能觉得我是庸人自扰，但当大家遇上一些难词的时候，这种“慢下来”的方法还是非常有意义的。下面我将列举一些国人发音存在困难的常见单词，分析难点，并推荐拼读方法。

单词	拼读难点	拼读方法建议
quench	辅音组合 /kw/ 不常见且与其后 /e/ 音口型差异很大	前推；快速转换口型
texts	辅音组合 /sts/ 气流强且持续，需要发音器官精确配合	后靠；强调口型控制
strengths	首尾两个辅音组合 /str/ 和 /ŋθs/ 均为三辅音连缀，拼读困难大	前推、后靠视个人情况而定

3.2.5 正确的英语拼读方法

这是本节的重头戏，请读者打起精神来！

“意外事故”与“资质不佳”

根据我个人的学习、教学经验，与“元音+辅音”结构的音节相比，国人更擅长拼读

“辅音+元音”这种结构的音节。大家可以比较 /næ/ 和 /æn/ 这两个音节。同时，我大胆地推测一下：所有说英语的人都更适应辅音在元音之前的音节结构，毕竟在四种音节结构中，辅音在元音之前的音节类型有两种。所以，“元音+辅音”类型的音节拼读更值得发音学习者关注。

如果将“元音+辅音”音节的难度算作“意外事故”，中文发音习惯给此类音节带来的困难就是“资质不佳”了。虽然中文使用看似和英文音标大同小异的汉语拼音方案进行注音，但正是这种“相似性”给学习英语发音的国人带来了极大困扰——因为差异细微，所以锁定差异就很困难；因为差异源于习惯，所以表现差异就更困难。在本章下一节中，我将汇总国人特有的拼读难点，请受相关问题困扰的读者多多关注。

汉语拼音带来的麻烦

汉语拼音方案将中文的音分为“声母”和“韵母”两个大类，可以用来与英语音标中的“辅音”和“元音”进行大致的类比。之所以用“大致的”这种说法，是因为汉语拼音并不是特别强调元音和辅音的本质差异，例如 an（“安”字的发音）这个（复合）韵母。请读者反复慢慢念 an 这个韵母，并体会是否在发音的结尾或多或少地念了一个类似英文/n/的音？如果实在感受不到区别，大家可以对比“啊”和“安”这两个汉字的发音。其实，甚至不需要通过朗读对比进行体会，大家看看这个韵母的写法就会知道：这个韵母“不纯”，与英文中的元音有本质的区别。

其实“不纯”应该是拼音字母的一个很大的特点，至少在我们朗读单个拼音字母（组合）的时候是这样：

1. b、p、m、f、d、t、n、l、g、k、h
   以上声母含有英语中的 schwa 音（或其音位变体）
   说明：一个音位上相似性大于差异性的不同音素被称为音位变体。

2. j、q、x、z、c、s、zhi、chi、shi、r、y、ü
   以上声母含有英语中的/ɪ/音（或其音位变体）

3. an、en、in、ang、eng、ong、ing、iang、iong、uan、uang、un（uen）、üan、ün
   以上复合韵母含有英语中/n/或/ŋ/音（或其各自的音位变体）

特别是 2 和 3 两类“不纯”还很麻烦：我们无法清晰地划分拼音中的“元音”和“辅

音”；这种拼音字母给我们一种“元音”“辅音”水乳交融、相互无法剥离的感觉。这样一来，大家在读例如/æn/这种英语音节的时候，会用拼音的拼读方法去“套念”英语，这就是“不地道”的发音方法，因为复合韵母的拼读方法模糊了音节中元音和辅音的边界，从而造成元音、特别是结尾的辅音发音极不充分。解决这个问题的办法就是“无缝衔接”。

无缝衔接拼读练习法

总的来说，“无缝衔接”这个概念看起来“悬乎”，说起来容易，操作起来很费劲！我仍然以/æn/音节为例，请大家想想如何处理以下加上符号的音标序列？这个序列的意义何在？

æ~ ~ ~ ~ ~ ~ ~ ~ ~ // // // // n~ ~ ~ ~

æ~ ~ ~ ~ ~ ~ ~ // // // n~ ~ ~

æ~ ~ ~ ~ // // n~ ~

æ~ ~ // n~

æ~ n

æn

不知道大家是否明白了我的“深意”。“~ ”表示其前的音标朗读时长增加一个单位；“// ”表示一个停顿单位；整个序列的目的就是让朗读者清晰地感受单个音标的发音方法及其应有的长度，并将元音和辅音的界限划分开来。当然，上图只是示意图，并无界定具体音长的初衷；大家也可以根据个人情况加减序列每行的长度和行数。此外，序列中的音标数量和排列顺序也可以根据个人情况进行调整，但为了确保练习的效果，我不建议大家使用含有3个以上音标的序列进行练习。

这种练习方法就是“无缝衔接拼读练习法”。上面的序列是针对“音节内部音素拼读”的练习，提高“音节之间的连贯性”也可以使用这种练习方法。

虽然不像武侠小说中练功走火入魔的不良后果那么严重，“无缝衔接拼读练习法”使用不当也会让大家无功而返。总结起来，注意事项只有一个字：准。所谓“准”就是：不管大家把练习内容改成几行，也不管大家把每个音拉长多少、停顿总计多久，大家都需要在练习中体现出各种既定的音长，找到“元音和辅音渐渐贴近”的感觉。当然，练习中各个音素的准确性也要保证。练习者一定不要求快，“两三行的序列，三五秒读完”，这样的操作是没有意义的；浪费几秒钟的练习时间是小事，无法掌握音素的无缝衔接则是大事，固化中式“不纯”的发音习惯是走回头路，还不如不要开始这种练习……

总结

造成“中式英语发音”的一个重要原因就是：汉语拼音方案中字母的正确念法抹杀了英语元音、辅音之间的根本差异，（完全或部分）去除了英语音位之间应有的拼读过程。只有清晰地认识这种中英文发音的根本差异并进行专项练习，大家才能走出“中式英语发音”的阴霾。

答案及解析

练习题 1： 下列哪项关于汉语拼音（包括声母和韵母）和英语音标（包括元音和辅音）对比的陈述不正确？

☐ 韵母和辅音有本质区别　☐ 声母和辅音没有本质区别

☐ 有些元音与其对应的韵母无本质区别

答案及解析：声母和辅音没有本质区别；有些英语元音与其对应的汉语拼音韵母是十分相似的不同音素。

练习题 2： 练习英语拼读的关键是什么？

☐ 拼得快　☐ 念得快　☐ 不考虑速度但念得准

☐ 一次拼读几个音标　☐ 反复进行同一拼读练习

答案及解析：不考虑速度但念得准；详见本节相关内容。

3.3 国人拼读问题及解决方法

在上一节中，我为读者详解了音节的定义、英文与中文的拼读差异以及无缝衔接拼读练习法。本节将深入探讨无缝衔接拼读练习法应用过程中可能会遇到的具体问题。准确拼读音节离不开扎实的音标基本功，但要求大家进行完全不涉及音节的纯音标练习，或者将本书采用的音标随学随用的操作方法合理化，我必须回答一个尖锐的问题：“我每个音标都念得挺好，但为什么音标组成音节后放在单词中就读不好呢？”本节将为读者列举国人经常遇到的六个典型拼读问题及其解决方法，相信大家会兴致盎然地完成本节的阅读！

☑ 自测

练习题 1： 英语音标/n/的发音与汉字“恩”的发音的本质区别是什么？

□ 舌部动作　□ 时长　□ 速度

练习题 2： 下列哪项不是“有些人念 ban 听起来像是在念 banner”的原因？

□ 气息延续　□ 朗读连贯　□ 口型划过　□ 故意添加

练习题 3： 把双元音拆分成两个单元音会消除双元音的滑动吗？

□ yes　□ no

练习题 4： 国人对单词结尾辅音的处理一般会出现什么问题？

□ 过轻　□ 过长　□ 过短　□ 过重

练习题 5： “音标念得还好，但放在单词中就念不准”的根本原因是什么？

□ 音标没练好　□ 不会拼读技巧　□ 拼读不熟练

3.3.1 不可能完成的任务（Mission Impossible）

绝大多数音节都含有不止 1 个音标。如果不计诸如 ear，our 之类仅含有 1 个双（或三）元音的单词，再除去部分字母的发音之外，我能想到的由 1 个单元音构成的单词只有：I，or，owe，err，are。因此，我们几乎无法避免音节中元音和辅音的衔接。

由于英语辅音和元音的发音原理有本质的区别，所以不论音节中的元音和辅音如何组合，发音器官都需要高速运动，以完成在“相对打开”（发音器官操作元音的状态）和“相对闭塞”（发音器官操作辅音的状态）这两种基本状态之间的转换。如果再提出“每个音的口型都准确到位”这个要求，我们的发音器官可能真的会“累到吐血”。

数据最直观，我给读者粗略地算一笔账：保守估计，正常语速大致为 120 词/分钟，平均 1 个单词含有音节的数量为 3 个（详见上一节的统计数据），这样算来，发音器官 1 分钟至少要处理 360 个音节。音节总计有 4 种结构（详见上一节内容），平均起来每个音节至少含有元音、辅音各 1 个。这样算起来，360 个音节就是 720 个音标。音标口型及舌位各不相同，且同样的音标不会连续出现，这就意味着诸多发音器官要在 1 分钟内协同完成 720 次形态变化！大家现在知道什么是“高速运动”了吧？模仿平均语速在 160 词/分钟左右的 BBC NEWS 播报，真的需要大家的口齿在 1 分钟内呈现出“千姿百态”！ 大家能做到吗？

因此，拼读不容易，常速连贯拼读更难，作为外语学习者的国人拼读音节难上加难，如果再要求准确无误，那就真是难于上青天了。 此时我想问一句：大家的音标功底能支撑拼读的压力吗？

3.3.2 元音+/n/→元音+/ə/+/n/

我们先来看一下在元音与其后紧随的/n/音之间错误添加 schwa 音的情况。 标题中箭头左侧是目标发音的音节结构，右侧是国人对此结构的常见错误演绎；下同。 此问题的例词是 an（/æn/）；这个词经常被国人误读为/ˈæən/。 此种误读极为常见，有两个原因导致了这种错误。

第一种原因：元音和辅音之间形成了不必要的过渡。 在理想的情况下，an 的发音是这样的：

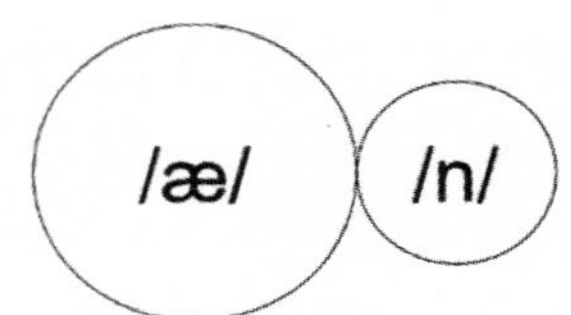

这里要再次强调一下发音原理，英语中的音都是由气流经过发音器官形成的；气流经过发音器官（协同形成的）各种形态的塑造进而形成了各不相同的音。 形象地说就是：气流是泥，发音器官形态是模子；模子不同，塑像的造型不同。 如果不在改变发音器官形态之前及时切断气流，气流会经过两个目标发音之间的“过渡形态”并形成“过渡发音”，即下图中虚线方框标注的部分。 同时，发音器官形态的过渡是一个渐变的过程，在此过程中出现了众多差异极其细微的过渡形态，即图中三角形标注的各点。

把上图中的概念以 an 这个单词进行演示，下图即为国人的错误发音示例。 由于/ə/发音自然，几乎所有元音后接/n/的时候，大多数国人都念出了不该有的/ə/音。 虽然过渡中各点对应的发音有所不同，但差别已经细微到可以忽略的程度了，所以过渡发音标注为/ə/。

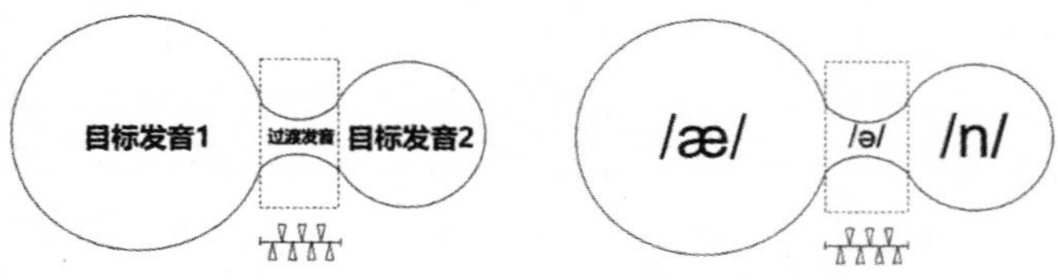

去掉 schwa 音的方法很简单：在/æ/和/n/转换的瞬间切断气流——气流没了，音也就消失了。这就是上一节中“无缝衔接拼读练习法”的原理。但是，正如上一节中提到的，就算练习法原理有效，但积习难改。多多体会、多多进行有效的练习才是解决这个问题的终极方案。同时，我明确否定“（极）快速朗读音节以求缩短或去除过渡发音”的观点——如果疼痛上身，求医问药是正道；当然可以吃止痛片，但 1 小时 1 次、天天吃，那就是在伤害身体了。

第二种原因：直接把/n/念作/ən/，如下图所示。正是因为多了一个 schwa 音，且/æ/音与其后的发音界限更加清晰，所以音节一分为二，变成了两个音节。这就是前文中出现的/ˈæən/加上重音符号的原因，特此说明。不管误读者是不是受到了汉语拼音复合韵母发音习惯的影响，误读这个音的原因十之八九是：根本不会念/n/这个单独的音标。但无奈的是：这些误读者在学会/n/音标的念法后，很可能在/æ/和/n/之间加上 schwa 音，从而回归第一种错误形式……

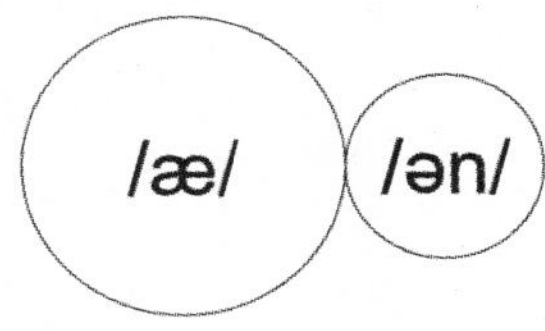

这里我也要说一句公道话：此处完全去除 schwa 音只是理论上的可能，因为这种操作的精确度要求太高了，高到血肉造就的发音器官难以企及。同时，耳朵接受正常语速每分钟千八百的音标输入也用不着这样的精确度。虽然我无法确定多长的过渡时间是合理的，但我可以确定的是：绝大多数国人发音中的过渡过程和过渡发音太长、超出了此种情况的常规标准。

3.3.3 单元音+/n/ →双元音+/n/

关于双元音，甚至包括 /aʊə/ 或 /aɪə/ 这种三元音，细心的读者应该能发现一个规律：多个元音连在一起发音的时候，发音器官形态越来越小。这么设计音标是合理的：说话的时候，肯定是开头气力充足，越说声音越小。但这种自然现象就是我接下来要讲解的误读现象的导火索，而上文提到的过渡发音则是火源。

沿用例词 an。下图细化了过渡阶段：针对目标发音 /æ/ 和 /n/，过渡阶段起止部分对应的音分别为 /ɪ/ 和 /ə/。这样的界定还是发音器官形态趋同所致：/æ/ 和 /ɪ/ 的发音器官形态相似；/ə/ 和 /n/ 的发音器官形态相似。

这样一来，/æ/ 这个单元音就变成了 /aɪ/ 这个双元音。请读者对比一下 Nat/night，bad/bide，ban/bine 这三组单词。大家是不是分辨起来有困难？避免单元音向双元音

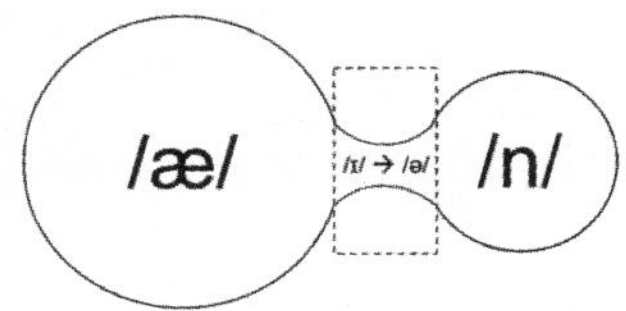

转化的要领依旧是“无缝衔接”，不过确实需要扎实的音标基本功作为后盾——用“/æ/音口型不变”的发音要领指导每一次发音实践。

3.3.4 元音+/n/→元音（+/n/）

标题中的音标/n/加括号并突显标注意在指明：此音的发音虽然存在但（极）不充分，或者与其前的元音组合，形成了类似汉语拼音中复合韵母的发音，例如把 /æn/ 念作“安”，从而不合理地缩短，甚至忽略了 /n/ 的发音。我暂且不关注 /æ/ 音是否准确，仅为避免文不对题，不表示国人有把握念好此音。

出现这种误读的原因很简单：国人难以避免在 /n/ 音前加上 schwa 音，所以大家会采取以下两种做法：第一，故意缩短 /n/ 的发音，以降低 schwa 音出现的可能性；第二，直接使用“安”的发音进行替代。要去除这类误读，大家可以使用“无缝衔接练习法升级版”：

æ// // // //n～～～～

æ// // //n～～～

æ// //n～～

æ//n～

æn

如果大家能把/n/的音标念准，却受中文影响而习惯性地缩短/n/的发音，我有一种更简单的解决问题的方法。虽然“过犹不及”，但在当前的问题中，“过了才及”有助于解决问题——把结尾/n/的发音延长到个人感觉“过长”的程度。大家对音长的认知出了问题——通常大家觉得长度合适的发音实际上“长度不够”，因此，就大家的现有标准而言，“过长”才可能达标。就算大家把练习中的/n/音拉得过长，在常速朗读文段的时候，/n/的长度会自动趋于合理。

3.3.5 双元音+辅音→单元音+辅音

这个问题在本质上与音标基础的关系更紧密，之所以放在拼读部分讲解，是因为拼读过程放大了音标掌握的问题。通过前文，大家应该了解了音节结尾辅音的发音难度，这是讲中文的国人早晚都要面对的困难，因为中文中没有以纯辅音结尾的音节结构（在中文发音中，与“以纯辅音结尾的音节”最接近的是以复合韵母结尾的音节，例如拼音韵母“an”）。

因此，就算有些人能够把英语音节结尾的辅音念好，但这不是下意识的动作：大家或多或少需要把有限的注意力分配到音节结尾，要记住发音要领、技巧、注意事项等；至少在习惯这种念法之前是这样。此外，人们做有过“败绩”的事情的时候，可能会有一些心理负担（“这个尾音不太好念……”），甚至正向的心理暗示（“这次我一定能念好！”）也会让大家分神。

解决这个问题的办法依旧是“无缝衔接拼读练习法”；练习继续改版，这次我以 vein 为例词。

ve～～～～////////ɪn～～～～

ve～～～//////ɪn～～～

ve～～////ɪn～～

ve～//ɪn～

veɪn

这个练习切开了双元音/eɪ/，使之形成了两个单元音/e/和/ɪ/，并分别与其前、其后的辅音构成了音节。这样的做法降低了拼读的难度：分而治之，逐个攻破。因为双元音本来就是由两个单元音组合而成的，所以这样的拆分和重组是可行的。这样，大家就不会把 vein 念成 venn 了。

3.3.6　元音趋同

至少需要两个音才能“趋同”；此问题中的两个元音分布在两个相邻的音节中。我在教学中发现，不少学员把 suntan（/ˈsʌntæn/）念成/ˈsæntæn/或/ˈsʌntʌn/，这种问题就是“元音趋同”。这种问题的原因不难理解：“嘴卡住了，转不过弯了”。

把握两个要点，问题就会迎刃而解：分别强化两个元音的发音要领；适当延长两个音节之间的间隔。由于我们要朗读一个单词中的两个连续的音节，请大家注意音节轻重对比关系。练习方法如下：

ʌ～～～～// // // // æ～～～～

sʌ～～～// // // tæ～～～

sʌ～～// // tæ～～

sʌ～// tæ～

sʌ～n// tæ～n

sʌn// tæn

ˈsʌntæn

3.3.7 /－n/→/－nə/

如果大家把/bæn/（ban）读成了/ˈbænə/（banner），那就出现了我即将讨论的误读现象。这是一个“不是问题的问题”。“是问题”是因为大家为此感到困扰；“不是问题”是因为这是很自然的现象。

有学员曾向我提问：“老师，为什么外国人（母语人士）读 ban 的时候，听起来好像加了一个类似/ə/的尾音？ ban 和 banner 的发音区别在哪里呢？ 不是说要把元音、辅音分清楚吗？ 怎么能在结尾加上本不存在的元音呢？”这么提问、有上述疑问的学习者都是认真的学习者！ 我对上述问题的答复如下。

这个问题的根源是“气形异步”。在理想状态下，两者是同步的，即：所有参与发音的器官全都到位的那一刻，气流形成；气流切断的那一刻，发音器官开始回归各自的自然状态。但人毕竟不是机器，而且出气确实比做口型容易，所以，人们习惯先放松器官，再切断气流。这样一来，气流就会流过一个不是目标辅音的发音器官形态，形成一个元音，由此 /n/ 就变成了 /nə/。

为什么气流流过一个不是目标辅音的发音器官形态却形成了一个元音呢？ 这是因为在音节结尾辅音发音结束的过程中，发音器官形态的变化是“从紧张到放松”：从某个阻塞气流的形态回归自然形态（口腔放松，自然闭合）。这个过程中会出现一个“发音器官放松，但尚未闭合”的点，这个点就是/ə/的发音位置（发音器官形态），因此产生/ə/音也就不奇怪了。

虽然这种“误读”是自然现象，而且很多时候也不计作误读，但是如果我们真的要分清 ban 和 banner 的发音区别，特别是当老师要为学生做对比示范的时候，就必须做到

“先止声再松口”。与声音相比，发音者对气流的感知很弱，因为我们通常只看到台前（听得到的声音）而无视幕后（声音的本源：气流），但这无关紧要，因为“止声”必须“切断气流”。一旦声音停了，什么口型都不会起作用了，schwa 音也就消失了。由于这种操作是故意而为，所以需要“慢点、仔细点”处理/n/的发音。

总结

提醒一下各位读者：本节条目繁多，笔记整理可能在所难免。

本节列出的六个问题其实是一个“大问题”的六种表现形式；这个大问题就是：音标掌握得不扎实，而音节拼读放大了音标学习的问题。大家不能责怪我从“拼读”跑题去聊“音标”，因为拼读说到底就是“连着读音标”。如果材料不好，做出的半成品、成品能合格吗？

学员们经常问我：为什么我单独念音标还好，但是当音标连成单词时我就念不顺了？我用以下回答结束本节，相信读者也能和我就此达成共识：你的问题不是问题，如果是，也是个傻问题！

答案及解析

练习题 1： 英语音标/n/的发音与汉字“恩”的发音的本质区别是什么？

□ 舌部动作　□ 时长　□ 速度

答案及解析：舌部动作；读汉字“恩”的时候，舌尖要从自然状态上扬并接触上腭，但在/n/的发音中，舌部只有一个固定的动作；/n/音确实需要舌尖上扬接触牙龈，但这个动作是准备动作，在这个准备动作的过程中没有气流（形成发音）。

练习题 2： 下列哪项不是“有些人念 ban 听起来像是在念 banner”的原因？

□ 气息延续　□ 朗读连贯　□ 口型划过　□ 故意添加

答案及解析：故意添加；“朗读连贯”要求发音达到一定的速度，容易导致“气形异步”。

练习题 3： 把双元音拆分成两个单元音会消除双元音的滑动吗？

□ yes　□ no

答案及解析：no；双元音是由两个单元音组合而成的，只要朗读速度不低于常速就不会消除滑动。

练习题 4: 国人对单词结尾辅音的处理一般会出现什么问题?

□ 过轻　　□ 过长　　□ 过短　　□ 过重

答案及解析:过短;事实如此。

练习题 5: “音标念得还好,但放在单词中就念不准”的根本原因是什么?

□ 音标没练好　　□ 不会拼读技巧　　□ 拼读不熟练

答案及解析:音标没练好;拼读本无更多技巧,良好的拼读能力源于扎实的音标基础;拼读过程中会出现不熟练的阶段,但“音节朗读不顺畅”和“音节中音标误读”是两个本质不同的问题。

第 4 章

最后的计较——单词

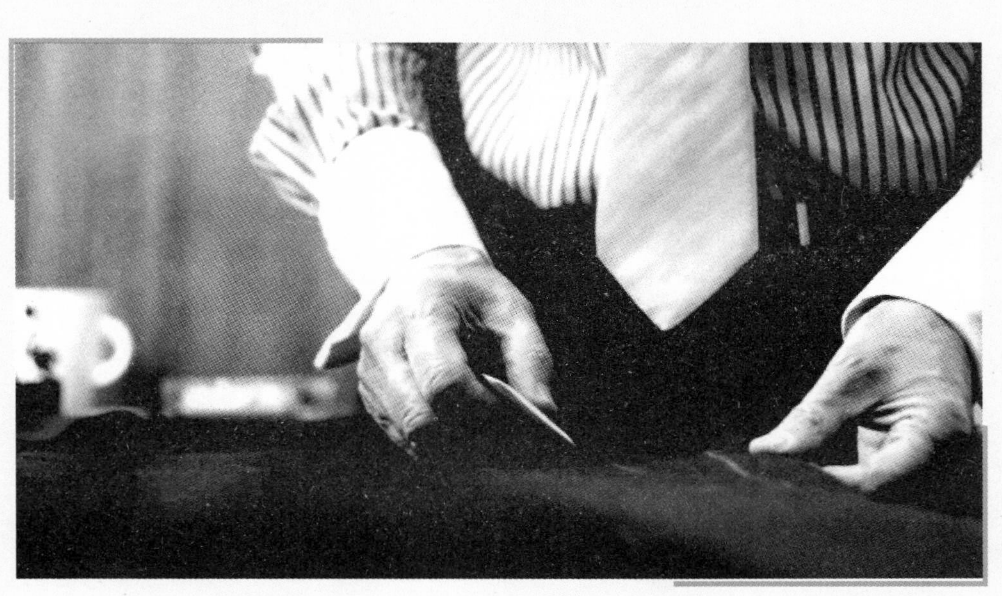

章节总览

“最后的计较”这个说法意味着：面对即将开启的“后单词发音学习”阶段，单词发音学习是发音学习中最后一个补足基础的机会。之所以这么说，是因为在“后单词”的发音学习（词组、句子、文体等）过程中，发音者的基础知识将面临十分严峻的挑战：发音基础知识将被高度整合，以便应对更加复杂多变的发音环境。开篇图片所呈现的“画线”环节是“布”和“片”的分水岭：画线是裁片的依据。画不好线，布料过刀就废了，损失将无法挽回。

单词发音学习和画线的意义十分相似：不管是音标、音节还是单词，这些都是发音的基础，是位于幕后的元素，因为句、段才是现实发音场景的主角，其关注点更加宏观。“不扎实的发音基础”在本章的学习过程中还可以夯实，但过了本章就来不及了。

本章将涉及以下内容：

- 重音
- 强式、弱式发音
- 音与词的对应关系
- 单词的音调

4.1 重音的概念与操作

“重音”是大家既熟悉又陌生的概念：几乎所有英语学习者都知道重音这个概念，但能讲清重音来龙去脉的人却为数不多。确实，重音的学问不小，更是中英文连贯发音差异的本质。此外，“重音的意义是什么”“重音有几种形式”“如何把重音念好”都是合理且重要的问题。在本节中，我将着重讲解重音的概念、分类以及操作方法。让我们开始吧！

☑ 自测

练习题 1： 下列哪个概念与音的重读无关？

☐ 音高　☐ 音量　☐ 音质　☐ 音长

练习题 2： 下列哪个单词（单选）的重读模式和 PRIVILEGE 这个词的重音模式有本质差别？

☐ BELIEVING　☐ CONTENT　☐ INTERESTING

☐ KNOWLEDGE

练习题 3： CONGRATULATION 这个单词中有几个重读音节？

☐ 1 个　☐ 2 个　☐ 1 或 2 个

练习题 4： 下列哪个选项是 INFATUATION 这个单词的音节结构？

☐ 轻-重-轻-重-轻　☐ 重-轻-重-轻-重

4.1.1 重音的概念

“重音”通俗的概念就是，用力念某个音，使之比其他音更响亮，这个体现重音的过程就是“重读”；带有重读元音的音节，就叫“重读音节”；“ˈ”示意其后音节重读；单音节单词默认为重读，音标中不加重音符号。我在这里说明一下：辅音不能被重读。辅音是气流通过相对闭塞的发音器官时产生的声音，因此这种音（辅音）本身就不够响亮，所以强调这种音是没有意义的。这样一来，虽然重读音节（可能）包括辅音，但我们实际上重读的音是元音。类比“重读”以及相关概念，我们就得到了“轻读（音）”“轻读音节”“非重读（音或音节）”这些概念。

其实，重读或者重音是一个相对模糊的概念，有些专业的教材对重读避而不谈或者一笔带过。要解决重读的麻烦，第 1 章中的基础知识就派上用场了：大家还记得音质、音高、响度、音长这些声音的属性吗？如有必要，请大家复习第 1 章，然后继续阅读下文。

根据声音的属性，我们可以用三种方法实现重读，分类及示例如下：

A. 提升目标重读音节的音高：在“一闪一闪亮晶晶”这句歌词中，最后 3 个字相对前 4 个字是重读；

B. 增强目标重读音节的响度：人可以轻声细语，也可以暴躁咆哮，后者声音更大、有重读效果；

C. 增加目标重读音节的长度：一人以同一音高念同一个字，与常速朗读相比，拉长字音就是重读。

因此，最理想的重读方法是“A+B+C”，但在发音实践中，朗读者往往用不全，或者没必要同时使用上述三种方法来实现重读。作为英语发音学习者，大家使用“这个音节听起来比那个音节更响亮，这个音节就被重读了”这种不是特别科学的说法是没有问题的；这是没有办法的办法，但这种说法足以指导实践。声音属性与重音之间既有联系，又有区别，我们在后续章节中还会回顾这个知识点。此处给大家留一个思考题：下图是 LPD3 中 entertainment 一词的波形图。下图及相关标记与重音的概念和操作有什么关系呢？

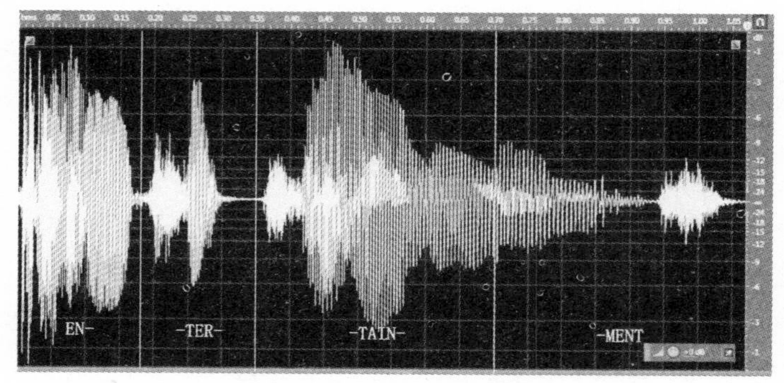

读者可能会有一个问题：为什么不提重读和音质的关系呢？A，B，C 三个例子都有意回避了“音质”这个概念可能带来的误解：如果《小星星》第一句的曲谱不变，不管是谁、不管用什么样的嗓音演唱都是“亮晶晶”最重（或最高），这是因为实现重读应该是“一个人的事”，也就是说“不管是谁演唱，一首歌中总是有轻重起伏”。本节研究的“重”是单词内音节之间的固有差异，而不是你、我、他朗读版本中的不同演绎。

4.1.2 重音的作用

重音的概念决定其作用：重音和轻音形成的对比赋予朗读高低起伏的听感。我以“opportunity”这个单词为例进行说明，该词音标如下：

ˌɒp • ə • ˈtjuː • nə • ti

这个单词共有 5 个音节；重读第三个音节是规范的朗读。为了细化音（节）之间的轻重对比关系，英语引入了“次重音”（“次重读”）的概念，用“ˌ”标注其后的次重读音节，例如 /ˌɒp/ 这个音节。未进行任何重读标注的音节是非重读音节或轻读音节。

按照音节由重到轻的顺序，opportunity 一词中的 5 个音节被分为 1、2、3 总计三个等级，等级序号的字号也依次由大变小。如果在每个数字正上方等距的位置各点 1 个点，并把这 5 个点以及结尾处“0 高度”的点用平滑的曲线串联起来，我们就会得到一条上下波动的曲线。请见下图：

1 个单词中 5 个音节有三种不同的高度可能已经让读者吃不消了：一个单词真的有这么复杂的起伏吗？是的！而这种起伏表现得不到位正是“中式英语发音的根源之一”！如果进一步进行轻重音区分的话，我们就会得到下图所示的 5 个轻重等级！

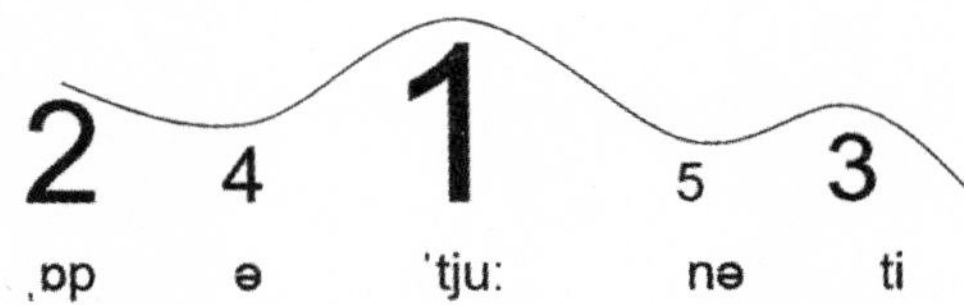

这种 5 阶音节轻重划分由 John Wells（前国际英语语音学会会长）提出。这个理论十分精细，也不易操作。对于一般英语发音学习者来说，牢固掌握 3 阶轻重音划分足以应对日常发音需求。

4.1.3 英语单词常见重音模式

下表为常见的英语单词重音模式（非重读、次重读、重读音节分别以“。”“o”和“O”标注；单词中重读和次重读音节分别以大写和粗体字母进行标注。）：

重音模式	。O	O。	O。。	。O。	o。O。	。O。。
单词举例	beGIN	RObot	PRIVilege	VicTORian	condenSAtion	inVISible

上述 6 种重音模式虽然不能覆盖所有英文单词，但可用于所有少于 5 个音节的单词，这对于一般英语学习者来说已经绰绰有余了。所以，多于 4 个音节的单词重音模式本书

就不涉及了；如果确实有需求，请大家使用词典查证。根据我的教学经验，上表中第三和第五两种模式是国人朗读时的难点。我很遗憾，准确朗读单词中的重读音节，除了确认音标、在单词中把重音表现到位之外，没有更好的办法。

这里还要补充一点。对部分国人来讲，音节重读可能是难以克服的困难：唱歌习惯性跑调、跟不上节拍的人可能患有失歌症（Amusia）；对于这个人群来讲，不管能否找对重读音节，用发音体现音节轻重对比都难以做到准确、清晰。如有此类问题，请大家多多寻求外界帮助：让身边的同学、朋友，甚至家人帮忙确认一下"我读的 A 音节是不是听起来比 B 音节重"，然后牢牢记住这种轻重对比，并在其他单词上复制。这种方法简单易行，久而久之，说不定大家能够在念准重音的同时收复音乐这块"失地"呢！

4.1.4 重音相关

关于重音、重读，还有一些零散的知识点，在此为大家汇总如下。

A. 如前文所述：单音节词（例如 hat）仅含有 1 个音节，该音节默认重读，单词（音节）音标的重音符号可省略。

B. 1 个单词中只有 1 个重读音节。我们可以使用三种重读模式念 weekend 这个单词：/ˈwiːkend/、/ˌwiːkˈend/或/wiːkˈend/。这三种形式都是正确的，但哪种形式都只有一个（纯）重音。大家可以使用此原则推断双音节或多音节单词的重读模式。

C. 尽量保持轻重音间隔的原则，例如 congratulation 这个单词——/kənˌɡrætʃuˈleɪʃən/。这个重读规律不难理解：因为英语发音强调轻重对比形成的音形波动，单词中的音节发音也会尽量体现这种轻重对比关系。换言之，在一定范围内（例如一个特定的单词），轻重音节会间隔排列。由于 1 个单词中不会有 2 个重音，所以重音之外的重读为次重读。

D. 一个重读音节前不会连续出现两个非重读音节，例如本节中提到的 condensation 一词——第一个音节次重读，第三个音节重读，第二、四两个音节不重读。这个重音原则其实是上文"轻重音节间隔、1 个单词中没有 2 个重音"这两项规则的归纳和延伸。

E. 长单词中存在 D 规则的例外，例如 deoxyribonucleic 的发音：/ˌdiːɒksiˌraɪbəʊnjuˈkliːɪk/。在这个单词的音标中，至少有两处不符合"轻重音间隔"这一规则，例如 /ɒk/

和 /si/ 是两个连续的非重读音节；/bəʊ/ 和 /nju/ 也是两个连续的非重读音节。这种“违规操作”的原因是：单词过长，细分音节轻重的实际意义不大。

F. 次重音和重音的差别应该小于轻音和次重音的差别。也就是说，次重音也是需要用力的音，在某种程度上也算“重音”；次重音和重音都比非重读音节重很多。因此，上文提到的 /ˌdiːɒksiˌraɪbəʊnjuˈkliːɪk/ 这个单词的发音还是有一种“错落有致”的感觉，大致符合“轻重音间隔”的原则。

G. 用词典确认单词发音的重音模式最可靠。由于单词重音模式没有太多的规律，特别是考虑到英语单词拼写和发音的复杂关系，对英语学习者来说，使用词典查证发音是最佳的选择；至少在正式开始学习发音后的很长一段时间之内，要养成坚持使用词典的习惯。

总结

重音及单词重音（模式）是英语节奏的前提，是良好句段发音的基础。鉴于英语发音的不规则性，多多查证才能确保“轻重得当”。

答案及解析

练习题 1： 下列哪个概念与音的重读无关？

□ 音高　□ 音量　□ 音质　□ 音长

答案及解析：音质；详见本节相关内容。

练习题 2： 下列哪个单词（单选）的重读模式和 PRIVILEGE 这个词的重音模式有本质区别？

□ BELIEVING　□ CONTENT

□ INTERESTING　□ KNOWLEDGE

答案及解析：BELIEVING；其余选项中的单词首音节均（可）重读，与 PRIVILEGE 一致。

练习题 3： CONGRATULATION 这个单词中有几个重读音节？

□ 1个　□ 2个　□ 1或2个

答案及解析：1 或 2 个；因为除了“LA”这个（纯）重读音节之外，还有“GRAT”这个次重读音节，故“1 或 2 个”这个答案更为合适。

练习题 4： 下列哪个选项是 INFATUATION 这个单词的音节结构？

□ 轻-重-轻-重-轻　　□ 重-轻-重-轻-重

答案及解析：□ 轻-重-轻-重-轻；更科学的答案是“轻-次重-轻-重-轻”；请使用词典查证。

4.2 强式与弱式

上一节讲解的重音及相关概念与本节内容有着千丝万缕的联系；强式、弱式发音也将影响所有句段的朗读。但和前文涉及的众多概念一样，强式、弱式发音也是国人学习英语发音时的固有难点，因为这种发音现象在中文发音中的表现很不明显，掌握起来有很大的困难。在此提请大家注意。

☑ 自测

例句： Jack is a wonderful person: he thinks for others, sometimes even at the cost of his own interest.（杰克人很棒：他经常替别人考虑，甚至有时候不惜牺牲自己的利益。）

练习题 1： 下列哪个选项中所有单词的语法功能远远大于其传递的内容？

□ Jack，at，his　□ is，person，at　□ he，for，own

□ is，a，for

练习题 2： 对于例句中语法功能远远大于其传递内容的单词，最科学的处理方法是什么？

□ 读慢点　□ 读快点　□ 使用其弱化的发音

练习题 3： 在确保清晰传递内容的前提下，哪种方法能使英语口头表达提速？

□ 提高所有单词的发音速度　□ 弱化某些单词的发音

□ 省略某些单词的发音

4.2.1 强式、弱式的定义

在英语中，绝大多数冠词、代词、助动词（如 have，will，can 等）、系动词（be 及其各种变形）、介词、连词都是单音节词，这些单音节词在词组、句子的朗读中一般都以非重读形式出现，这种相对固定的非重读发音形式就是“弱式”发音，例如单词 a 在词组、句子中几乎都以/ə/的发音形式出现；这类单词的标准发音为“强式”发音，例如把单词 a 读作/eɪ/。

我需要明确一下概念。首先，读者可能在其他发音教材中见过“功能词”和“结构词”，这两个概念都表示：词组和句子中常见的、语法功能大于其实际意义的单词。例如，代词 I 是表达中极为常见的单词，用完整的句子说自己的事时得用 I 做主语；介词 in 虽然有（相对）明确的意义，但其语法功能（表明其前后两个概念的所属、位置等关系）显然更加重要。其次，只有单音节词有弱式发音形式，因为非单音节功能词（例如：beyond）的内部存在固有的音节轻重对比关系，很难将整个单词弱读。

4.2.2 如何使用弱式发音

请大家朗读下面的句子并注意两个 can 的发音差异。如果比较两个 can 的发音差异有难度，那么请大家对比“中译 1”中两个“能”字的发音差别。同时请大家思考：为什么“中译 2”更好？

> I know he can do the job, but he shouldn't be doing the job only because he can.
>
> 中译 1：我知道他能做这项工作，但他不应该只因为能做这项工作，就去做这项工作。
>
> 中译 2：我知道他能做这项工作，但他不应该只因为有做这项工作的能力，就去做这项工作。

两个中译版本的区别在于：“中译 2”以措辞强调了“能”这个概念，第一个“能”表示正常的能力，第二个“能”强调“能力不应该是选择做某事的根本原因”。当然，英语也能用不同的字词组合传递同样的意思，但在常速表达的过程中，英语以/kən/和/kæn/（按照句中 can 出现的位置）两种发音非常简洁且清晰地展示了句中的逻辑；前者就是 can 这个词的弱式发音，后者是 can 的强式发音。在/ə/和/æ/这两个口型大小、发音器官紧张程度不同的音位中，音的强弱对比十分清晰，这就是单词强式、弱式发音最基础的转化方法。

这里要重提一下第 3 章第 2 节中 Google 工程师 Peter Norvig 的统计。下表就是统计中使用频率最高的 50 个词及对应词频的列表。请大家查看：

单词	词频占比	强式	弱式	说明
the	7.14%	ðiː	ði / ðə	元音前不用弱式
of	4.16%	ɒv	əv / v	—
and	3.04%	ænd	ənd / ən	—
to	2.60%	tuː	tu / tə	—
in	2.27%	ɪn	ən（A.）	RP 中无弱式发音
a	2.06%	eɪ	ə	—
is	1.13%	ɪz	əz	RP 中无弱式发音，不常见
that	1.08%	ðæt	ðət	—
for	0.88%	fɔː	fə / fər / f	BvsA
it	0.77%	ɪt	ət	—
as	0.77%	æz	əz	—
was	0.74%	wɒz	wəz	—
with	0.70%	wɪð	wəð	—
be	0.65%	biː	bi	—
by	0.63%	baɪ	bi / bə	!
* on	0.62%	ɒn	—	—
* not	0.61%	nɒt	—	BvsA
he	0.55%	hiː	hi / i	—
I	0.52%	aɪ	a（B.）；ə（A.）	—
this	0.51%	ðɪs	ðəs	—
are	0.50%	ɑː	ə	—
or	0.49%	ɔː	ə	BvsA；！
his	0.49%	hɪz	ɪz / həz / əz	—
from	0.47%	frɒm	frəm	—
at	0.46%	æt	ət	—
* which	0.42%	wɪtʃ	—	—
but	0.38%	bʌt	bət	—
have	0.37%	hæv	həv / əv	—
an	0.37%	æn	ən	—
had	0.35%	hæd	həd / əd	—
* they	0.33%	ðeɪ	—	—
you	0.31%	juː	ju / jə	—
were	0.31%	wɜː	wə	—

（续）

单词	词频占比	强式	弱式	说明
their	0.29%	ðeə	ðər	—
* one	0.29%	wʌn	—	—
* all	0.28%	ɔːl	—	—
we	0.28%	wiː	wi	—
can	0.22%	kæn	kən	—
her	0.22%	hɜː	hə / ɜː / ə	BvsA
has	0.22%	hæz	həz / əz	—
there	0.22%	ðeə	ðər	—
been	0.22%	biːn（B.）；bɪn（A.）	bin	—
if	0.21%	ɪf	əf	—
* more	0.21%	mɔː	—	—
when	0.20%	wen	wən	!
will	0.20%	wɪl	wəl / əl	!
would	0.20%	wʊd	wəd / əd	!
who	0.20%	huː	hu / u	非疑问代词可弱读
so	0.19%	səʊ	sə	!
no	0.19%	nəʊ	nə	!

表格中符号及标注说明如下：

- 表中7个前加“*”的单词没有弱式发音。
- 说明中以“!”或文字标注的9个单词（in，is，by，or，when，will，would，so，no）的弱式发音（在RP中）不常见。
- 强式发音中存在的英音、美音差异会在弱式发音中保留：例如for一词，以“BvsA”进行标注。
- 同一单词英音、美音中的弱式发音不同：例如单词I的英美读音中弱式发音分别为/a/和/ə/，并以“（B.）”和“（A.）”分别标注。

依据上表，现将单词弱式发音规律总结如下：

A. 以/ə/音代替强式发音中的元音：这种转换极为常见。

B. 在元音变成schwa音的基础上，在具体上下文中（详见本书第5章第1节），有些单词会省略其结尾辅音，例如and的弱式发音之一/ən/；另外一些单词的弱式发音不包含单词起始位置的辅音/h/，如 have 和 had 的弱式发音分别为：/əv/和/əd/。

C. 将强式发音中的长元音直接缩短：例如 to 的弱式发音为/tu/。（请注意/uː/和/ʊ/的发音差异）

D. 去掉强式发音中的元音：例如 for 在（极）快速朗读的过程中，其弱式发音可为/f/。

4.2.3 弱式发音注意事项

A. 有些单词在 RP 中没有弱式发音：如 in；在美音中，in 的弱式发音为 /ən/，表中以“（A.）”标注。

B. 在 RP 中，is 在 /s/、/z/、/ʃ/、/ʒ/、/tʃ/、/dʒ/ 等音之后没有（明显的）“弱式化”，不过确实有些口音使用/əz/作为 is 的弱式发音。is 的缩写形式“'s”及其发音（的弱式读音）不在本节讨论范围之内。

C. 词性用法决定单词是否可以进行发音弱化：如 who 作为疑问词时只能以强式发音出现。

D. 单词由强式发音转为弱式发音的规则复杂，有不少例外，“细心积累”“词典查证”是两条并行之路。

4.2.4 弱式发音的意义

有一个十分深刻的问题在等我回答：“英语发音中为什么会出现弱式发音这种现象？”我相信这个问题可能困扰了大家很久，如果不解决这个问题，大家可能没有心情把本节看完、吸收并用于实践。

突出重点

英语功能词有强式、弱式发音之分的第一个原因是“突出重点”，前文提及的 can 这个词在例句中的两种用法已经基本可以说明问题了。但是持怀疑态度的读者可能会这么想：can 在句中有两种发音是为了避免发音的重复。那么我们来看看“I am explaining the theory.”这个句子吧。句中共有 3 个通常使用弱式发音的词：I，am 和 the。下面我将分别使用加大字号的强式音标代替单词，为大家对比各种因“弱式发音处理失败”而传递出的不同句意。

I am explaining the theory. → 我正在解释这个理论。

aɪ am explaining the theory. → 我（以如此专业的身份）正在解释这个理论。

I æm explaining the theory. → 我正在解释这个理论。（你认真听我正在说的话。）

I am explaining ðiː theory. → 我正在解释这个（当前讨论的或最为重要的）理论。

通过不同的弱式发音选择，一个简单的句子传递了四种截然不同的意图。当然，英文原句加上起补充作用的字词可以明确表达的句意，但这样做显然很麻烦。补充一下：我们可以将 3 个词的强式发音使用在一个句子中以突出表达的重点。但考虑到“一句话一个重点”已经足够，这种“叠加”在理论上是可行的，并不是日常的做法。

这里要说明的是：弱式发音突出重点的作用是间接的——因为某些词只具有语法、句法功能，其意义是不重要的，所以这些词在朗读中以弱式发音出现；而正是因为这些“功能词”被弱化了，句中其他表意的词作为重点得到了突出。值得大家注意的是：当通常以弱式处理的单词以强式形式出现时，这些单词的重要性是极高的，不亚于句中传递具体信息的单词的重要性。

提高发音舒适度和速度

当然，“通常以弱式处理的单词以强式形式出现”还可能有另外一个原因：朗读速度过慢。这还是一个“鸡和蛋谁先谁后的问题”：因为音节是弱式，既轻且短，所以音节可以念得很快；因为音节念得快，所以不重要的功能词要弱化处理。当我一字一顿地念“a banana”这个词组（进行演示）的时候，a 合理的念法应该是/eɪ/，因为我没有快速发音的需求，也就用不上快速发音对应的弱式发音了。

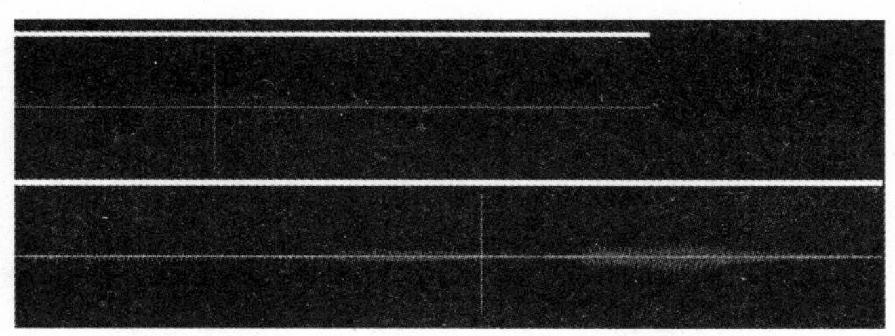

上图中两条声波对应的都是“in the air”这个词组的朗读；竖线将词组划分为“in the”和“air”两个部分。我们可以清晰地看出，掌握弱式发音（如图中居上声波所示）可以产生多么可观的发音提速效果。

如果读者对“弱式发音可以大幅提高发音速度”尚存怀疑，我就再抛出一个数字：32.26%。根据本节前文的表格，除去没有弱式发音的 7 个词，再除去弱式发音（在英式发音中）不常见的 9 个词，英语中词频最高的 34 个词的总词频占比 32.26%；也就是说：我们每说 10 个词，就至少有 3 个词是以弱式发音出现的。我们可能确实要给“3 个词”这个数据打个折扣，因为存在“弱式发音强式化”的现象。但就算如此，弱式发音词出现的比率依旧可观，对这些词的发音弱化必然使发音速度提高，从而提高发音的舒适度——一字一顿地说话肯定比含糊不清地说话更累。

4.2.5 强式、弱式发音实例

为了让读者更好地体会强式和弱式发音的差异，我为大家准备了电影《哈利·波特》中赫敏的扮演者 Emma 在联合国女权大会上的一段演讲（见 4.2 文件 1）。请大家一边听音频一边判断演讲文本中突显单词的强式、弱式发音属性，并考虑 Emma 通过这些单词传递的深意。如无法确认个人判断或理解存疑，请大家加入读者 QQ 群并进行讨论。

> But sadly, I can say that there is no one country in the world where all women can expect to see these rights. No country in the world can yet say that they have achieved gender equality. These rights I considered to be human rights. But I am one of the lucky ones. My life is a sheer privilege because my parents didn't love me less because I was born a daughter. My school did not limit me because I was a girl. My mentors didn't assume that I would go less far because I might give birth to a child one day.

总结

所有发音的“条条框框”虽然给发音者带来了一定的困难，但每项发音规定无不是“以人为本”，强式、弱式发音也不例外。如果没有某些单词的弱式发音，重要信息就会被埋没在句子中；如果没有某些单词的强式发音，我们就需要用更多的字词传递等量的内容。掌握发音方法背后的原理，才能让大家的发音之路走得更顺、更远。

答案及解析

例句： Jack is a wonderful person: he thinks for others, sometimes even at the cost of his own interest.（杰克人很棒：他经常替别人考虑，甚至有时候不惜牺牲自己的利益。）

练习题 1： 下列哪个选项中所有单词的语法功能远远大于其传递的内容？

□ Jack，at，his　□ is，person，at　□ he，for，own
□ is，a，for

答案及解析：is，a，for；详见本节相关内容。

练习题 2： 对于句中语法功能远远大于其传递内容的单词，最科学的处理方法是什么？

□ 读慢点　□ 读快点　□ 使用其弱化的发音

答案及解析：使用其弱化的发音；详见本节相关内容。

练习题 3： 在确保清晰传递内容的前提下，哪种方法能使英语口头表达提速？

□ 提高所有单词的发音速度　□ 弱化某些单词的发音
□ 省略某些单词的发音

答案及解析：弱化某些单词的发音；“提高所有单词的发音速度”很可能无法清晰表达；“省略某些单词的发音”在朗读中被视为“误读”。

4.3 一词多音

其实从上一节起，本书的关注点已经开始从“这个音念得准不准”逐渐转移到了“是这个音还是那个音”。相比中文多音字的发音变化，英语一词多音的规律更容易掌握。在本节中，我将为大家讲解一词多音的变化类型和发音变化规律。只有掌握了这些类别，才有可能真正“准确发音”。大家准备好了吗？

☑ 自测

练习题 1： 一般来说，如果一个单词有动词和名词两种词性，其重读模式是什么？

□ 动词的重音在前　□ 名词的重音在前

练习题 2：如果一词多音，确认其所有读音的最好方法是什么？

☐ 根据发音规则推断发音　☐ 根据词典确认发音

☐ 根据拼写推断发音　☐ 请教专业人士确认发音

4.3.1 英美发音的差异

我在第 1 章中已经十分详细地讲解了英式与美式发音之间的差异，本节只做一点简单的补充。英美发音不同的原因是“地域差异”，而这种地域性可以进一步细化，即所谓的“十里不同天，百里不同言”。我们经常说：“在所有以英语为母语的国家中，英美两国拥有最具代表性的两种英语口音”，此时，我们就把地域范围放大了，提取一国之内各种口音的相似性，然后进行对比。除特殊说明外，本章中使用的例词均为 RP 并以 DJ 音标标注。

4.3.2 历史原因

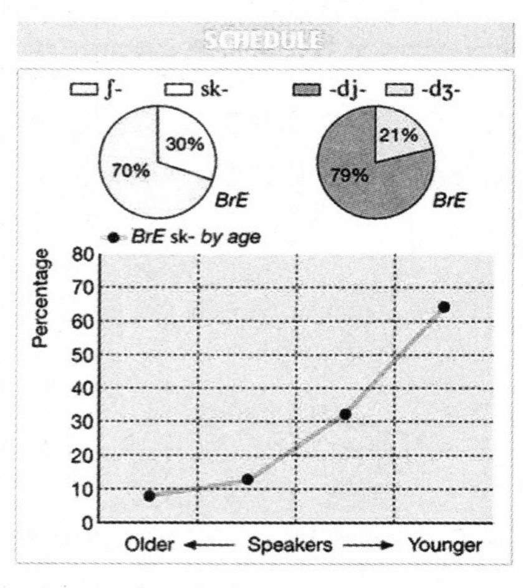

右边图表是 schedule 这个词的发音详解。BrE 是 British English（英式英语）的缩写，也就是说，图中的所有信息都仅限于注释此词的英式发音。

这个单词中的 sch-和-d-各有两种发音，两个饼状图分别为发音偏好的量化。历史原因造成了字母组合 sch-的不同发音：法语或拉丁语的词源判断导致了/ʃ/或/sk/的不同发音取向；-d-的两种发音则可能是“音变”（第 5 章第 1 节详解）的结果。图表中的曲线告诉我们：出于历史原因形成的多种发音，在不同年龄段的母语使用者中被接受的程度不同；随着母语使用者年龄降低（横坐标），使用/sk/发音的可能性越大。

对于如此复杂的单词发音，我的建议是：“从众为本，可选年轻”。作为外语学习者和使用者，大家应该尽量恪守语言的母语使用习惯，所以/ʃ/音是使用或偏好英式发音学习者的正确选择。如果希望发音更加“现代”，大家也可以使用/sk/音。所以，既从众又年轻的念法应该是/ˈskedjuːl/。但不管如何选择，大家只能通过查证来确定“可选范围”——在确定哪些发音可用之后再做出选择。

读者看了图表和详解之后可能会有疑问："真有人、有词典把一个单词的各种念法统计得这么精确并且配以图表吗？"有，《朗文发音词典》第 3 版就做到了！ 大家刚看到的图表就出自这本词典。 这就是我向大家推荐这本词典的重要原因之一。 除了例词 schedule 之外，resource，garage 也有着十分复杂的发音选择，请大家查证并选择更喜欢的发音形式。

4.3.3 强式、弱式发音选择

上一节详细分析了"功能词"强式、弱式发音的概念和用法，此处不再赘述。 如有必要，请复习相关内容。

4.3.4 名词、动词之间的发音转化

有些英语单词兼具名词和动词两种词性，其发音也会因为词性的不同而发生变化。 下表展示了 5 个常见单词的名词、动词释义及对应的发音。

单词	名词	动词
increase	/ˈɪnkriːs/ 增加	/ɪnˈkriːs/ 增加
discourse	/ˈdɪskɔːs/ 谈话	/dɪsˈkɔːs/ 谈话
subject	/ˈsʌbdʒekt/ 科目；类别	/səbˈdʒekt/ 使屈服
record	/ˈrekɔːd/* 记录；纪录；唱片	/riˈkɔːd/ 录制；记录备案
contrast	/ˈkɒntrɑːst/ 对比	/kənˈtrɑːst/ （使形成）对比

第四个例词名词发音后标注的"*"旨在提示读者：该名词的英式发音（/ˈrekɔːd/）和美式发音（/ˈrekərd/）差异较大。 其他例词（如 discourse，contrast）可能也存在英式与美式发音的差异，不过这些差异比较常规，此处不再详解。

同一单词的名词与动词发音转换有一定的规律：一般来说，名词的重音在前，动词的重音在后；元音因所在音节是否重读而发生读音的变化。 例如 subject 一词中的元音字母 u，在重读音节，也就是名词形式中的发音是/ʌ/；在动词形式，也就是非重读音节中念作/ə/。

4.3.5 形容词、动词之间的发音转化

有些单词兼具形容词和动词两种词性，其发音也因此发生了变化。请见下表：

单词	形容词	动词
close	/kləʊs/ 近的（近）	/kləʊz/ 关闭
coordinate	/kəʊˈɔːdɪnət/ 相当的	/kəʊˈɔːdɪneɪt/ 协调，配合
separate	/ˈsepərət/ 分离的，独立的	/ˈsepəreɪt/ （使）分开
perfect	/ˈpɜːfɪkt/ 完美的	/pəˈfekt/ 使完美
compact	/ˈkɒmpækt/ 紧密的	/kəmˈpækt/ （使）变坚实

一般来说，动词发音一般使用浊音、重音在后；元音因所在音节是否重读而发生读音的变化。第四个例词 perfect“完美”地解释了上述规则。作为形容词，per-音节重读为 /ˈpɜː/，非重读音节-fect 的发音是 /fɪkt/。当 perfect 作动词时，其重音后移，重读音节中的元音也由 /ɪ/ 变成了开口更大、更响亮的 /e/；由于失去了重读属性，per-音节中的元音由长音 /ɜː/ 变成了短音 /ə/。

4.3.6 发音、词义无对应规则

下面这种“同词异音”的情况就有点让人头疼了。此前，词义和发音有一定的对应关系，而且词义不会因为读音的变化而发生本质上的改变。但下表中列出的单词，在发音变化的同时，词义也变成了“另外一回事”。

单词	具体情况
live	/laɪv/ 活的，直播的 *adj.* || /lɪv/ 活着 *v.*
contract	/ˈkɒntrækt/ 合约 *n.* || /kənˈtrækt/ 收缩 *v.* || /kɒnˈtrækt/ 立约 *v.*
desert	/ˈdezət/ 沙漠 *n.* || /diˈzɜːt/ 背弃 *v.*
minute	/ˈmɪnɪt/ 分钟 *n.* || /maɪˈnjuːt/ 微小的 *adj.*

对于此类变化，除了“见一次、查一下、记一个”之外，我也无法为读者提供“更简单的操作方法”。

总结

本节讲解了英语单词词性和发音的对应关系。 我相信读者在完成此节的阅读之后，与我完成本节创作时的心情是一样的：虽然规则很多也相对容易掌握，但规则的例外更多且无法预料。虽然大家可能已经厌烦了“查证”二字，但是我还是要说：词典不离手，单词念得准。

不过我也要说句公道话：在很多情况下，词性和发音匹配的错误可能不太会影响交流。把作动词的 increase 念成/ˈɪŋkriːs/，会造成严重的误解吗？ 应该不会，听众只是会觉得“有点儿别扭”。

答案及解析

练习题 1： 一般来说，如果一个单词有动词和名词两种词性，其重读模式是什么？

□ 动词的重音在前　　□ 名词的重音在前

答案及解析：名词的重音在前；此种安排为英语习惯。

练习题 2： 如果一词多音，确认其所有读音的最好方法是什么？

□ 根据发音规则推断发音　　□ 根据词典确认发音

□ 根据拼写推断发音　　□ 请教专业人士确认发音

答案及解析：根据词典确认发音；其他选项中列出的方法均不可靠。

4.4 多词同音

如果同一个词可以有多种发音形式，“同一个发音可以对应不同的单词”也应该是合理的推断。 本节将延续上一节“发音与单词的（不）对应关系”的主题，展开多词同音现象的讨论。 此外，“词组发音”也在本节登场。

自测

练习题 1： 英语中有发音相同、拼写不同、意义相近（或相同）的单词吗？

□ no　　□ yes

练习题 2： 不同拼写的词组发音相同的根本原因是什么？

□ 词组意义相似或者相同　　□ 朗读词组的速度（过）快

练习题 3： 下列哪项关于/h/音的陈述不正确？

□ 声带无振动　□ 不在单词结尾出现　□ 其发音实为一股气流

□ 英语中较弱的音

4.4.1 单词同音

第一种情况非常直白：单词同音，与中文中“星”和“腥”两字同音是一个道理。看到下面 5 个音标，大家想到了哪些单词？是否能为每个音标找到 2 个对应的单词？

/breɪk/

/sel/

/hɜːd/

/kɔː/

/saɪt/

不管大家是否在抱怨自己的词汇量有待提高，大家可能都会问：同音词写下来之后辨识起来都有一定的难度，如果只靠耳朵听，同音词会不会带来理解上的困难呢？答案应该是肯定的。“肯定”的态度源自分辨同音词的固有困难；之所以说“应该”，是因为上下文会为大家提供辨析的环境和条件。

说到底，扎实掌握词汇及其发音是解决问题的根本方法，因为如果词汇掌握得很牢固，大家听到“（相）同（的）音”的那一刻，会立刻从记忆中提取出这个发音指向的所有“词”。就算这种说法过于理想，对单词的熟练掌握也会让“上下文选词”的过程变得更加容易。“看音标写单词”部分的答案揭晓！大家写出了几个单词呢？

发音	单词 1	单词 2
/breɪk/	break 打破 *v.*；中断 *n.*	brake 刹车 *n./v.*
/sel/	cell 细胞 *n.*	sell 售卖 *v.*
/hɜːd/	heard（hear 的过去式和过去分词）	herd 兽群，牧群 *n.*
/kɔː/	core 果核，核心 *n.*	corps 军，部队，团体 *n.*
/saɪt/	cite 引用 *v.*	site 位置，场所 *n.*

4.4.2 词组同音

读者看了标题之后，可能会很疑惑，“单词同音，我们可以想象，词组还能同音吗？”答案是肯定的。不过，这里提出的“词组同音”，不是因为两个词组中的每个单词都相同，组成词组之后自然同音；而是由于词组中的所有音位被停顿重新分配组合，形成了新的单词并构成了不同的词组。绕口令到此为止，请大家看看下面这个由 2 个单词发音构成的“音标串”。大家能看出这个词组是什么吗？

/aɪskriːm/

不管单词划分的结果如何，大家都要遵循一个不可违背的原则：单词是由音节构成的，而构成音节需要元音。这样一来，就有以下三种方法划分这个“音标串”，而正确答案 1 和 2 也就显而易见了：

1. /aɪ • skriːm/ (I scream)
2. /aɪs • kriːm/ (ice cream)
3. /aɪsk • riːm/

当然，重音符号的存在确实可以简化划分过程，但这不是此处关注的重点，因为在常速或者快速口头表达的时候，如果没有上下文，I scream 和 ice cream 确实是无法分辨的。如果大家心存怀疑，请大家把“音标串”快速地连续读几遍。之所以会产生这样的混淆，是因为“音渡”，即：使听者能分辨出单词或词组界限的语音特征。这个概念最生动的解释就是划分音节的“•”及其前后空格就是音渡。

发音	词组 1	词组 2
/juːθəneɪziə/	ˌeuthaˈnasia 安乐死	youth in Asia 亚洲青年
/dʒemɪnaɪ/	ˈGemini 双子星座	gem in eye 看到的宝石
/fɔːkændlz/*	four candles 四根蜡烛	fork handles 叉子手柄
/sʌmʌðəz/	some others 一些其他人	some mothers 一些母亲
/rɪəlaɪz/	real eyes 真实的眼睛	real lies 真实的谎言
/ðəmɔːl/	the mall 购物中心	them all 他们所有人
/embiːeɪ/*	NBA 美国男篮职业联赛	MBA 工商管理硕士

上表总结了 7 对同（近）音的词组，有如下几点说明：

A. 为了不影响大家感受词组的发音，同时避免生词的困扰，euthanasia 和 Gemini 的（次）重音符号直接添加在单词之上。

B. 加“*”音标串 1：词组 fork handles 的准确音标是/ˈfɔːk hændlz/。 由于/h/的发音是一股几乎未经阻塞的气流，所以听感极其微弱，不加辨识或省略/h/音就成了常速朗读中的常规操作。

C. 加“*”音标串 2：NBA（“美国男篮职业联赛”的英文缩写）的发音则是/enbiːeɪ/。 常速朗读时，为了快速完成/n/与/b/两音的衔接，在/n/音气流尚未结束时，其口型发生了变化——由双唇打开变为双唇闭合。 由于“双唇闭合”是/m/音的发音要领，/enbiːeɪ/也就变成了/embiːeɪ/。

总结

多词同音有两种情况：一个发音对应不同的单词，是情理之中的事情，不难理解；一串音标对应不同的词组，也因浩如烟海的词语组合而变得可能。 看似烦琐的“音渡”概念实际上只是发音中的瞬时停顿。 不过，请大家牢记“音渡”这个概念，因为想要解决本书后续章节中的难题，大家还要向其求助。

答案及解析

练习题 1： 英语中有发音相同、拼写不同、意义相近（或相同）的单词吗？

☐ no　☐ yes

答案及解析：no；事实如此。

练习题 2： 不同拼写的词组发音相同的根本原因是什么？

☐ 词组意义相似或者相同　☐ 朗读词组的速度（过）快

答案及解析：朗读词组的速度（过）快；请回顾本节相关知识点。

练习题 3： 下列哪项关于/h/音的陈述不正确？

☐ 声带无振动　☐ 不在单词结尾出现　☐ 其发音实为一股气流

☐ 英语较弱的音

答案及解析：英语较弱的音；/h/音为英语中发音最弱的音。

4.5 单词的音调

我们在第 2 章第 3 节探讨了声音的走势。从宏观上来讲，句子的音高走势由句子中所有单词协同体现（即“语调”），我会在第 6 章中进行详解；如果把视角缩小一点，从个体单词的角度来看，非单音节单词中各个音节的音高不同，这种差异形成了单词的调子，而这正是本章的重点。如果大家在阅读本章的过程中感到困难，请大家进行必要的回顾，弄清所有概念及相关操作才能繁而不乱地掌握单词的音调技能。

自测

练习题 1：单词的音调应该加在哪种音节上？

□ 非重读　　□ 重读

练习题 2：可以将音调加在非重读音节上吗？

□ yes　　□ no

4.5.1 音调复习

所有读者，包括身为作者的我，都对声音这个日常现象习以为常。可能正是因为这种惯常的体验，让大家失去了关注的热情。但所有认真地把本书读到此处的读者都知道，任何平常的事物都不简单。特别是当我们需要理解表象背后的原理并用它指导实践的时候，就更不容易了，大家想想自己的发音就能理解其中的深意了。

我是文科生，高中物理是我的滑铁卢。不过通过这本书、这个章节，我明白了“躲得过初一，躲不过十五”这个道理：我在物理课上没有好好学“声学”，毕业后身为英语教师，我需要自己研究声音的原理；需要因为具体知识点向专业人士求助；而此时，我还得用简洁、清晰、生动的语言把所掌握的知识分享给大家……我不是在用“自传”填充本书内容，而是希望告诉读者一个最接地气的道理：有些问题，早解决早幸福！如果希望把单词发音的调子念好，以下关于声音原理的复习和总结，大家是躲不过的。

声音由振动产生，振动的频率与“音高”这个声音的基本属性正向相关，这就是“唱高音感觉很累”的原因——声音越高，声带振动越快。在声音的延续过程中，音高发生变化，就形成了音调。原本很直白的概念，在英语发音这个话题中却变得很复杂。我将本节序言的讨论延伸、细化如下：

A. 音位（或音素）：简而言之，就是人能够发出来的最小声音单位，在这个层面上，操作音调很简单，大家只需要让声带“受点累”就可以了。

B. 音节：由音位组成，元音必须参与，辅音可能出现在元音的前和（或）后；以上特点再加上“元音响亮、辅音难辨”这个音位特点，操作音节音调的最简单方式必然是——将音调走势在元音的发音过程中体现，辅音轻读连缀。这样一来，音节中元音的音调就是音节的音调。（本书已经明确：元音并非音节构成的必要因素。由于这种情况“情有可原”，本节暂不做考虑。如有必要，请回顾“音节”相关章节。）

C. 单词：首先要明确，与单音节词相关的讨论归于 B 项，所以此处讨论的是“非单音节词”。由于单词包含不止 1 个音节，且英语发音要求单词中的音节有轻重之别，此时，大家会面临一个困境：“各音节音调的整体走势”和“重读音节的音调决定单词音调”都是合理的规定，我们到底该“听谁的话”呢？我给大家举一个例子。

Bentley（宾利，汽车品牌名）这个词有两个音节：bent-和-ley。如果 bent-念平调，-ley 音节轻读，按照“重读音节的音调决定单词音调”原则来说，此时 Bentley 的发音应记作平调；如果“各音节音调的整体走势”是单词的调子，这个词就是降调。本节的中心就是解释“为什么明明在念 A 调，听起来却成了 B 调”这个问题。我声明：此处无意给读者“挖坑”，只是为了让大家认识到单词音调的复杂性。

D. 词组、句子：由于词组和句子都是单词的组合，有时候词组甚至比句子更长，因此此处将词组合并到句子中进行讨论。如果用“小明成绩进步缓慢，但有时候也能取得理想的成绩”来进行类比，“进步缓慢”是句子中所有单词音高形成的整体趋势，是句子语调的决定因素之一；“有时候取得理想的成绩”本质上是个别现象，是句中关键单词的音调，是另一个决定句子语调的因素。此部分内容将在第 6 章中与读者探讨。

言归正传，根据前文反复引用的词频统计，在英语常用词中，双音节词居多，因此，对双音节词音调的讨论就具有较强的现实意义。此外，虽然英语单词的音节数量不同、重音模式不同，但对双音节词音调的讨论基本能够覆盖音节、重音等因素对单词音调的影响。所以本节只涉及双音节词音调的讨论，并以“轻-重”和“重-轻”两种重音结构进行细分讨论。

4.5.2 “轻-重”双音节词的4调

我首先分析重音结构为“轻-重”模式的双音节词。本节所有音调走势图示以“·”标注非重读音节；重读音节音高走势以不同方向的箭头标注。再次明确一下：“非重读音节”以“·”标记是因为其发音轻短，除极个别情况外，没有音高变化。在研究音调走势时，读者可以把重读音节、非重读音节分别看作“火车头”和“火车车厢”：车厢挂在火车头后面，火车头往哪里走，车厢就会跟着往哪里走。

“轻-重”双音节词的平调

由于起始音节为非重读音节，所以其高度（即音高）低于重读音节。重读音节音高走势无变化。中国英语发音学习者对平调掌握得不太理想，且使用频率远远低于正常水平，大家需要对此调重点关注。虽然此时各音节整体音高走势是向上的，但单词发音以平直的重读音节结束，“平”的感觉远比“升”的感觉更强烈。

“轻-重”双音节词的升调

非重读音节在音高较低的位置快速发音，然后重读音节从非重读音节音高向上爬升，形成上升趋势。升调过高或不足都是不理想的。国人性格内敛，更容易出现升调音高上升幅度偏小的情况。

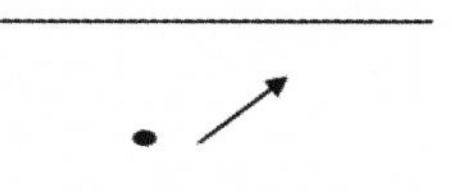

“轻-重”双音节词的降升调

非重读音节在音高较低的位置快速发音，然后重读音节从较高的位置下降，然后轻快上升至不高于重读音节起始音高的位置，从而形成单词“先抑后扬”的音调。降升调共有四点注意事项：

A. 重读音节起始音高较高，且一定高于非重读音节音高，否则降升调的朗读将非常沉闷、压抑。

B. 降升调中上升部分最高音高不要高于下降部分的起始音高。

C. 整个降升调在重读音节的元音发音过程中完成，如果该元音后加辅音，则该辅音在音调上升部分趋于结束时快速发音，并终结单词发音。

D. 降升调是非常规语调，不宜频繁使用。初学者慎用。

“轻-重”双音节词的降调

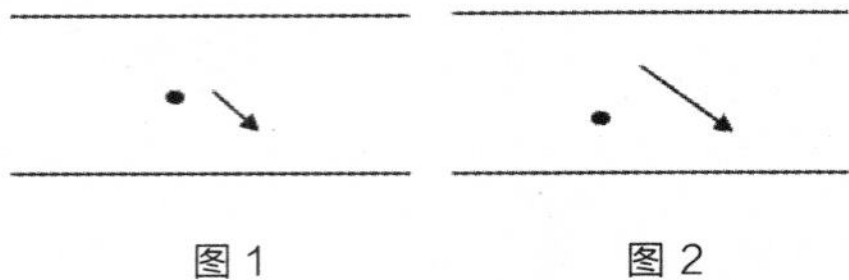

图 1　　图 2

非重读音节快速发音，重读音节呈音高下降趋势，完成降调。如图所示，降调分为两种，图 1 为“低降调”，图 2 为“高降调”。在低降调中，为了给重读音节留出音高下降的空间，非重读音节应在音高适中的位置完成其轻快的发音；此种降调可在句中出现，并伴以十分短促的停顿，不宜在句尾使用。我们再来看看高降调。概念名称中的“高”是指：重读音节起始音高高于非重读音节音高、整个音调下降幅度大。因此，高降调稳定性更强，宜在句尾出现。同时，高降调也能传递“高高在上、君临天下”的语气，在王室演讲中更为明显。

不管是因为朗读卡顿，还是因为降调稳定，国人普遍滥用降调，且此问题出现频率极高。受中文发音影响、对发音文本不熟悉等客观因素，确实是滥用降调的原因，但任何因素都不是大家“一降到底、再念还降”的挡箭牌。虽然大家在母语发音中能听到违背“不见句号不降调”的例子，但身为外语学习者，大家要坚持“确定无误”的练习方向，再精彩的念法也不能直接应用于随机出现的发音文本之中。

4.5.3　“重-轻”双音节词的 4 调

“重-轻”结构双音节词的音调有些复杂，这也是将其安排在本节后半部分进行分析的原因。这种重读结构音调的难度在于：单词结尾的非重读音节由于其固有的音调属性，与其前重读音节的音调走势产生了一些矛盾。我将在“重-轻”双音节单词 4 调的讲解中一一分析这些矛盾。

“重-轻”双音节词的平调

重读音节以适中的音高开始并延续，非重读音节以同样的音高快速发音，形成平调。这里的矛盾之处是：非重读音节和重读音节的音高相同；如果此时没有分清音节的长短，或在非重读音节上用力过大，单词重音将移至原本非重读的音节之上。例如，如果用平调分别朗读 Bentley（重-轻）和 believe（轻-重）两词，我们几乎无法完全依赖听感来分辨两词重音模式的不同。当然，从交流的角度讲，重音错了也就错了，问题不大；但从技术的角度讲，大家还是要控制朗读非重读音节时的力度和时长，忠实反映单词的“重-轻”模式。

“重-轻”双音节词的升调

重读音节以较低的音高开始并上升，形成升调；非重读音节在重读音节音高最高的位置快速发音，单词有整体音高上升的态势。和平调一样，升调中的非重读音节音高不低于重读音节的最高音高；这样的操作保持了音高上升的态势。非重读音节音高在重读音节完成发音后不能继续爬升，否则将改变单词的重音模式。在对比“重-轻”“轻-重”音节的升调念法之后，大家就明白了。

“重-轻”双音节词的降升调

重读音节以较高的音高开始并下降，非重读音节在重读音节最低音高位置开始发音，音高稍稍上升，完成一个小小的升调，单词整体呈现“先抑后扬”的趋势。

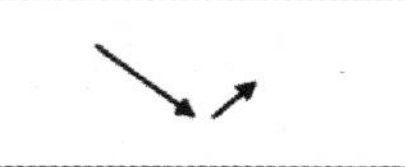

在上面的示意图中，非重读音节以箭头、而不是“·”标注，是因为非重读音节的音高有了上扬的变化。虽然“在非重读音节改变音调”违背了“非重读音节不带音调”的规则，但这种做法事出有因，朗读效果也很自然，这种“例外”是可以被接受的。但在“轻-重”结构单词的降升调中，“抑”和“扬”两个步骤都要在重读音节完成；一定要避免由非重读音节降调、重读音节升调造成的“怪调”。

大家要记住两个关键点：第一，此处非重读音节音高发生变化是无奈之举，是规则的例外；第二，非重读音节音调上升的幅度一定要控制在一定范围之内，不要念成汉语拼音三声（“扬”的幅度大于“抑”的幅度）的模式和感觉，否则“怪调”就出现了。

“重-轻”双音节词的降调

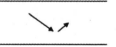

“重-轻”结构单词的降调有两种形式：第一种，如图 1 所示，重读音节以较高的音高

开始并下降，非重读音节在重读音节的音高最低位置快速发音；第二种，重读音节以中等（偏高）的音高延续，其后非重读音节以较低的音高快速发音，见图 2。

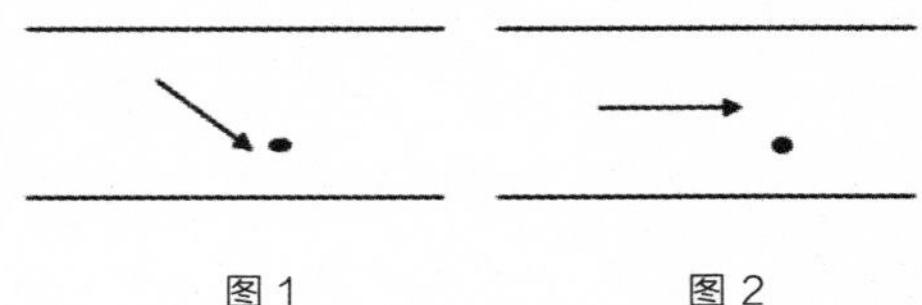

图 1　　图 2

第一种降调的本质是：重读音节完成音调走势，非重读音节连缀；第二种降调则通过单词中的两个音节音高对比造成一种音高整体的下降趋势，实现降调。这里要注意的是：第二种降调常被国人误认为是平调。在“轻-重”结构的单词中，重读音节的音高走势确实决定了单词的音调，这是因为重读音节在词尾，其音高走势为单词音调“定了性”。

第二种降调的稳定性一般，不体现强烈的“完结感”，所以可作为句内停顿之前单词的发音：划分了句中结构的界限，但不宣告整句已结束。此外，请读者注意：这种降调是国人朗读频繁使用降调、朗读听感卡顿的重要原因。

总结

单词的音调由“音节重读模式”和“重读音节的音高走势”共同作用决定。这两个因素可以独立分析，但最终以哪个因素确定单词的音调，还得看具体情况。当然，规律是实践的总结，大家还是要仔细听、开口念，感受母语者的音调，在理解后进行模仿。

答案及解析

练习题 1： 单词的音调应该加在哪种音节上？

□ 非重读　　□ 重读

答案及解析：重读；请回顾本节相关内容。

练习题 2： 可以将音调加在非重读音节上吗？

□ yes　　□ no

答案及解析：yes；本题意在强调“音调加在非重读音节上”的例外情况。

第 5 章

拼接的奥妙——词组

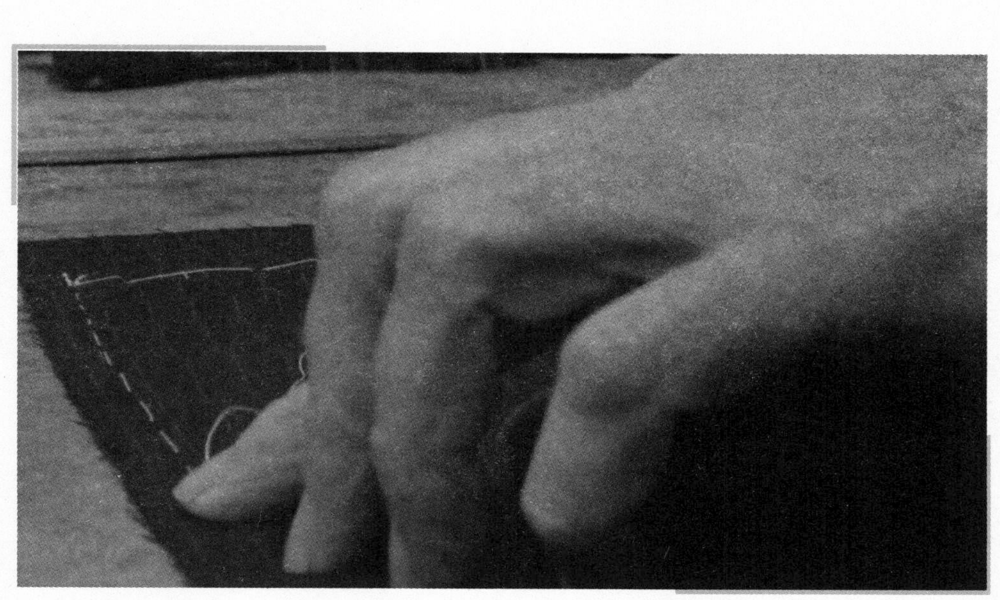

章节总览

从本章起，我们正式步入了本书的“后单词”时代，开启了宏观的发音学习阶段。之所以把本章词组的“连”“断”拼接算作宏观的发音内容，是因为音标、音节、单词一般不单独使用；而词组的拼接势必形成句子、段落，乃至篇章。

本章涉及的内容不多，只有“连音”和“省音”两节。“内容不多”不等于内容单薄。这两节的内容剖析了“吞音”“失去爆破”“浊化”等以讹传讹的概念及错误认知，并使用“音变”“音渡”等更加科学的概念来解释词组中单词的衔接原理。

正如开篇图片中老裁缝在专心缝布片一样，不管是让词组连起来不露接缝，还是让词组为了表达清晰而故意断开，都容不得半点慌张——因为没有操作的从容，怎会有光鲜的洒脱？

5.1 连音

“连”是英语发音的重要特点，对英语交流有着重大意义。在使用英语交流的过程中，很多学习者总有一种“对方说得太快，听不懂”的感觉。问题的症结就在本节：英语就是“连着说的”，如果你不会、不能连着说，那么别人连着说的时候，你就会听不懂。本节使用“连音”代替“连读”就是希望对各种概念和现象进行简单、科学的总结。同时，本节还会强调一些非常重要但经常被忽视的操作环节。

☑ 自测

练习题 1： 为什么英语中有“连音”现象而中文中却没有？

□ 朗读停顿不同　□ 朗读速度不同　□ 英语拼读原理

练习题 2： 在英语中，是不是所有以辅音（发音）结尾的单词都要和其后以元音（发音）开头的单词连音？

□ yes　□ no

练习题 3： 国人连音失败最根本的原因是什么？

☐ 朗读速度不够快　☐ 前词结尾辅音发音不准

☐ 没有把前词结尾辅音和后词相连

练习题 4： 在英式发音中，是不是“元音字母加 r”拼写对应的发音一定不卷舌？

☐ yes　☐ no　☐ not sure

5.1.1 “怎么就连上了？”之一

为什么英语单词可以连起来念？ 为什么汉字不连起来念？ 不回答这两个问题，本节无法继续进行。

美籍华人演员王力宏在电影《无问西东》中饰演沈光耀，其背诵家训的桥段让人动容。王力宏以歌手身份出道，我曾经是他的歌迷。 正是他的《永远的第一天》这首歌让我找到了“怎么就连上了”这个问题的答案。 歌词最后一句“我一定爱你到永远”中的“爱”字的发音是：

ŋài

为了准确地把这个“爱”字的发音标注出来，我只能将英语音标/ŋ/和汉语拼音 ài 混合使用。 王力宏在美国出生长大，英语的发音习惯，加上最后这句歌词悠扬连贯的唱法，让汉语拼音韵母 ing 的发音变成了/ɪŋ/，然后/ŋ/与其后的“元音”（复合韵母 ai）进行拼读，就形成了上述发音。

绝大多数国人没有王力宏以英语为母语且精通多语种的背景，所以国人念、唱这句歌词的时候，会不经意地在“定”和“爱”两个字之间加上一个极微小的停顿（音渡），去除上述这种不符合中文发音拼读原则的连接。 为了加深读者的理解，我再用一个词组让大家感受一下：是不是英文比中文更容易念？ 是不是“中文发音要求清晰划分音节”是一种“费劲的习惯”？

/dʒem •ɪn •aɪ/ VS /dʒemɪnaɪ/

我在之前的章节提过：“辅音+元音”比“元音+辅音”的音节形式更容易念；此结论是有理论和实证支持的：

1. 力：发音器官以某种具体方式闭塞时就会比较紧张，所以念辅音更费力，因此把辅音放在音节开始，也就是在“劲头更足”的时候先念辅音，是合理的做法。

2. 气：因为念元音的时候，发音器官相对打开，从发音器官流出的气流较多，所以元音更加响亮。但气流流失会让发音者不舒服，导致换气。所以，大家本着“前紧后松”的原则念“辅音+元音”结构时更舒服。大家可以比较一下/naɪ/和/aɪn/这两个音节的发音，以验证上述理论。

本段“点睛”：英语是一种“能连着念就要连着念”的语言；断开是必要的，因为我们需要换气或明确语义，但在常速下能不断开就不要断开。如果大家能想着音标组合的可能性，而不是紧盯着一个个以空格断开的单词，那么大家就离连贯发音不远了。

5.1.2 “怎么就连上了？”之二

“之一”很长、很重要；“之二”虽然非常简短但依旧重要。

1. “速度”不等同于“连贯”：枪械射速再高也不能同时发射几颗子弹；细水长流虽然慢但涓涓不绝——前者“快却断”，后者“慢但连”。
2. 连音的正常操作是“快且连”，即“一口气比较快地说出几个词”。
3. 切记：不管多么短暂的停顿和换气都不算“连”！根据我的教学经验，国人发音时经常会有偷偷停顿、换气的情况发生，从而造成“不连贯”的听感。此问题需要大家高度关注！

5.1.3 连音一：-辅音+元音-

第一种连接两词发音的方式最自然，即：“-辅音+元音-”。注意：此处的“-”表示其后的音为前词尾音、其前的音为单词起始音，下同。

之所以说这种连接最自然，是因为“辅音+元音”的拼读方式是中文发音中最常见的音节结构，也是英语音节最自然的形态。从理论上说，这种连音虽然自然，但对于说中文的国人来讲还是比较困难。

əˈnæpələndənɒrɪndʒ

大家看懂上面音标串的难度，应该不会高于听懂英语母语者快速念出 an apple and an

orange 这个词组的难度。虽然“提高听力水平”不是本书的主旨，但我还是想帮大家一下：现在大家明白为什么本来能够看懂的内容听不懂了吧？

a | | n app | | le an | | d a | | n orange

ə | | næpə | | lən | | də | | nɒrɪndʒ

在讲授这种连音现象的时候，国内老师喜欢用上面这种“把前词尾音后移、作为后词起始音”的方法。在此，我要批判一下这种教学方法。对！只有“批判”这个词才能表达我内心的愤怒！这种方法的问题在于：

1. 改变了单词的发音：原本是前词“出借”的结尾辅音，却被后面的单词“霸占”为其起始辅音。
2. 此法不具可复制性：难道学生们每次需要连音的时候，都要把词组和音标串写下来、重组音标之后再念吗？

不管是否有意为之，这种做法很可耻：尽管教学效果非常明显——老师“功”高，但是学生拿到新的、可连音的词组之后依旧连得生硬或根本连不起来——学生受苦。我承认：把音标连起来念时，确实会产生 apple 变成 napple 的听感，但是这种感觉不能作为上述教学方法的实证支持。

这种连音的正确练法、念法其实很简单：每个音都念准，然后连着念。不明白？把《永远的第一天》最后一句反复听 500 遍；还不明白的话，再听 500 遍，直到理解本段中“简单”二字的含义，并且能够完成自然的连音。

5.1.4 连音二：-元音+元音-

“-辅音+元音-”结构拼读顺畅，“-元音+元音-”也并不难，因为连接两个元音只需要微调发音器官的形态。我以 me either 这个词组为例讲解。不管大家是把 me 读成强式或弱式，即：不论 me 的尾音是/iː/或/i/，我们都可以在这个音尚未结束之际，顺势摆出/a/的口型，然后引出 either 的发音/ˈaɪðə/。

简而言之，这种连音就是“朗读（可能不存在的）双元音”的过程。请大家注意，不要过分强调这种元音之间的过渡，以免给听者造成不必要的理解困难。当然，如果考虑到“朗读速度不会很慢”这个因素，大家也不太可能过分强调两音之间的过渡。

5.1.5 连音三：r 或 re 拼写结尾+元音-

在 the bar exam（意为：律师职业资格考试）和 a picture of my daughter 这两个词组中，一个单词以 r 或 re 结尾，其后的单词以元音开头，这两个单词就会形成连音。

在这种情况下请大家注意，bar 和-ture 音节结尾的字母 r 或者字母组合 re，都会违背 RP 的基本原则变成/r/音。大家也可以理解为：在这两个词组中，bar 和 picture 的英式与美式发音基本一致。由于 bar 和 picture 这两个单词结尾多了一个辅音，连音的机制再次产生；在速度允许的情况下，连音就发生了。如果希望 r 或 re 与其后单词连音顺畅，请大家多多练习卷舌、慢慢进行连接。需要提醒大家的是：不少 GA 使用者会使用极短促的停顿有意避免此类连音。

5.1.6 连音四：-非高位元音+[/r/+]元音-

/ə/、/ɪə/、/ɑː/、/ɔː/这些音标有一个共同点：发音时口腔打开度较大，其发音位置在口腔的中、下部，所以这些元音可以统称为“非高位元音”。当以非高位元音结尾的单词后接词首为元音的单词的时候，RP 使用者、部分美式英语使用者会在两音之间加上原本不存在的/r/音（标题中以“[ ]”进行标注），创造出“-辅音+元音-”的连音环境。China and American 和 law and order 这两个词组中加下划线部分发生的连音就是这种情况。其实，这种连音在一个单词的内部也可能发生，例如：drawing 这个单词念出来就是“draw-ring”这个拼写对应的发音。

这里提醒读者：如果感觉这种连音确实困难，请大家断开两词，分开朗读，避免不必要的麻烦。此连音现象和“连音三”都涉及对国人来说难度较大的/r/音。所以，为避免过渡连音、过渡强化（原本不存在的）/r/音，大家可以暂时搁置这两种连音情况，做到“自己不念、听到能懂”就可以了。这样说，不是要求大家不思进取，而是因为这个现象涉及拼写的演变以及对应音位的增删；就算现在有这个发音现象，也是区域性的，与“连音一”“连音二”这些“高频出现”的发音现象相比，其重要性不高、实用性也不是很强。

不可否认的是，/r/连音确实经常被现代 RP 代表——BBC 新闻播报人员广泛采用。

5.1.7 连音五：/-uː/或/-ʊ/+ [/w/+]元音-

下面就是第五种连音：前词结尾的/uː/或/ʊ/音与后词起始元音发生连音，在衔接的过程中，两词之间会出现一个原本不存在的/w/音。由于口型需要从“/uː/或/ʊ/相对收紧的状态”迅速转变为“其后元音相对打开的口型”，此间发音器官势必要划过/w/的发音位置，从而造成两词由/w/音连接的情况。我为读者准备了单词内部和单词之间发生/w/连音的例词（组）。

towel
conduit
to do it
How is it?

5.1.8 连音六：-/t/+/w/-

这种连音在很多讲发音的书中见不到，因为这种情况纯属巧合：前词结尾的/t/音与后词开头的/w/音合在一起，构成了一个辅音组合/tw/，常见于单词起始位置，例如：twenty，twelve，twilight 等。

这种连音现象也是我在歌曲中发现的。这首歌就是经典电影《泰坦尼克号》的主题曲：*My Heart Will Go On*。原唱歌手 Celine Dion 把 heart 和 will 连接得非常紧，/tw/音的效果非常明显。对英语发音学习者来讲，这个连音既难也不难。难的是：国人在念/tw/这个音的时候，要么/t/音气流爆破不充分，要么/w/音口型全无；不难的是：连接两个辅音和中文发音习惯并没有本质上的冲突，况且我们的网络用语“DUANG”里有一个和/tw/异曲同工的音。要发好这个自然的连音，大家需要扎实的音标基本功和反复的练习。

5.1.9 连音七：“音变连音”

/-t/+/j-/ = /-tʃ-/（例：wan t you）
/-d/+/j-/ = /-dʒ-/（例：woul d you）

首先声明：这种连音现象到底是“同化现象”还是“含糊发音”，本书不做界定，因为这些语音学概念和本节内容的相关度不大。读者只需要记住上述连音的条件和结果就可以了。一时念不好可以慢慢练，能听懂就行，不要因为发音问题而影响交流。

“音变”的意思比较直白，读者不明白的可能是“为什么要变”。如果“一个辅音（/tʃ/）应该比一个辅音（/t/）加一个半元音（/j/）更容易念”这种说法解答不了上面的问题，大家就比较一下 graduate 这个单词的两种发音/ˈɡrædʒueɪt/和/ˈɡrædjueɪt/吧。哪种念起来更舒服呢？

5.1.10 不可连音的情况

所有的规定都有其实际意义，而不可连音也是“事出有因”。如果两词、两音不满足连音的条件，自然就不能连起来念，不过确实有两种“有条件连，但不能连”的情况。第一种，如果可以发生连音的词需要被强调，特别是语句内容要求强调后词的时候，就不能连音，例如：

Jack stood | ON it, not | IN it.

由于句子需要澄清 Jack 站立的位置，所以 on 和 in 这两个词要清晰朗读，不能与其前单词连音，句中以短竖线分隔；由于谈话双方应该都明确 it 指代的内容，所以 it 这个词并不是句子的重点信息，自然可与其前介词连音。但因为要清晰发音，要突出重点信息，此时“不连”才是正确的选择。

第二种“不连”就是上一章提及的“词组同音”——就算没有重要信息需要突出，连着念、念快了确实会造成理解障碍。此处就不举例赘述了。从某种意义上讲，不连音的重要性可能比连的重要性还要高，因为“连音为己，不连为人”——为了发音的舒适而忽略交流效率的做法是不可取的。

总结

在本节各种（不）连音的讲解中，我没有附上讲解必需内容之外的例子，因为例子多了会让读者应接不暇。而最重要的原因是，我不希望读者认为“书中的例子够了，学会了这些就高枕无忧了”。连音是一种习惯，更是理论指导实践的过程；只学例子，前途无“亮”。

总结一下，连音就是“简便顺口的拼读方式跨音节出现”。在所有连音类型中，只有前两种是大家必须掌握的，其他连音类型的（初期）学习目标只是辨识。能连就连，不能连就分开慢慢念；唯有“慢”才能彻底解决问题。

答案及解析

练习题 1：为什么英语中有“连音”现象而中文中却没有？

□ 朗读停顿不同　□ 朗读速度不同　□ 英语拼读原理

答案及解析：英语拼读原理；请回看本节相关知识点确认。

练习题 2：在英语中，是不是所有以辅音（发音）结尾的单词都要和其后以元音（发音）开头的单词连音？

□ yes　□ no

答案及解析：no；请回看本节相关知识点确认。

练习题 3：国人连音失败最根本的原因是什么？

□ 朗读速度不够快　□ 前词结尾辅音发音不准

□ 没有把前词结尾辅音和后词相连

答案及解析：前词结尾辅音发音不准；请回看本节相关知识点确认。

练习题 4：在英式发音中，是不是“元音字母加 r”拼写对应的发音一定不卷舌？

□ yes　□ no　□ not sure

答案及解析：not sure；需要根据具体单词及上下文进行确认。

5.2 省音

大家总是以“英语很溜”这种说法来表达对顺畅的英语发音的敬慕之情。我也借本书的创作之际深入地思考了“如何很溜地发音”这个问题。总结起来，答案只有三个字：连、断、省。前文对“连”和“断”这两个概念进行了很多讨论，而本节要讨论的主题是“省”。和上节一样，本节没有使用“吞音”“失去爆破”等不准确或有局限性的说法。

自测

练习题 1：下列选项哪个不是发音时省音的根本原因？

□ 发音规定　□ 发音提速　□ 发音追求连贯

练习题 2： 当前词尾音及后词起始音均为爆破音时，哪个爆破音在常速朗读过程中不发音？

□ 前词尾音　　□ 后词起始音

练习题 3： 对“省音”的认识或态度不应该包括下列哪一项？

□ 省音是朗读中的自然现象　　□ 有能者为之

□ 把省音作为练习方向　　□ 省音不是发音中的强制性规则

5.2.1 “省还是不省？”

在进入正题之前，我回答一下“为什么省”这个原本不需要回答的问题。答案十分直白：不管是金钱还是力气，能省就省；气流没有了，自然就没有声音了。这个问题“不直白”的角度是：国人在朗读英文或者进行英语发音的时候，会出现“只要有气就念下去，一直念到没气再换气”的情况。所以，大家的停顿和换气一般很随机，肺活量是决定因素——这样的操作是不科学的。

说中文的时候，我们可以省字，但音是不能省的，因为发音的省略会带来理解的障碍。例如，如果我们把汉语拼音的韵母 in 念成 i，“银发”就变成了“一发”。这种发音方法不符合中文的发音规则。但在英语中，省略单词结尾辅音的现象很常见。下面这个词组中第一个单词的结尾辅音（下划线处）就因为英语省音规则而消失了，大家能猜出这个词组的意思吗？

/bæ_/ the ball up

答案揭晓！第一种可能：bag the ball up（用袋子把球装起来）；第二种可能：bat the ball up（用手把球往上打）。我承认：在常速、快速发音的时候，这两个词组的发音是一样的；如果要分清这两个词组，确实需要上下文的帮助。“把‘银发’念成‘一发’”和“只能通过上下文分辨 bag 和 bat”这两种情况应该都给理解带来了困难，但我个人觉得中文省音带来的困扰应该更大一些。这点没有定论，大家怎么想都可以，但从两种语言的发音规则上讲，中文不能省音，英语则可以。

英语发音可以省音，也经常省音；这给英语发音学习者和使用者带来了麻烦：要想听懂，要么熟悉，要么反应快。“熟悉”就是“当下的表达你听过（很多遍）”，所以怎么念都不影响理解。不过，交流内容是随机的，我们不可能熟悉所有别人还没说出的话。这样一来，在绝大多数情况下，大家的救命稻草就是根据上下文判断“哪个单词省掉了什么音”。大家不要绝望，我带来了两个好消息。

第一个好消息是：在学习英语（发音）的过程中，大家听到的表达会越来越多，耳熟能详的概率也就自然增大了。第二个好消息是：英语中的省音有一定的规则；省音规律可以减少对上下文的依赖，提高交流效率。各种省音规则有一个共同的条件：只有常速、快速发音的时候，省音规则才有效；如果需要慢慢读，那么请读好每一个单词的每一个音，一个音也别省！

5.2.2 省音一：[-爆破音]+爆破音-

和连音相同，省音也发生在两个连续朗读的单词的衔接处，不过，前词尾音、后词起始音都有可能被省略。本节将继续沿用“-”标注尾音或起始音，同时使用“[ ]”表示其标注的音完全被省略。

第一种省音情况是：前词以爆破音结尾，后词以爆破音开头，前词的尾音可完全省略；常速发音时，两词之间可以不加停顿。这种省略完全是为了方便发音。爆破音共有6个：/t/、/d/、/k/、/g/、/p/、/b/；这6个音的共同特点是：发音时都有气流冲破发音器官形成的阻碍。这样的发音特点势必消耗维系发音的气流。再加上后词以爆破音开始，气流的消耗会变得更大。在这种情况下，前词结尾的爆破音就不念了，例如：Red Cross会被读作Re[d] Cross；cheap books会被念作chea[p] books。

“省略爆破音”就省下了气息，达到了方便发音的目的。如果发音速度不是很快，前后两词之间就可能会有一个极为微小的停顿，为前词结尾的辅音留出了发音时间，但在这段时间里并没有发音。而在常速发音中，这个“留白”也会被去掉。大家可以感受一下，是不是省音的读法更便于发音呢？

5.2.3 省音二：(-爆破音)+摩擦音-或破擦音-

标题中的“[ ]”被“( )”代替，表示其标注的音可能会有轻微的发音，或在语速较快的情况下会被完全省略。摩擦音共有8个：/s/、/z/、/ʃ/、/ʒ/、/f/、/v/、/θ/、/ð/；破擦音有2个：/tʃ/和/dʒ/。

在red chairs和chic friends这两个词组中，前词red和chic以爆破音结尾，后词chairs以破擦音开头、friends以摩擦音开头；此时，前词爆破尾音可以被省略。不过这种省音和第一种情况有些区别，现以 red chairs 这个词组举例说明。 如果将re[d] chairs 和 re(d) chairs 两种读法进行比较，也就是比较“完全不念/d/音”和“念出轻微爆破效果”这两种读法，大家可能会觉得第二种读法更加自然一些。

之所以稍微念出前词结尾爆破音比较自然是因为：爆破产生的气流有利于其后摩擦音的形成；这种情况在 chic friends 这个词组中表现得更加明显。 这样一来，前词结尾的爆破音就“可念可不念”了；而“到底念不念”的决定因素依旧是速度——在发音水平不变的情况下，少念一个音就能念得更快一点。

5.2.4 省音三：(-爆破音)* +舌边音-或鼻音-

第三种省音发生的条件是：以前词爆破音结尾，后词以舌侧音（/l/）或鼻音（/n/、/m/、/ŋ/）开始；此时，爆破音在舌边音或鼻音的发音过程中完成爆破，以“（ ）* ”标注，例如，a red nose 和 some cheap lettuce 都是这种省音规则的例子。

为了更好地理解这种省音，大家可以先看一下 garden 这个单词的发音：/ˈgɑːdn/。schwa 音作为角标出现是指此音可以忽略不念；这样一来，/dn/就是一个可以拼读的音节了；同理，little 这个单词中会有/tl/音节的发音。 如果这两个音节的发音让大家觉得有难度，请大家使用 LPD3 检索两词的发音，反复播放，多多模仿。 请读者注意：当前这个省音规则不是指 schwa 音被去掉，而是说/dn/和/tl/这两个音节的拼读涉及省音。

在常速发音中，/dn/和/tl/这两个音节中的爆破音都在其后的鼻音或舌侧音发音过程中完成，分别完成“鼻腔爆破”和“舌侧爆破”。 这两种现象的本质是“连音”，但考虑到发音过程中“合二为一”的操作，这种现象可作为一条省音规则列出，特此说明。 如果把/dn/和/tl/这两个音节中的两个音位分别放在前词结尾和后词的起始位置，我们就创造了本规则标题中的省音环境。 不过，根据我的教学经验，很多国人在此处会抱有一种不健康的学习态度。

当提及“鼻腔爆破”和“舌侧爆破”这两个概念的时候，大家是不是像找到了“武功秘籍”而两眼放光？ 大家是不是希望赶快学会这些技能，以便让自己的发音更加接近“地道”的英语？ 这是一种本末倒置的想法。“因为这么念，所以有了上述的总结”才是正确的逻辑。 特别是处于发音学习初级阶段的国人，完全可以在上述音节中还原由于“鼻腔爆破”或“舌侧爆破”而省略的 schwa 音，在熟练发音的基础上逐渐缩短直至完全去除 schwa 音。 这样的操作才是合理的。

这种省音，即“鼻腔爆破”和“舌侧爆破”的念法很简单：在鼻音、舌边音的发音位置保持口型，并完成其前爆破音的爆破过程。这里有三个要点：第一，发音器官形态不变，始终保持在相应的鼻音、舌边音的形态；第二，气流充足以保证“喷薄而出”的爆破感；第三，喷薄的气流从鼻腔、舌侧流出，而不经过正常的气流通道，顺舌面流出口腔。

如果做到了以上三点，大家就“练成了高深的武功”；如果依旧“出手平凡”，那就说明大家还没有把三个要领全部掌握并执行。就此，我没有更多的“心法”可以传递，因为基础决定了学习的效果——大家是否掌握了音的口型、舌位？爆破气流又是否足够充沛呢？

5.2.5 省音四：/-s[t]/或/-ʃ[t]/或/-tʃ[t]/+（/h/和/j/之外的）辅音-

标题有些复杂，简化如下：前词以/st/、/ʃt/、/tʃt/辅音组合结尾，后词以/h/和/j/之外的辅音开头，前词结尾的/t/音完全省略，且完全没必要留出任何停顿或发音间隙。例如，best friends，washed clothes，watched movies 可以读作：“bes friend”“wash clothes”和“watch movies”。这种省音完全是出于方便发音的考虑：/st/、/ʃt/和/tʃt/这 3 个音都包含两个十分消耗气流的音位，因此省略/t/音的做法是合理的。

由于这个省音规则，听者确实可能无法捕捉过去式等信息，此时根据上下文及相关语境进行合理推断是无法避免的。

5.2.6 省音五：/–(ə)–/

在 interesting 和 vegetable 两词中都有可以极度弱化直至消失的/ə/音。这种现象一般发生在比较长的单词中，去掉发音轻快的/ə/音不会造成理解上的困难。在美式发音中，perhaps、tonight 和 collective 这 3 个词中的/ə/音也经常被省略，分别被念作：/pˈhæps/、/tˈnaɪt/和/kˈlektɪv/。当然，常速或快速发音是上述所有省略的必要条件。

重要提示如下：初学者慎用此省音规则；随着发音经验的积累，为顺应发音提速的需要，大家的发音实践自然会向这个规则靠拢。初学者强求此种省音效果会导致“习惯性音节弱化”，甚至误读。

5.2.7 省音六：弱式发音中的省音

不知道大家是否意识到了：弱式发音通常是省音的结果。例如，her 的弱式发音可以是/ɜː/或/ə/；在词组 11th of May 中 of 的弱式发音可以是/v/（此现象多见于美式发音）。此类例子很多，如需研究确认，请查看第 4 章中对“弱式发音”的相关讲解。

总结

省音，作为发音的规律，是发音实践的总结，是英语发音更加轻松自然的要求。与“熟记省音规则”相比，良好的音标基础和拼读能力更为重要。在进行省音练习的初期，大家可以也应该在文稿中进行必要的标注。这样的操作可以调动多种感官，有助于养成适当省音的习惯。

最后请大家牢记：不管是省音，还是上一节中详述的连音，都以“常速、快速”为前提条件；省也好、连也罢，不是人为的规定，而是在一定条件下发音操作的习惯及其总结。

答案及解析

练习题 1： 下列选项哪个不是发音时省音的根本原因？

☐ 发音规定　☐ 发音提速　☐ 发音追求连贯

答案及解析：发音规定；请查看本节相关内容进行确认。

练习题 2： 当前词尾音及后词起始音均为爆破音时，哪个爆破音在常速朗读过程中不发音？

☐ 前词尾音　☐ 后词起始音

答案及解析：前词尾音；请查看本节相关内容进行确认。

练习题 3： 对“省音”的认识或态度不应该包括下列哪一项？

☐ 省音是朗读中的自然现象　☐ 有能力者为之

☐ 把省音作为练习方向　☐ 省音不是发音中的强制性规则

答案及解析：把省音作为练习方向；请查看本节相关内容进行确认。

第 6 章

端倪已现——句子

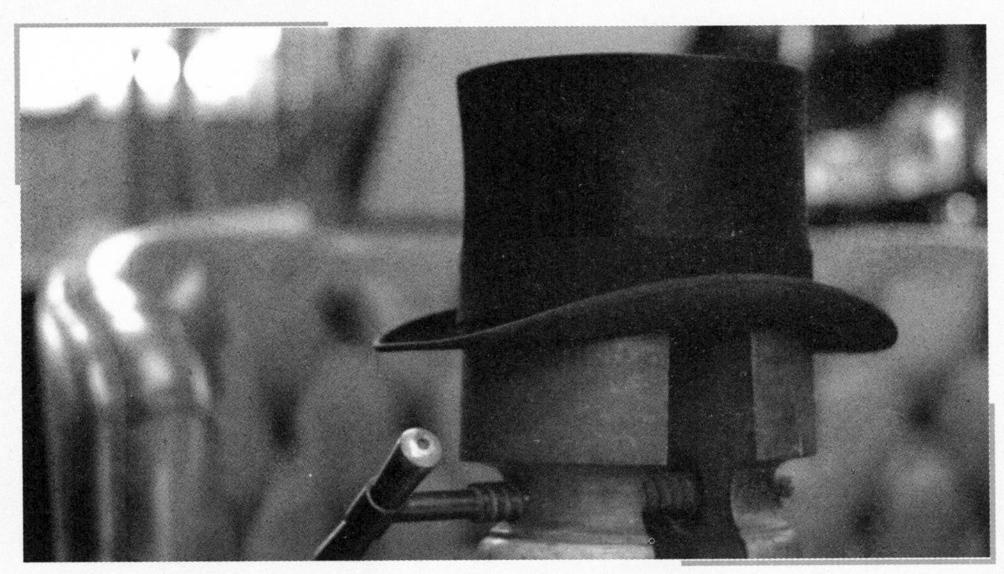

章节总览

我从来没有想过高贵典雅的绅士帽是怎么制作出来的；如果没有看过本章开篇的图片，我也不能把绅士帽和略显粗糙的定型设备联系起来。这也给了读者一个启示：要想练好发音，也是需要承压“定型”的。

本章将进行句子发音的讲解，而下列具体内容将为句子的发音“定型”：

- 句重音及其选择
- 句子朗读的连与断
- 英语节奏与重音计时
- 句子语调

虽然我们的主题是转瞬即逝的发音，但本书一直在秉持“明事理、可操作”的原则——没有什么讲不清楚；按照本书的要求反复练习就有效果。上述 4 项内容就像 4 级台阶，每上一级台阶，大家就过了一关，就向良好的英语发音又迈近了一步。但需要提醒读者的是：只有按顺序完成本章 4 节的阅读和学习，你才会有收获。

与其无数次感叹：“我的句子念出来就是没有那种味道”，还不如随本书一起研究一下“那种味道”的组成。如果元素种类齐全、配比无误，收获“那种味道”就是顺理成章的事情。你准备好了吗?

6.1 句重音及其选择

“蹦擦擦，蹦擦擦……”是交谊舞节拍的口令：“蹦”对应的是强拍，动作比较大；“擦”是弱拍，动作比较小；1 组“蹦擦擦”是 1 节，往复循环就形成了交谊舞三步的节奏。我不是想讲授交谊舞，只是希望大家能够对强、弱有一个更加生活化、更加活泼的概念。其实有节奏、分轻重的事情很多，英语发音就是其中之一，只是句子中的轻重不像“蹦擦擦”这么直观。本节的目标就是帮助大家锁定句子中的“蹦”和“擦”。

☑ 自测

练习题 1： 为什么要重读？

□ 方便发音　□ 提高语速　□ 传递信息　□ 增强美感

练习题 2： 下列哪种操作不能完成重读？

□ 用力　□ 提速　□ 提高音高　□ 降速

练习题 3： 确定句重音的第一步是什么？

□ 找到单词重音　□ 锁定实词　□ 慢速朗读

练习题 4： “从理论上讲，句中任何一个单词都有被重读的可能性”这种说法正确吗？

□ yes　□ no

6.1.1 重音概念复习

简而言之，A 音比 B 音听起来更响亮，A 就是重音，发 A 音的过程就是重读。在英语重读发音教学过程中，我收集了一些常见问题，在此一一解答如下：

1. 问：为什么有重音？为什么要重读？

   答：这两个问题其实是一个问题；重音或重读的意义是：区分并清晰传递重要信息。

2. 问：我怎么表现出、判断出 A 音比 B 音重？

   答：作为发音者，用力发音、放慢语速，都可以达到重读具体音节的目的；作为听者，找出话语中带有上述特征的音节或单词即可分辨重音。

3. 问：重音有没有一个绝对标准，例如多少分贝算作重音，喊到什么程度算作重读？

   答：没有，也不应该有，因为轻重的差别只能在对比中体现。也就是说，如果只是一个音，就算大家喊破嗓子，也不能确认大家在重读，因为不知道大家怎样念别的音。

4. 问：中文发音有重音这种现象吗？

   答：中文发音也有重音现象，例如问题中的“中文”和“重音”两词就应该被重读。大家“没觉得这两个词被重读了”，是因为大家中文说得溜，对重读等细节习以为常。

5. 问：我的发音“没有那种味道”，这与英语重音、重读有关吗？

答：因为声音相对难以捕捉，重音等发音要素经常被忽略。英语发音“没有那种味道”最重要的原因（之一）就是：朗读者忽略了英语中重读音节的表现。

6.1.2 什么是句重音

相对于有明确规定的单词重音，句重音的选择会让大家有些困惑：重读固然重要，但一个句子有那么多单词和音节，到底要重读什么呢？原则很简单：句中实词的重读音节就是句重音。所谓实词，就是有实际意义的词。一般来说，实词包括名词、动词、形容词、副词和数词；实词之外的词，例如代词、介词、冠词、助动词等就是虚词（或“功能词”）。我们先来看一个句子：

Sarah Perry was a dedicated hospital nurse.

上句中的实词有 5 个：Sarah，Perry，dedicated，hospital，nurse。这些单词都有实际的意义，都在传递重要信息：主人公的全名、具体工作和工作态度。这就是实词的重要性；这也是选择实词进行重读的原因。如果我们把这些词中的重读音节的字号放大，我们就会得到下面这个句子：

Sarah **Per**ry was a **de**dicated **hos**pital **nurse**.

我了解读者，大家也不用问了，我擅长“双簧”：

1. 问：为什么前两个重读音节都要带上 r 这个字母？为什么 nurse 整个音节都要重读？

   答：基础知识的重要性显示出来了吧？请回看音节划分相关章节。

2. 问：这句话只重读 dedicated 不可以吗？

   答：可以，也不可以。如果这句话是重复别人的话，并强调 dedicated 这个概念，只重读 dedicated 是没问题的。但是，如果这句话的上下文不存在，那么这句话的句重音就不止 dedicated 这个单词或这个单词的起始音节了。

3. 问：有些讲解发音的图书认为重读有三个级别，“最重一重读一不重读”，这里怎么只有两个级别？

   答：请见下文。

本书有三个目的：第一，扫盲，说清楚冠名混乱、理解困难或有误的那些英语发音概念；第二，纠正，帮助国人修正受母语影响而形成的英语发音问题；第三，提高，让国人的英语发音学习稳步提高，最终达到准母语发音的水平。问题C中提到的“三个重读级别”与第三个目的相关，但必须以第二个目的顺利达成为基础——搞定两个级别之后再挑战第三个级别，因为大多数英语学习者还在不分轻重音的层次打转……

选择实词中的重读音节进行重读是“常规重读”；因为一般来讲，重要信息通过实词传递，所以我们强调实词及其重读音节就可以了。那么，“不一般”的情况又有哪些呢？

6.1.3 逻辑重音

“常规重读”有一定的规则，利用常规重读方法处理一般表达是可以的，但语言灵活生动，确实会有一些特殊情况。例如下面这句话，只有4个字，却可以表达4种不同的意思：

我是老张。——有人认错了人，我急忙澄清。

我是老张。——有人怀疑我的身份，我严肃声明。

我是老张。——二十几岁的学生叫我“小张”，我强调基本礼仪。

我是老张。——有人弄错了我的姓氏，我进行更正。

上面这种“想强调什么就强调什么”的重读方法就是“逻辑重音”。虽然我无法否认逻辑重音的自由度，但我质疑大家重音选择的准确性。根据我的观察，很多时候大家并不清楚自己要说什么，这样一来，锁定关键信息字词，然后将其重读根本无法实施。虽然读出重音效果是发音的事情，但找准重音需要依靠表达能力和语文能力，而这些能力和语种无关。

此时，大家想想自己念英文的时候有过必要的重音考虑吗？大家是不是拿起文稿就念，恨不得快点念完收工？如果不能完全理解朗读的内容，大家或许能找到常规重音，但要想确认逻辑重音就困难了。

逻辑重音的随机性

原句：Sarah Perry was a dedicated hospital nurse.

改写：Sandra Peake is a sophisticated clinic doctor.

根据“内容基本对应，发音尽量相似”的原则，我把本节使用的例句原句进行了如上改写。我这样做是想告诉读者：除了 a 这个词之外，把原句中任何词替换为改写句中对应位置的单词之后，原句的意思都会发生改变。请读者思考下面这个问题：如果原句中的某词在上文中已经和改写句中的对应单词混淆了，你再念例句原句的时候，你又将如何朗读原句中的这个单词呢？

此时，读者对逻辑重音的理解应该更加深刻了：只要讲得通，想强调什么都是可以的。下面我会用例句原句中 was 的重读来讲解逻辑重音的操作。如果我们强调“Sarah Perry 尽职尽责是过去的事”，也就是我们希望委婉地表达“现在的 Sarah 不那么用心工作了”的时候，我们会这样朗读：

1. Sarah Perry was a dedicated hospital nurse.
2. Sarah Perry was a dedicated hospital nurse.

这两种念法没有本质的区别，都在强调 was 这个词，以表达“不再用心工作”这个信息。如果大家有能力，大家当然可以把 was 之外的信息再次区分轻重关系，这样就形成了前文提到的“三个重读级别”。请读者根据自身的水平选择重读方式，切忌好高骛远。

对弱式为常态的单词重读

在本节中，我提到了“实词”和“虚词”两个概念。“虚词”和“弱式为常态的单词”这两个集合重叠的比例很高——虚词常以弱式发音的形式出现。这就导致大家认为虚词不应该重读、读不出虚词的强式（重音）形式。请看下面的例句：

I said I needed a pen. Why did you bring me 10?!

（我说我就要“1”支钢笔，你怎么给我拿来了 10 支钢笔？）

当然，上面例句中的 a 可以用 one 来代替，但不是强制性的，因为 a 确实比 one 容易念，而且最初的请求也应该用 a。重读念法也简单：使用 a 的强式发音/eɪ/，并适当用力发音、延长朗读时间就可以了。

6.1.4 句子重读音节的比例

在句子中，重读音节所占比例是多少呢？ 这是一个很难回答的问题，因为“句句不同”，而且单词长短不一、所含音节数量各异。 如果真的有这个比例，大家在确认句子重音的时候就会有一个参照，同时大家也能更加清晰地意识到个人发音的问题。 下面，我将继续使用之前章节引用过的由 Norvig 发布的语料调查数据，为大家估算句子重读音节的比例。

A. 虚词作为实词统计时，所有重复在用词汇重读音节比例：50%

在 Norvig 使用的 23GB 语料库中，将重复出现的词汇纳入统计后，单词的平均长度为 4.79 个字母，根据音节构成规则，这些单词平均含有 2 个音节。 因此，重读音节的比例是 1/2，也就是 50%。 但 50%这个数据包含“虚词作为实词统计”的结果，所以此数据要减去“非重读虚词的音节比例”，才能得出句重音音节所占比例。

B. 所有重复在用的非重读虚词音节比例：19.3%

第 4 章第 2 节中表格的数据统计显示：反复出现的词汇全部计入统计后得出的频率最高的 50 词及其词频。 除去没有弱式发音的 7 词，再除去弱式发音不常用的 9 词，剩余 34 词总词频为 32.3%，且这 34 词均为单音节虚词。 由于 32.3%这个数据是“词频”，而不是“音节频率”，我们需要利用单词平均音节数 2 进行如下计算：32.3%/[(1-32.3%)×2+32.3%×1]=19.3%

C. 所有重复在用词汇重读音节比例：50%-19.3%=30.7%

下面的句子是英国女王 2018 新年致辞中的第一句话，加大字号的音节需要重读。 我列举此句有两个用意：提供句重读的标注实例；验证上述推算结果。

Sixty years ago today, a young woman spoke about the speed of technological change as she presented the first television broadcast of its kind. She described the moment as a landmark.

上句音节总数为 49，其中重读和非重读音节分别为 18 和 31；句中重读音节比例为 36.7%。 这个数据与上文的理论估算数值 30.7%还是比较接近的。 至此，“句中重读音节比例为三至四成”是稳妥的论断。 这样说来，如果忽略句中三至四成的重读音节，或重读不到位，句子就无法入耳了。

6.1.5 句重读练习

句重音选择至关重要，为了帮助读者巩固本节的重点，我为大家准备了一个“锁定句重音”的练习。请大家按照步骤（1. 确认实词；2. 确认实词中的重读音节），先自行操作，然后再根据所提供的答案进行核对。练习句如下：

Sarah Perry was a veterinary nurse who had been working daily at an old zoo in a deserted district of the territory.

总结

句重音的选择对于即将在本章第 3 节详解的“英语节奏”至关重要。句重音的难点不是“念不好”而是“选不准”。但是，在养成审慎阅句的良好习惯之后，选重音的难度将大大降低；就算因为某些原因，重音选得不是那么准确，但只要把这些选出的重音读出来，大家英语发音的“味道”一定会越来越纯正！

答案及解析

练习题 1： 为什么要重读？

□ 方便发音　□ 提高语速　□ 传递信息　□ 增强美感

答案及解析：传递信息；请查看本节相关内容。

练习题 2： 下列哪种操作不能完成重读？

□ 用力　□ 提速　□ 提高音高　□ 降速

答案及解析：提速；请查看本节相关内容。

练习题 3： 确定句重音的第一步是什么？

□ 找到单词重音　□ 锁定实词　□ 慢速朗读

答案及解析：锁定实词；请查看本节相关内容。

练习题 4： “从理论上讲，句中任何一个单词都有被重读的可能性”这种说法正确吗？

□ yes　□ no

答案及解析：yes；请查看本节相关内容。

练习答案

1. 确认实词（以下划线标注）

Sarah Perry was a veterinary nurse who had been working daily at an old zoo in a deserted district of the territory.

2. 确认实词中的重读音节（以下划线标注）

Sarah Perry was a veterinary nurse who had been working daily at an old zoo in a deserted district of the territory.

6.2 句子的“连”与“断”

我在之前的章节中为读者讲解了发音延续、停顿留白等内容。本节将继续这个方面的讨论，同时引入“连贯话语”这个概念，为“连与断”提供更大的操作空间。此外，我会详细解答读者最关心的问题——“如何完成句子的‘连’与‘断’才能让发音变得地道”。

自测

练习题 1：在发音中，连贯与停顿的关系是什么？

□ 泾渭分明　□ 相互矛盾　□ 相反相成

练习题 2：朗读速度快与朗读连贯的关系是什么？

□ 成正比　□ 无确定关系　□ 成反比

练习题 3：意群划分的方法唯一吗？

□ 唯一　□ 不唯一

练习题 4：句子朗读中的停顿时长固定吗？

□ yes　□ no

练习题 5：停顿之前的最后一个词一定要用降调发音吗？

□ yes　□ no

6.2.1 连贯话语

“连贯话语”即语音专业术语 connected speech；简而言之：连起来（connected）说的话（speech）。“连续语言”“连贯发音”“连贯演讲”等说法大同小异，都对应 connected speech 这个概念。但不管怎么翻译，这个概念强调的都是：顺畅的发音或说话；小到词组、句子，大到段落、篇章的发言或朗读都算“连贯话语”。

6.2.2 “连”与“断”的意义

连贯话语概念本身就规定了“连”；说话连贯可以确保交流的效率，因为“字字珠玑”只是理想状态。但是，人活着就要呼吸，而且朗读需要气息的支持，“断”开话语，呼吸换气无法避免。此外，连贯表达会造成发音器官疲劳，导致口误，“忙中出错”就是这个道理。从听者的角度讲，接收并处理话语中的信息也需要时间，话语中的适当停顿可以确保交流的质量。

因为“连”和“断”缺一不可，所以连贯话语很难：我们需要通过“连”和“断”两种相反的操作来平衡交流的效率和质量。尽管大家都会说话，但能把话说好的人不多。“连”与“断”的作用在中文和英语中是相同的。我们先来看看中文例句。为了强调“连”与“断”的重要性，句内标点全部省略。

下雨天留客天天留我不留。

上面这句话有如下 6 种解释。我从来不怀疑中文的博大精深，但我是真的没想到这个句子可以有这么多种“连断”方案。当然，语气和角色变化也导致一句多解，但角色语气的变化不也出自“连断”处理的差异吗？

(一)下雨天留客，天留，我不留。（主人独白；拒绝客人借宿请求）
(二)下雨天留客，天留我？不留。（客人独白；客人无意投宿）
(三)下雨天留客，天留我不？留。（客人独白；认为留宿是天意）
(四)下雨天，留客天，留我？不留。（主客对话；主人拒绝借宿请求）
(五)下雨天，留客天，留我不？留。（主客对话；主人同意借宿请求）
(六)下雨天，留客天，留我不留？（客人向主人询问可否借宿）

虽然英文句子通常不会如此“一句多解”，但不恰当的停顿也会给理解带来不必要的麻烦。下面的图片是我的学员完成的句子分析，第一行是原句，下面的内容是她对句子结构的细分。

And I still have a ways to go on that count

动词不定式　　ways的定语从句

ways: parts into which something divides or is divided.

部分

to go on: to continue 继续做

count: be significant 有意义.重要.

翻译：并且我还有一个需要继续(研究)的.重要的部分.

如句中方框所示，这名学员在 to go on 和 that count 之间加上了停顿，但这种断句方法是错误的。正确的停顿应该加在 go 和 on 之间；have a ways 是个口语化的词组，意思是 have a long way；on that count 的意思是“在那个（前文提到的）方面”。所以这个句子的译文是：我在那个方面还需要长足的进步。

根据上面两个例子，我们可以看出“连”与“断”之间的微妙关系，更体会到了“连”与“断”的重要性——哪里连，哪里就不能断，反之亦然；不管哪里连、哪里断，都是为了准确、高效地传递信息。

6.2.3　如何“连”

了解“连”与“断”的重要性之后，再加上对连贯朗读的追求，大家现在一定很想学习“连”与“断”的操作方法。下面我将分别详解“连”与“断”的操作方法及注意事项。我们先说“连”。

“连”是“一口气”

请读者回忆一下“枪械和流水”的类比。英语发音中的“连”强调的是“用一口气说完长短合适的话”，而“快”则是“力争用最短的时间说完固定长度的内容”。大家要想做到发音连贯，就必须按顺序、高质量地完成以下步骤：

A. 呼吸准备：在发音（练习）之前，大家要深呼气，然后吸气，吸气量为肺活量的八成左右即可，以保证体内气息充盈，但没有因气息饱胀而形成的压迫感。

B. 念“啊”：在吸气、屏息之后，持续念“啊”字，做到“声音稳定持续且清晰可辨”。我的成绩是 30 秒，且技术要求达标。

C. 乱念：重新进行 A 步骤中的呼吸准备，然后持续念“啊”字，但这次一定要变换口型、运动舌头。在保证气流延续的前提下，大家可以随便“乱动”口型和舌位，而且越乱越好，最好发出高低不等的声音。不要担心声音怪异，声音越不规律越好。当然，如果完成了此步骤中的所有要求，大家念的可能就不是“啊”了。没关系！这正是练习的目的。

D. 连续乱念：不管大家每次“乱念”能坚持多久，在一轮乱念之后就要以最快的速度调整呼吸，继续下一轮“乱念”。连续练习 3 分钟后可休息片刻；如有必要，可再进行 1 次 3 分钟的练习。

E. 固化：重复以上 4 个步骤，每日练习的次数越多越好，持续练习 3 天。提醒练习者：在此过程中一定不要进行任何英语词组、句子和段落的朗读练习。

F. 套用：在呼吸准备好了（A 步骤），理解了气息延续（B 步骤），适应了在气息延续的过程中调整口型和舌位以做好念不同音节和单词的准备（C 步骤）之后，大家就可以进行句子的朗读了，一定要做到“不见标点不换气”，把 D 步骤的练习经验和发音感觉移植到句子朗读的操作之中。

预读机制

如果只为电脑升级处理器（CPU）而不加大内存的话，电脑就不会明显提速，因为就算电脑的运算能力加强了，但硬盘转速有限，仍无法实时提取足够的数据交付处理器进行运算。此时，内存（RAM）就发挥作用了：经常使用的数据（例如打开过的程序、复制的内容等）会存储到运行速度和电流速度相仿的内存中，随时为 CPU 提供可算的数据。这样，电脑的运行速度就提升了。（应用固态硬盘的电脑运行速度会有很大的提升，但其本质仍然是突破了硬盘读写速度的“瓶颈”。）

如果把连贯话语的发音与电脑升级原理进行类比的话，“一口气”就是 CPU，“文字预读”就是 RAM。

练好了“一口气”，大家就有了延长发音气息的能力，“念什么”就变成了首要问题，这就是原本具有连贯发音能力的国人说英语时听起来“很卡”的根本原因之一：不是不能连着念，而是大家没有可以用来连着念的内容。因此，大家需要“眼睛比嘴快”，也就是：在进行句中某个单词的发音时，目光后移并辨识后续单词、在记忆中提取单词发音，为连贯发音储备必要的内容——这就是“预读”。

预读是一种新技能，需要一个适应的过程。请大家在练习预读的过程中稍稍拉长每个单词的发音，为预读留出足够的时间。同时，预读也是一种很容易养成的习惯，用不了多久大家就能够养成这种“做起来一心二用、感觉有点累，但操作效果很好”的习惯了。

降调相关

中文每个字都有其固定声调，所以以中文为母语的国人面对英语句子的时候会很困惑：我应该读什么调呢？由于降调是一种听起来相对稳定、给人完结感的调子，所以大家在读句子的时候，经常使用不合时宜的降调，读出“一词一顿”的感觉。

正因为降调表示完结，所以“不见句号不降调”可以确保发音连贯。“除了降调还有3种调子，应该用哪种呢？”这个问题合乎逻辑，但没有大家想要的确定答案：只要不用降调，大家随意即可。不是我不负责任，因为“随意”只是可能导致“念得不美”，而降调会影响理解。

衔接速度

> That can engender many conflicting emotions, || perhaps the most common of which, and the most likely therefore to damage a relationship, || are anger and jealousy.

确实有些人（甚至包括母语使用者）在朗读长句的过程中，在不是句号的标点处使用降调，例如上面例句中双竖线标注的位置。但大家没注意到的是：此时的降调是“低降调”（记不清这个概念的读者，请回看第2章第3节），同时压缩换气的过程，利用“偷气”（极快速换气）的方法减少了降调带来的完结感，以求连贯发音的听感。

“衔接速度”这个知识点的类别有点模糊：不管是“低降调”还是“偷气”，都意味着停顿的发生，也就是说朗读“断了”。不过大家可以这样考虑：这种停顿是无奈之举，是为了更好地“连”做出的妥协。所以我仍然把这种现象的本质确定为“连”。

6.2.4 如何“断”

“断”就是停顿，但远不止“闭上嘴、不出声”那么简单，想必读者对此已深刻认同。在此，我还是要谈一下“停顿时长”这个问题。我无法明确停顿的具体时长，但我可以告诉大家各种停顿的时长对比关系：句号的停顿=叹号的停顿=问号的停顿>分号的停顿>逗号的停顿>无标点的停顿。这种对比关系仅在同一句、段、篇的朗读中有效，因为不同体裁、不同作品都可能导致标点停顿的处理差异。此外，“在哪里断”是更基础的问题。

意群

一个句子即使再简单，也是由数量不等的信息构成的。不管“谁”“做了什么”，或者“谁”“是怎样的”，其中的人和事或者事情的来龙去脉都是被句子串起来的“不同意思”，这些“意思”对应的单词、词组甚至句子（或从句）就是“意群”。例如，我的学员遇上困难的那句话中“on that count”就是一个意群。意群分割不当会给交流带来困难。关于意群，我再给大家举一个例子。

> One knows much less | than one thinks one does || about what is good for one's beloved.

这句话的译文是：人们对自己爱人需求的了解，远远低于自己想象的程度。句中单竖线处“可断”；双竖线处“最好停顿换气”。断不断要看整体朗读速度，以及停顿在整句中的位置——“可断”是因为意群较小；“最好停顿换气”是因为意群在此更迭，且双竖线出现的位置大约在句子中间。不管两处停顿长短是否一样，单竖线处到底做不做“断”的处理，意群划分的结果都不受影响。

意群划分没有按图索骥的步骤或指南。当然，介词短语、从句等相对独立的结构可以充当不同层次的意群，但准确的意群划分是建立在理解句意的基础之上的。所以，除了“练习、比较、查询、修正”这些具体且烦琐的步骤之外，没有更好的办法。安慰读者一下：我现在可以边念句子边划分意群，而且还能确保正确，正是因为我在以往的练习过程中恪守了上述那些“烦琐的步骤”。

强调与标点

> One solution to such problems in life | might well be to spend time,

||as a couple, || with others.

虽然“清晰”表达不一定需要一字一断，但适当的停顿确实能够突出内容，起到强调的作用。例如上面的例句，和前面的例句一样，单竖线处的停顿为可选，双竖线处的停顿最好做到，因为这是作者的意图——用逗号隔开原本相对独立的结构，以强调对“花时间”（spend time）这个动作的限定：“双方同时出席”（as a couple）、“与他人交际”（with others）。当然，双竖线处的停顿需要语调的配合。

这里顺便谈一下标点和停顿的关系。很多英语发音学习者是“看不起”标点的，因为看文章的时候大家基本上会忽略默默无闻的标点。但“默默无闻”不是“无足轻重”，还记得“下雨天”那句话吗？发音者要“心系听者”——不管是手上有稿，还是口中有词，发音者都是心里有数的，但听众却被蒙在鼓里，只能等着发音者来发布信息。因此，发音者要“说出标点”，也就是用适当的停顿，给听者划分意群的提示，让听者有接收信息的时间。对身处英语学习初级、中级阶段的国人来讲，根据标点进行停顿是最稳妥的做法。

卷土重来

> As with the idea (|) that love is unconditional, the thought (|) that love is wholly selfless can lead to self-reproach and frustration, || especially if you are confronting problems in a relationship.

上面例句中以下划线标注的部分都是同位语从句，分别定义其前的 idea 和 thought。一般来讲，朗读同位语从句的时候不要断开互为同位语的两个部分，这就是我为竖线加上括号的原因。如果一定要断句的话，请大家在单竖线标注的位置停顿。注意：一定不要使用降调来完成 idea 和 thought（即：待解释的名词）的发音，并尽量缩短在单竖线处的停顿。

下面进入正题，我解释一下“卷土重来”。上面这个句子很长；同位语从句最好连贯朗读；在句中第一个逗号（划分 the idea 和 the thought 这两个并列的概念）处，停顿不宜过长。为了充分换气，我们只能把目光转向第二个逗号的位置。这个位置看起来并不是理想的“喘息之机”：especially if 引导条件从句，对主句进行了限定。但此处，也就是双竖线标注的位置正是最合理的换气位置：以相对充足的气流完成限定条件的发音；在增加句子层次感的同时，尽量减少复杂的句意给听者带来的压力。

换气则断

不管动作多么轻短，只要换气就是“断”。正因为此，朗读者一定要把握适当的时机停顿换气，因为换气不及时就会憋气，就不能确保在合适的位置停顿，进而影响听者的理解。请读者认真体会“这口气”的重要性。

6.2.5 “连断”实例讲解

Sarah Perry was a veterinary nurse who had been working daily at an old zoo in a deserted district of the territory.

为了能够让大家理解“好的朗读是细节的叠加”这个道理，我将在此句中加上“连”与“断”的标注，让这个句子的发音变得更加“直观”。

“连断”的标记很简单：下划线标注的部分最好连续朗读。我使用“|”号标注停顿；随着停顿时间的延长、清晰表达中停顿必要性的增加，我可能会使用到“||”“|||”等标注。

Sarah Perry was a veterinary nurse || who had been working daily (|) at an old zoo in a deserted district of the territory. |||

主句、定语从句、定语从句中的地点状语是三个相对独立且不宜再细分的意群，分别以下划线标注；每个意群最好连贯朗读。双竖线将主句和从句分开，虽然停顿在整个句子中偏前的位置，但由于从句大部分内容为时间和地点状语，不宜在内部继续切分，故单竖线停顿加括号标注。

我自己试过：我能以“不快但连贯、停顿但不换气”的方式读完整句。相信大家在熟悉句子之后，也能做到。所以，是否停顿或是否在停顿处换气也是因朗读者而异的。但如果大家确实需要停顿换气，只能在合理的位置进行。结合上一节和本节中的知识点，例句可以用下面的形式展现，读这样的句子是不是很方便？

SarahPerrywasaveterinarynurse || whohadbeenworkingdaily |
atanoldzooinadeserteddistrictoftheterritory.

总结

“连”和“断”其实是一回事：朗读中某处停顿，就意味着要连贯朗读此处前后一定数量的内容。“连”和“断”都是确保发音顺畅、提高交流效率的必要手段。不管是“连”还是“断”，都应该有充足的理由——用最方便的说话方式传递最多、最清晰的内容。

答案及解析

练习题 1： 在发音中，连贯与停顿的关系是什么？

□ 泾渭分明　　□ 相互矛盾　　□ 相反相成

答案及解析：相反相成；详见本节相关内容。

练习题 2： 朗读速度快与朗读连贯的关系是什么？

□ 成正比　　□ 无确定关系　　□ 成反比

答案及解析：无确定关系；详见本节相关内容。

练习题 3： 意群划分的方法唯一吗？

□ 唯一　　□ 不唯一

答案及解析：不唯一；因为意群划分的细致程度不同，且朗读者的发音能力不同。

练习题 4： 句子朗读中的停顿时长固定吗？

□ yes　　□ no

答案及解析：no；详见本节相关内容。

练习题 5： 停顿之前的最后一个词一定要用降调发音吗？

□ yes　　□ no

答案及解析：no；详见本节相关内容。

6.3 英语节奏与计时方式

本节的中心内容“节奏与计时方式”是此前知识点的总和，所以本节是本书至此最重要的一节。

自测

练习题 1： 中文与英文重音选取的差异有多大？

□ 差异很大　　□ 差异小到可以忽略　　□ 根本没有差异

练习题 2：以下关于中文和英文朗读速度的说法哪项正确？

□ 同样字数英文快　　□ 同样字数中文快　　□ 视文本内容而定

练习题 3：英文朗读的速度和字数有什么关系？

□ 成反比　　□ 无确定关系　　□ 成正比

6.3.1 重音与节奏

声音有轻有重，前文提到的“蹦擦擦”就是三步舞曲中“重轻轻”组合的代名词；像“蹦擦擦”这种模式确定的轻重组合反复循环，就形成了节奏；“蹦擦擦”这种反复循环的单位被称作“节（拍）”。下面的示例都是节奏，各节之间以“|”分开。

重轻轻轻 | 重轻轻轻 | 重轻轻轻 | 重轻轻轻……

轻重轻 | 轻重轻 | 轻重轻 | 轻重轻……

重轻轻重轻 | 重轻轻重轻 | 重轻轻重轻 | 重轻轻重轻 | ……

6.3.2 中英文连贯话语重音差异

中英文发音有天壤之别，重音使用就是很明显的差异之一。虽然这种差异在字词层面已经显现出来了，但使用连贯话语进行分析可以放大这种差异。这就是把本节安排在句子（即连贯话语）这一章展示的目的。大家先看例子：

发音学习**十分**重要。

Learning pronunci**a**tion is **ve**ry im**port**ant.

这两句话表达的是相同的内容，中英文句子中需要强调的部分均突显标注了。读中文的时候，我们会重读“十分”这个词；而在英文中，需要重读/lɜːn/、/eɪ/、/ve/、/pɔːt/（pronunciation 一词中的次重音在连贯话语中一般不作为句重音）。如果把中英文连贯话语重读的模式调换一下，我们就会得到下面的朗读方法：

发音**学**习**十**分**重**要。

Learning pronunciation is **very** important.

是不是觉得用上面的重读模式朗读这两句话很别扭？大家之所以感觉“别扭”是因为：这两种语言的重读模式不同——英语的句重音数量更多一点。

6.3.3 中英文连贯话语节奏差异

中英文句重音数量不同会造成两个结果：第一，不管大家能不能察觉到，中英文连贯话语的“听感”是不同的。第二，母语为中文的国人掌握英语连贯话语中的重读有很大的困难，因为大家根本认识不到“原来英语句子中有这么多需要重读的音节”。如果大家不能把英语中的重音读全、读好，英语连贯话语中的节奏就无从谈起，大家的英语发音也就没有那种“味道”了。下面，我将分别讲解一下这两种语言发音中的节奏。

中文音节计时

我我我我**没**醉！ **我**我我我**还**、**还**可**以**以以以以以以**喝**！

上面这个句子生动地再现了“醉汉狂言”。字号越大，发音越重；重复的文字越多，某字发音时间越长。别看醉汉似醉非醒，但他会力争一口气说完一句话。醉汉之所以这么说话，是因为酒精对发音器官灵活性的作用更加外显：我们可能无法判断醉汉的头脑是否清晰，但我们听得出，他的发音器官已经不听使唤了。醉汉违背中文字音长短规律、拉长个别字的发音，是因为他下意识地知道：说话得连贯。但因为嘴不利索了或者需要时间思考下文，“给发音器官足够的反应时间”才合理，所以醉汉说话的时候会拖音。

在“醉汉狂言”这个例子中，“舌头不利索”是表象，“不符合中文发音节奏”是本质。在正常的中文发音中，这句话应该念成下面的这种形式：

我**没**醉！ 我**还**可以喝！

虽然“没”和“还”两个字以重音形式出现，但这两个字只是“说得响”，其发音时长并没有明显拉长，因此我们可以把每个字的发音时长当作“单位时长”，也就是“节（拍）”。这样一来，“中文发音的时长和字数成正比”这个论断是没有问题的；由于每个汉字都是1个音节，上面的论断可以改写为“中文发音的时长和音节数量成正比”，也就是“音节计时”。我加粗了需要重读的两个字，并用不同高度的方框来表示非重读音节和重读音节（方框更高）；方框的宽度为单位时长。上面的句子可图解如下：

我**没**醉我**还**可以喝

单位时长

英语重音计时

为了让大家找到英语发音节奏，并且清晰地体会到两种语言在节奏上的差异，我还用上面这个中文例句，但是会在句中每个字之后加上一个“了”字，把例句改编成：“我了没了醉了我了还了可了以了喝了”。在朗读的过程中大家会发现三个现象：

A．“了”字的发音很轻，并造成“‘了’字与非粗体字的发音轻重差异”大于“粗体字与非粗体字的发音轻重差异”。

B．“了”字虽然发音轻短，但其发音时长与其他字的音长相比没有明显的缩短。

C．在“了”字“轻短”的发音属性中，“轻”比“短”更为明显；因为“轻”，所以这个字念起来感觉“短”。

根据上述分析，插入“了”字的句子图解如下：

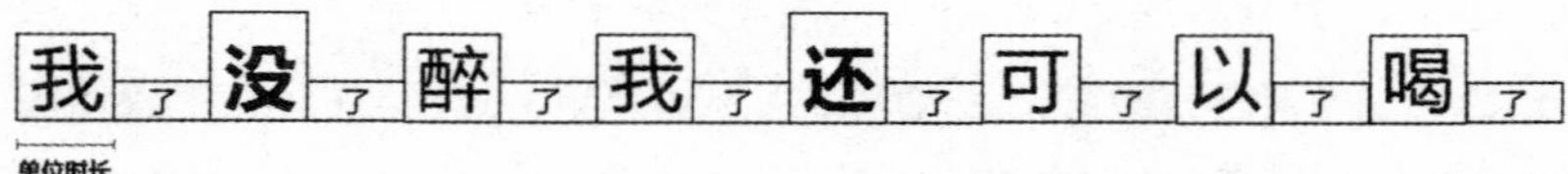

就算不考虑语法、句意，这样说中国话是不是很别扭？ 但在“别扭”的同时，大家是不是读出了一种“重-轻”往复循环的节奏？ 如果大家不能按照上图朗读句子，就很难掌握英语发音节奏，因为上图就是英语发音节奏示意图。

读者可能会不服气：“你用不存在的中文句子解释英语发音节奏，这怎么行？”在此，我换英文例子为大家展示一下。下面的例子共有 4 行文字；为了清晰展示每行内容的差异，数字没有以单词形式出现。我不限制大家使用多长时间朗读一行文字，但大家必须以同样的时间读完每一行。大家能做到吗？

1, 2, 3, 4

1 and 2 and 3 and 4

1 and a 2 and a 3 and a 4

1 and then a 2 and then a 3 and then a 4

绝大多数人是做不到用同样的时间朗读完每行文字的，因为国人不了解英文的节奏。不过，大家可以按照下图尝试完成“每行等时朗读”的要求。为强调对比效果，我选取第一行和第四行进行对比。

one	two	three	four

one	and	then	a	two	and	then	a	three	and	then	a	four

单位时长

在上图中，数字字号随发音时间缩短而变小；因为 and，then 和 a 这 3 个单词没有传达重要的信息，故以弱读形式出现，以小方框标注。 大家可以看出，数字发音时长并不相等；延长或缩短数字发音时长，都是为了确保每一个数字及其后内容占据的发音时间是相等的，而这个容纳了数量不等的音节但长度相等的发音时间就是英语发音中的“单位时长”。 通过这样的操作，上述 4 行文字就可以等时朗读完毕。 当然，第四行也可以如下图划分节拍：

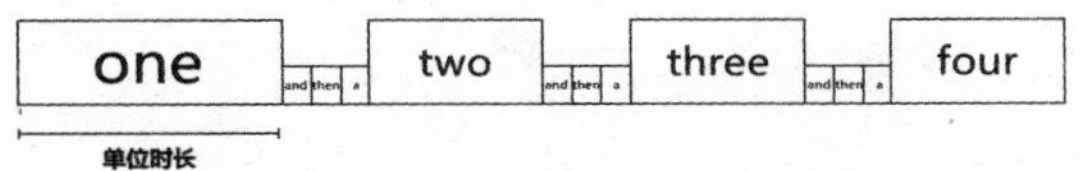

国人念英语之所以没有那种“味道”，是因为大家用下图中的中文节奏替换了上图中的英语节奏。 下图就是国人典型的英语发音节奏——长短都一样；轻重没区别。

one	and	then	a	two	and	then	a	three	and	then	a	four

时长单位

通过最后两图的对比，我相信读者应该已经明白了“重音计时”的意义：在英语中，句中重读音节和其前或后的非重读音节构成 1 节（拍），句中每个节拍的发音时间相等（或大致相同），即“单位时长”；此时，英语连贯话语的发音时长和句重音数量成正比，也就是“句重音数量决定连贯话语发音时长”，而不是“音节数量决定发音时长”。

读者可能还是心有不甘：“上面例句中的单词都是单音节，老张你有本事就用带有多音节词的常规语句讲解一下你的理论吧！”好的！ 以下例子是我们沿用了两节的例句。 为了让读者避免连贯和停顿的干扰，我去掉了例句中的所有“连断”标记，只保留了句重音备用。

> Sarah Perry was a **vet**erinary **nurse** who had been **work**ing **dai**ly at an **old zoo** in a de**ser**ted **dis**trict of the **ter**ritory.

下面我就按照“句中重读音节和其前或后的非重读音节构成 1 节（拍）”的说法，以

“·”划分例句的节拍。提醒读者注意：为了方便后续讲解，节内单词之间的空格省略。

Sarah ·**Per**rywasa ·**vet**erinary ·**nurse**whohadbeen ·**work**ing ·**d**
ailyatan ·**old** ·**zoo**inade · **sert**ed ·**dis**trictofthe ·**ter**ritory.

要想读出英文的节奏感，大家要在做好重读粗体、大号字体标注音节的前提下，把每两个“·”之间的1节在大致相等的时间内读完。同时提醒大家，在英语的连贯话语中，特别是考虑到节奏，或者像我现在给大家分析节拍的时候，很可能出现“1节多词或多音节”（Perry was a）或者“1节跨词”（zoo in a de-）的情况，这些和“1节1词”（Sarah）、“1节1音节”（old）都是符合规定的节拍划分方法，请大家尽量做到：以基本相等的时长，完成所有容量不同的节拍的发音。

6.3.4 重音计时对于国人的难度

江山易改，本性难移；母语中文对大家的影响巨大，大到大家不知不觉中会一直坚持用中文的发音节奏朗读英文。大家会觉得“这么念很别扭”，这是正常的，因为大家都是中国人，都说“音节计时”的中文。所有国人接触以重音计时的英语发音节奏时，或多或少都会有一种“排异感”，只是有的人精通音律、反应敏捷，抑或用心专注，所以这些人学得快点罢了。

请大家做好心理准备：如果大家能够三天五日把英语节奏练得有模有样，那是最好；不过如果花十天半个月、两三个月掌握英语节奏，那也是正常的。请大家做好长期备战的准备，因为英语发音重音计时对英语发音学习者来讲是很有难度的。

“快”是手段而不是目的

根据我的估算，常速英语连贯发音大概每分钟90节拍，也就是说：大家要在1分钟内，把刚才分节的例句（共11节）读不少于8遍。不知道大家能读几遍，我告诉大家“90节/分钟”的数据是想让大家知道自己的差距和问题，并不是让大家“不要命地极速朗读”。

节奏的妙处在于，速度只是节奏的特点之一，只要我们做好轻重音的对比，我们可以先用比较慢的速度练习节奏。练习初期，大家可以使用60节/分钟的速度，也就是说1秒钟念完任意2个“·”之间的内容。切记：大家找到感觉之后再提速，逐渐向 90 节/分钟的速度靠拢。

“你的双手背叛了你的嘴”

因为每个节拍的发音时长大致相等，为了辅助练习，我在教学的过程中经常让学生边念边击掌打拍子。例如，我会建议把朗读速度设置为 60 节/分钟，让大家以 1 下/秒的速度击掌。每次击掌的时候，大家正巧读在句重读音节上。这样一来，大家的朗读虽然稍慢，但是至少有了英文的节奏。

我本来以为间距等时的击掌操作应该能给大家带来帮助。但现实是残酷的：有的学员基本是“乱拍”——击掌和朗读没有任何关系；稍微仔细一点的学员能做到重音节拍手，不过是“念到重音才拍”，也就是我所谓的“作弊拍”——有的节拍可能耗时 3 至 5 秒，违背了“1 秒 1 拍手”、用击掌节奏调控朗读速度的初衷。从教近 20 年，我只依稀记得一两位学员在我授课的过程中成功地完成了这项练习，可见大家的双手有多不听使唤。

后来我想到了解放大家双手的方法：使用“节拍器”。学过乐器的人应该都知道这个设备。随着时代的发展，电脑、移动端都出现了品类丰富的节拍器 APP，供大家下载使用。这里多说几句与 APP 相关的事情。不管是 Windows，OX，Android 还是 iOS 平台都有名为“xx 节拍器”或名称中带有 metronome（节拍器）一词的 APP。但请大家注意：为了方便发音练习，请大家务必选用只播放“嘀、嘀、嘀……”这种重拍的 APP，而不要选“嘀嗒嗒、嘀嗒嗒、嘀嗒嗒……”这种强拍、弱拍都发声的 APP。

弱读音节压缩不够

找到了合适的节拍器、以 60 节/分钟慢速练习，都不一定能让大家跟上节拍；例如，很少有人能把“nursewhohadbeen”这节的朗读时长控制在 1 秒内。在这 4 个单词中，who，had，been 是非重读音节（词），都应采用弱读发音完成朗读，在连贯话语中，这些单词的弱读形式可能还需要再次压缩。

根据我的经验和不完全统计，平均来讲，连贯话语发音中每 1 节要包括：1 个重读音节和2～3个非重读音节。现在，大家知道我为什么反复强调基本功和对以往章节内容的掌握了吧？如果弱读不好、口齿不够灵活，大家是无论如何也念不出节奏的。我直接回答大家想问却没说出口的问题：压缩也好、读快也罢，都不存在大家期待的“技术、技巧”；如果有，也无外乎“弱读掌握得好”（回顾相关章节）、“嘴皮子真利索”（练习各种绕口令，语种不限）。

重读音节被压缩

就算大家经过练习终于完成了“把这节的朗读时长控制在 1 秒（之内）”的任务，问题又来了：把 nurse 这个词念得和 who，had，been 一样轻、一样短。 请大家回看一下上文中英语节奏的示意图，就明白问题所在了。

解决这个问题的方法也是“傻瓜式”的：把 nurse 等重读音节念得重一点、长一点，同时提高 who，had，been 等非重读音节的语速，使重读音节和弱读音节的对比更加清晰。 不过大家解决了音节对比问题之后，可能又回到了前文提及的问题：1 节的朗读时间又超过 1 秒了……

压缩非重读音节可以加快语速、增强音节轻重对比的最好例证就是：RP 中那些看似矛盾的特点——句中单词音高起伏大但却难以被国人理解；音高波动大就意味着发音时长增加，但英国人语速却普遍比美国人快。 这些矛盾都可以通过高度压缩非重读音节的方法一一解决。 如果大家还不明白其中缘由，请大家加入读者 QQ 群进行提问。

不要怕呆板，习惯成自然

大家终于达到了例句所有节奏相关的要求！ 但在欣喜之余，大家却发现自己的连贯话语已经“整齐”到“呆板”的程度了。

在基本掌握本节例句的节奏之后，大家应该开始新的“单句专项训练”：找句子、划重音、分节拍，然后进行朗读练习。 这样的任务顺利完成十次、八次之后，大家就基本上找到了英语的节奏。 如果拿到新的句子、段落之后基本能够读出节奏，大家就不用再进行专项训练了。 多涉猎、多练习，英语节奏会渐渐固化，大家读什么就都会有那种“味道”了。 总之，单句专项训练有必要，但只进行此类练习、不使用节奏理论指导实践，不仅收效甚微，还很可能会产生负面效果。

总结

本节剖析了英语发音中一个“看似不可能”的现象——音节多了，发音时长却不变。

如果读者掌握了这项技能，那么大家的英语发音将会有质的提升。 本节有难度，但我还是以那句记不清说过多少次的话来结束本节：基础最重要，犯难往前翻。

答案及解析

练习题 1： 中文与英文重音选取的差异有多大？

□ 差异很大　□ 差异小到可以忽略　□ 根本没有差异

答案及解析：差异很大；详见本节相关内容。

练习题 2： 以下关于中文和英文朗读速度的说法哪项正确？

□ 同样字数英文快　□ 同样字数中文快　□ 视文本内容而定

答案及解析：视文本内容而定；没有文本内容无法确定中文的字数和英文的句重音数量。

练习题 3： 英文朗读的速度和字数有什么关系？

□ 成反比　□ 无确定关系　□ 成正比

答案及解析：无确定关系；详见本节相关内容。

6.4 句子语调

英语发音学习者有一个误区：母语人士与生俱来、难以捉摸但有章可循的“英语腔调”，是国人学习英语发音的最大障碍。 这种想法之所以是误区，是因为“腔调”只是英语发音的重要特点之一，而母语人士学习英语腔调也需要一个过程。 虽然“难以捉摸”是客观的感受，但也确实存在一些可以总结的经验。 此外，“有章可循”的程度可能达不到大家的要求。 不要失望，本节的内容将引领大家进入“英语腔调的新天地”。

☑ 自测

练习题 1： 如果希望朗读流畅，英语发音学习者应该更加关注什么？

□ 单词具体音调选择　□ 句子整体语调走势

练习题 2： 下列关于“句子内部语调”的陈述，哪项是错误的？

□ 具体问题具体分析　□ 有细化到词的规律可循

□ 尽量不见句号不降调　□ 需要可靠实践经验的支持

练习题 3：句末语调判断的最终依据是什么？

☐ 个人朗读习惯　　☐ 句末标点符号　　☐ 句子内容和情感

6.4.1 什么是语调

在本书第4章中，我为读者简单介绍了音高变化（即：调子或音调）在音、词、句中的作用和读法；第 2 章和第 4 章也已对音和词的调子进行了详细的讲解。本节将专注句子的音调，即“语调”，也就是本节引言中提到的“腔调”。句子语调是一个模糊的概念，因为句中的每个单词都至少有 4 个音调可选，到底根据哪个或哪些单词的调子判断句子的语调？句子的语调是否就是句中出现最频繁的调子？在我正式解答这些问题之前，请大家自行思考下图和语调的关系。

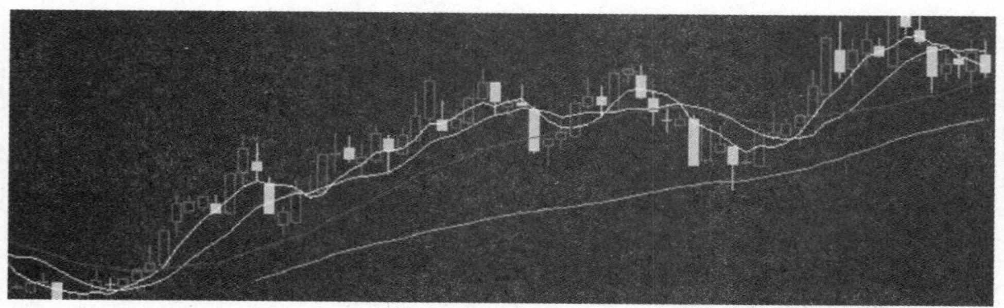

语调的总结性

上图是某只股票的价格走势图。我们可以看出，在图片对应的时间段内，尽管在具体的时间点，股票价格呈现出不同的趋势，但这只股票整体走势上行（如下图白线箭头所示）。如果把股价比作句子的读音，下图中椭圆形标注的股价关键点就是句子中某些单词的音调，而这种上涨的整体趋势就是句子的语调。

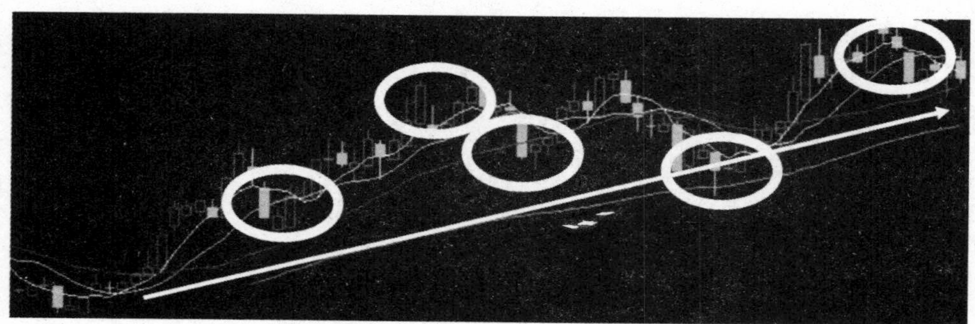

很多英语发音学习者心驰神往的“腔调”实际上并不是语调，因为大家对句子的音调整体走势无暇顾及，大家真正关心的是“句中每个词的音调是什么”。这种想法是可以理解的，因为句子由单词组成，单词的音调念不好，句子的语调无从谈起；不过这种想法稍显肤浅，因为绝大多数单词的音调走势不会影响句子的语调。

以“I will believe you instead of your mom?”为例，我给出了这句话几种常见的朗读方式。平调、升调、降升调和降调依序对应：→、↗、↘↗和↘，置于其标注单词后的括号中（下同）。请大家尝试以下例句的各种读法，并总结本句语调的整体特征。

1. I will believe (↗) you (↗) instead of your mom?
2. I will believe (→) you (↘↗) instead of your mom?
3. I will believe (→) you (↘) instead of your mom?
4. I will believe (→) you (↗) instead of your mom?

语调的集中性

“绝大多数单词的音调走势不会影响句子的语调”意味着：有些单词的音调能够影响句子的语调，例如上面例句中的 mom 这个词。上面 4 种读法中，不管关键词 believe 和 you 是什么调子，mom 一词都要以升调出现，表现反诘的情绪。我认为，在某些语境中配合前词的适当重读，mom 一词可以降调出现，但只要句末的问号不变，此句仍然表示反问。这种情况我将在下一章中进行讨论。一般来讲，句末单词的音调确实在很大程度上影响了句子的音调，这就是语调在句中具体单词上的体现。

语调的对应性

通过上述讨论，我相信读者已经理解了语调的内涵：语调是句意的载体，两者应该是一一对应的关系。因此，如果句意不存在歧义，语调也应该有一个固定的模式。关于句意和语调的对应关系，我将用书法笔画技法进行对比讲解。

上图是行书字体中的“敬”字，这个字中有 4 个笔画值得关注。为方便下文讨论，我用椭圆及对应数字标注如下：

这 4 个笔画的写法分别和英语中的 4 个常用音调异曲同工：

A. 第 1 笔“连”——平调：持续绵延，表达未尽；
B. 第 2 笔“提”——升调：抛砖引玉，呼唤下文；
C. 第 3 笔“折”——降升调：趋势反转，引领高潮；
D. 第 4 笔“顿”——降调：一锤定音，表达终结。

上述对比总结已足够指导实践，剩下的任务就归读者了：朗读 4 个调子，感受调子的内涵，反思并修正个人朗读中音调（或语调）和使用场景的不当对应。

6.4.2 中英文语调对比

在正式讲解更加细致的语调运用之前，我要“烧掉”大家手中最后的那根救命稻草：虽然中英文语调神似，但套用中文语调说英语是行不通的。这两种语言确实有如下相似之处：陈述时，语调平缓、强调连贯；疑问时提升音高，引起他人对问题的关注；不管句末保持或稍稍加重发音力度，或是提升语调提出问题，传递“完结感”必须完成的任务。这些都是中英文两种语言的语调在宏观层面的相同之处。

不过，这两种语言有本质的差异——中文是音调语言，英语不是。这就意味着：每个汉字都有固定声调（或音调），我们不能因为强调提问的感觉而随意改变疑问句句末的字音，这就是为什么中文有“啊”“呢”等语气词的原因。因为汉字有固定的音调，所以中文使用者基本没有操作语调的需求——念准每个字的字音就基本没问题了。但在英文中，从理论上来讲，句中的单词都可以有至少 4 个音调，句末单词除外。这样算来，1 个包含 10 个单词的句子至少有 262,144（4^9）种念法。不怪国人觉得英语语调高深，只因在无限制的排列组合中筛选可用模式超出了任何人的能力范围。

英语语调真的那么杂乱无章吗？ 答案当然是否定的。

下面，我将带领读者探究如何在句中的具体位置使用合理且常见的语调。 这种相关性将大大减少句子语调的可能性，让英语学习者有机会攻克语调难关。 本书虽然在开篇介绍了英语基本音调的特点和适用范围，但没有沿用“语调→功能→句中位置和作用”的传统语调讲解思路，而沿着“句中位置→表达需求→音调功能→语调形成”这个更注重语言功能的逻辑来进行分析。 新思路简化了思维和操作的过程。

6.4.3 句内音调

本书选定“句内”和“句末”两个位置分析语调，这种分析角度不难理解。 首先，我为大家分析句内语调。

平调为主、不见句号不降调

“句内”就意味着句子没有完结。 不管句子如何终结，句中的内容和修饰限定语等都要求朗读者对听者履行告知义务：句子未完，请继续接收信息。 为了让读者能够体会此原则的重要性，我给大家讲一个真实的故事。

很久以前，我曾就职于某英语口语培训学校。 有一次，我和外教朋友聊起了我们在不同课程中教授的同一位学员，我俩对这位学员口语能力的评估出现了不小的差距。 外教认为这位学员说话犹豫，话语断断续续，表达没有中心思想；我觉得此学员口语能力较好，外教的“差评”有失公允。 我的看法主要来自我对这位学员的了解：学员年近不惑，是某大型国企的中层管理人员，胸有成竹，言行有度。

因为我未能和外教就学员口语水平达成一致意见，所以我在后续授课过程中对这位学员的口语表现特别留意。 不久之后，我确实发现了一个问题：他说英语时几乎只用降调。 经过反思，我终于明白了：“永远降调”就是外教观点的根源。 从理论上讲，英文句子是可以无限延长的：我们可以在句子的结尾无限地添加介词短语、状语从句、定语从句等“非必要成分”。 如果这样的话，听者如何判断话语终结并统一处理整体句意呢？ 是不是只剩下“降调划分不同句子”这最后一招了呢？

1. There came a woman who was on the phone.
2. There came a woman. Who was on the phone?

朗读上面例 1 的时候，如果 woman 一词以降调出现，不管朗读者是否有意，都会将例句 1 拆分成两句话，念成例 2。 虽然例 2 中的两句联系紧密，在上下文的制约下，应该不会造成误解，但听者，特别是英语母语人士一定会在听完带有不恰当句内降调的发音之后发出疑问：“刚才这两句话有什么关系？”，然后恍然大悟：“哦，原来这句话需要连在一起理解……”包括外教在内的母语人士因无法理解“国人不念降调周身不适”的苦处，而转向认为：说话的人想起一句说一句，表达的内容和目的性有待提高；或者当事人的英语不好，说话时需要思考前言后语，做不到连贯表达——这就是外教对学员的评价。

降调可用

“可用”并非“应该用”，更不是“推荐使用”。 如果读者依旧对音调、语调内容有疑惑，请大家略过此部分；如果大家自信满满，请看前文出现过的这个例句：

I will believe (→) you (↘) instead of your mom?

句中出现了降调？ 是的，但是用在 you 上的降调的起始音高，必须不低于 believe 一词的最高音高。 使用重音强调 you 违背了弱读代词的原则，而且这种朗读操作否定了对比的意义，凸显了反问的语气。 当然，除了“附加态度”的功能之外，句内降调还可以起到“适当划分长句层次”的作用。 但不管出于何种目的，句内降调之后的停顿（“断”）都会很短，因为语句未完，连贯为大。

降升调慎用

降升调，在国人看来是一个非常“洋气”的调子。 没错，这个调子是英式发音的特点，但由于降升调固有的“波折性”，过度使用此调势必给听者留下一种“此人矫情”的感觉，同时也给理解带来困难。 所以，降升调不宜高频出现；如果用，就在长句、复杂句中间位置附近的逗号前使用。 此外，降升调的使用和逗号也有很大的关系：在以分隔较大意群为目的的逗号之前使用降升调才是相对稳妥的操作。 但例外总是会有的。 我们来看例句：

> Well, here’s a story for you: Sarah Perry (↘↗) was a veterinary nurse who had been working daily (↘↗) at an old zoo in a deserted district of the territory, so she was very happy to start a new job at a superb

private practice in North Square near the Duke Street Tower.

根据前文提出的规则，territory 一词应使用降升调，但在英语母语人士的朗读中，以下划线标注的两个单词 Perry 和 daily 带有降升调（GA 和 RP 都倾向于在 Perry 一词上使用降升调；以降升调朗读 daily 一词常见于 RP）。在语言学习和研究中，原本合理的规则在具体案例面前显得“孱弱”；正因为降升调的适用情况复杂，所以我再次提醒大家慎用降升调：有能力者为之。

标点相关

为了清晰地表达句意，稍长一点的句子内部都会有标点符号；在句子的发音中，标点对应适当的停顿，标点前的单词也大多使用特定的音调。下表对常见句内标点的功能、实例及标点前单词的常见音调进行了简单的汇总。

常见句内标点	标点功能	实例	标点前单词的常见音调
,	标识短语、从句、插入成分的起始和（或）终结；分割列举项目	At that point, he... The choice, which I preferred, was wrong. A, B, and C	升调或平调
	分割较长句子中的分句	上一页中的例句	降调
:	解释、阐述前词或前文	上一页中的例句	降调
;	分割连接紧密但可单独成句的分句	I am a teacher; you are students.	降调

虽然“降调”在上表中为数众多，但读者要明确：标点前单词的数量在句中占比很小，而且大部分逗号之前的单词的常用语调不是降调。此外，上表意在简单总结，并非严谨规定，例外在所难免。此时我们不得不承认：比起上表中的总结，“不见句号不降调”是更稳妥的语调操作方法，至少在大家的语调意识形成之前是这样。

6.4.4 句末语调

相比于句内语调，句末语调很简单，几乎只有升调和降调这两种形式。我将沿用下面的句内标点语调表格，分析句末标点和语调的关系。

常见句末标点	标点功能	实例	句末单词的常见音调
.	表陈述结束	I'm writing a book.	降调
?	特殊疑问句；获取信息	What's your name?	降调
?	选择疑问句；罗列选项，等待确认	Is that a cup or a glass?	降调
?	表反问	Isn't that your girlfriend?	降调
?	一般疑问句；主动确认	Is that your girlfriend?	升调
?	特殊疑问句；请求重复、确认	What's your name again?	平调
!	表感叹	What a refreshing drink!	降调

此处，我只对问号的最后一种（例外的）使用方法进行解释。“What's your name again?”这种用法大家虽然不熟悉，但句式、句意都不难理解。句末平调意味深长：一般不用于特殊疑问句的平调确认了“再次提问”这个事实；平调表示话语未尽，传递了期待对方用答案“接下茬”的想法；同时此平调十分轻快，体现了发问者掩饰尴尬（忘记对方姓名）的意图。

整体来说，句末语调不难掌握。句意为“发言者对事件存疑”时，使用升调引起对方的注意。如果发言者只是“平铺直叙、合理提问、等待应得的答复”，降调因其自身的稳定感、终结感成了最优选择。

6.4.5 语调与情感的辨析

1. You finished your homework, didn't you (↗)?

2. You finished your homework, didn't you (↘)?

语调是句子音高的整体走势；情感则是通过特定的音高、发音速度、重音选择来传递某种语义或气质。简而言之，情感比语调更加复杂，传递出的信息也更多。上面两个例句通过不同的语调传递了不同的情感：如果 you 分别以升调、降调发音，且两个例句中其他单词发音不做过多调整的话，例 1 和 2 分别传递了“对完成作业一事（不太必要）的确认”和“因对方未完成作业而产生的不满”。

但是，就算保持两个例句的语调，如果我们用不同的力度、速度来说这两句话，可能就会传递出“鄙夷”“苛责”“疑惑”等迥然不同的情感。对此，本节不做解释，因为“情感”是下一章的内容。

6.4.6 实例分析

为了让本节内容形象化，我将沿用“Sarah Perry was a veterinary nurse who had been working daily at an old zoo in a deserted district of the territory.”作为例句，并在上一节“重音计时”标注的基础上，再添加合理的语调标注，展示如下。不具备音调的非重读音节将以“·”标注。

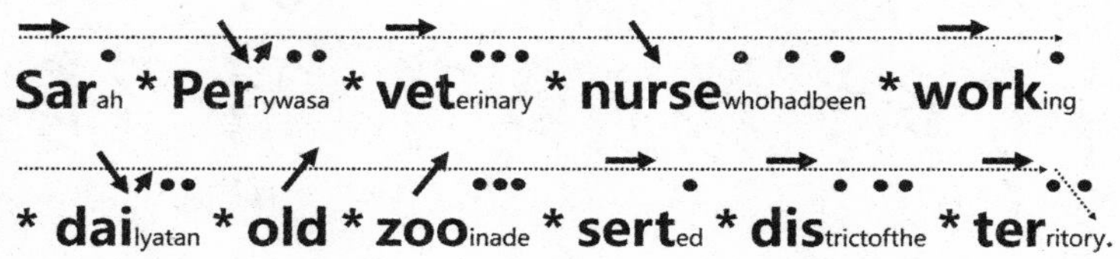

关于标注，有几点说明：

A. 为避免与非重读音节标注重复，句中节拍分割以“*”标注。

B. 英式与美式发音存在差异，标注结果不尽相同；上方标注基于 RP。

C. 虚线标注了基本音高，即发音的正常音高，图中箭头和虚线的位置关系为定性，而非定量。

D. 虚线描述了例句的基本语调，同时体现了“不见句号不降调”原则的实用性。

E. 在 RP 中，veterinary 中的第二个 e 和 territory 中的 o 均不发音，故略去标注。

总结

本节详解了“语调”的概念和具体使用方法，但在开始练习的过程中，原本掌握的知识“灰飞烟灭”，大家一般都会陷入“句中位置、表达需求、音调功能”的逻辑旋涡之中。请牢记：语调不是“音高随便一拐”，更不是你、我臆断可得。与语调相关的每个知识点都有迹可循，掌握原理、遵循步骤，是获得理想的语调的不二法门。“实例分析”中的标注都是本章内容的具体化，推荐读者在实践中使用书中介绍的方法对句子进行标注。

本节对比了书法技法和音调功能，这让我有了展示个人书法作品的冲动。我以“花非花”词牌填词，把对读者英语学习的诫勉之情付诸纸面。学习发音真的是：心单思，语无伴，念旧词，习疏业。言辞离法叹无常，畅语欢颜唯有练。

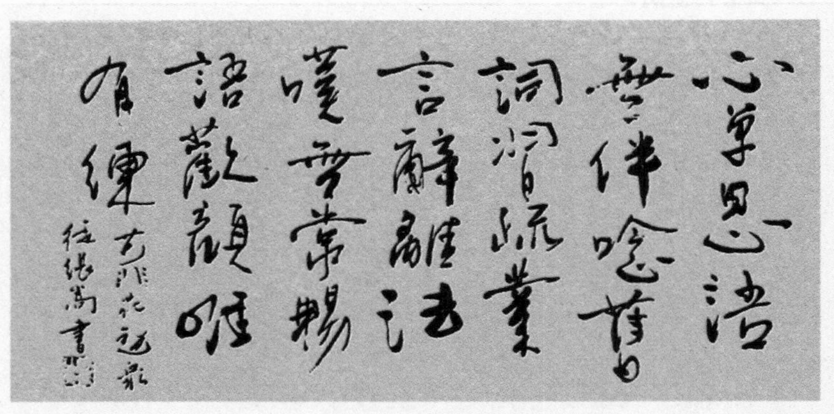

答案及解析

练习题 1： 如果希望朗读流畅，英语发音学习者应该更加关注什么？

☐ 单词具体音调选择　　☐ 句子整体语调走势

答案及解析：句子整体语调走势；“单词具体音调选择”确实可以决定句子的语调，但其本质更加微观，对朗读流畅度的影响不大。

练习题 2： 下列关于“句子内部语调”的陈述，哪项是错误的？

☐ 具体问题具体分析　　☐ 有细化到词的规律可循

☐ 尽量不见句号不降调　☐ 需要可靠实践经验的支持

答案及解析：有细化到词的规律可循；请查看本节相关内容。

练习题 3： 句末语调判断的最终依据是什么？

☐ 个人朗读习惯　☐ 句末标点符号　☐ 句子内容和情感

答案及解析：句子内容和情感；请查看本节相关内容。

第 7 章

精益求精的打磨——情感

章节总览

“朗读没情感”这句评语让无数学生垂头丧气，而我曾经也是其中之一。如果真的能够让时光倒流，我一定会在老师进行点评之后追问：“您能不用举例的方法解释一下什么叫‘情感’吗？如何通过具体的操作从‘没情感’变得‘有情感’？”

人们总是用“人比人得死，货比货得扔”这句俗语来形容同类事物之间的天壤之别。感叹事物之间的差异容易，但耐心考虑差异成因就很辛苦了。想来想去，我们不得不接受这个简单的解释：美好就是事物每个方面“优秀”的叠加，例如“天才”。可能有些人确实天生就具有某方面的优势，但是，常人难以接受的努力、长久的坚持，才是其在特定领域保持优秀的必要因素。Savile Row 西装昂贵的原因就是：任何一个工序环节都以最高的标准完成。

“同样一句话从你嘴里说出来怎么就那么不中听” 是有原因的， 锁定这些原因， 细致调整发音操作， 大家就能找到 “情感”， 而且能以 “恰当的情感” 完成表达。 在本章中， 我将明确：

- 发音情感要素
- 这些要素如何为读者所用

除了以上内容之外，本章还希望传递一种理念：“不好解释”并非“不能解释”。 听到正解之后说“原来这么简单，我明白了”其实是“啪啪打脸”，因为成功者的字典中没有“本来可以”。

7.1 发音情感要素

本章引言中的“师生对话”可能还在大家脑海中回响。 为了让大家不再对“你感觉一下”“你体会一下”“你模仿一下”之类的空洞说法感到困惑，本节将讨论“什么是情感”“如何科学地分析情感”。

☑ 自测

练习题 1：从理论上讲，朗读和发音时的情感和一个人惯常的说话方式有关系吗？

☐ yes　☐ no

练习题 2：为什么我们可以模仿别人发音中的感情？

☐ 感情可以在发音中量化　☐ 人的感情都一样　☐ 人人都有感情

练习题 3：功能词（例如代词、介词等）可以使用和实词一样的音高吗？

☐ yes　☐ no

练习题 4：下列哪个选项不会影响发音中的情感？

☐ 音高　☐ 节奏　☐ 速度　☐ 强弱

7.1.1 什么是情感

情感，就是“情绪和感觉”，是发音和话语背后的“态度”和“意见”，通过“语气”传递给听者；所有加上引号的词均与本节主题相关，请大家注意辨析。情感最通俗的解释就是“说话时的内心戏”。在我看来，发音情感可以分为两大类：“性格情感”和“即时情感”；某人性情温顺，日常言谈中传递出的“缓和”就是性格情感；但是脾气再好的人也会有生气的时候，当时的“愠怒”就是即时情感。

这种分类是有必要的，因为根据我的教学经验，绝大多数英语发音学习者在朗读或发音的过程中，很少顾及文本或话语的即时情感，始终使用个人性格情感完成表达。由于国人普遍平和内敛，所以大家的发音或话语总是传递出一种“怯怯”的感觉。这样一来，听者会觉得说话的人没信心，而说话的人会越说越“虚”——情感既出，交流双方都会受到话语情感的影响。

克服这种情感虽然困难，但并非不可能做到。大家在说话的时候，因为担心自己的表达“过了”，所以潜意识中会有一个“度”。而且大家会对这个“度”把握得很紧，使自己处于绝对安全的表达状态之下。此时，我要告诉大家：“做什么吆喝什么”才是好；“放不开”效果上等于“走样”。如果这种说法还不能让大家敞开心扉，我只能使出我的撒手锏了：人一辈子总会有丢人的时候，但“人”就那么多，早丢完早完事儿！

有些发音传递的性格情感非常鲜活生动，例如：《新闻联播》、冯小刚、林志玲、我快4岁的女儿。这4种发音分别传递了：庄重严肃、老练稳重、嗲声嗲气、纯真无邪的情感或状态。请大家试着用上述 4 种情感，对应朗读例 1 至 4。

1. 观众朋友们，大家好！今天是 2018 年 3 月 31 日，星期六，农历二月十五。今天节目的主要内容有……
2. 1999 年 9 月 19 日上午 9 点，我与徐帆女士结为夫妻，婚后我称她为徐老师。
3. 花瓶吗？很好啊，这也是对外表的一种肯定方式，我会把它看作赞美，再说声谢谢。
4. 爸爸，回家吃什么？今天你给我做水果拼盘了吗？嗯……嗯……还有坚果呢？我想吃……
5. 我的名字是 ____，____年____月____日生人，祖籍____。我现在是一名____（职业）。

请大家继续练习，并提升练习的难度：以个人信息补充例 5 中的空白，并分别用刚才练习过的 4 种情感朗读。大家现在明白什么叫“神似”，什么叫“表演”了吗？

7.1.2 发音情感需要表情配合

我相信，有些读者可以模仿得惟妙惟肖，有些读者却不得其法，大家成功或者失败的原因是什么呢？要表达出“某种情感”或“不同人的说话方式”确实需要调整声音属性；但在此之前，大家不能忽略“调整表情”这个看似不相关的操作。

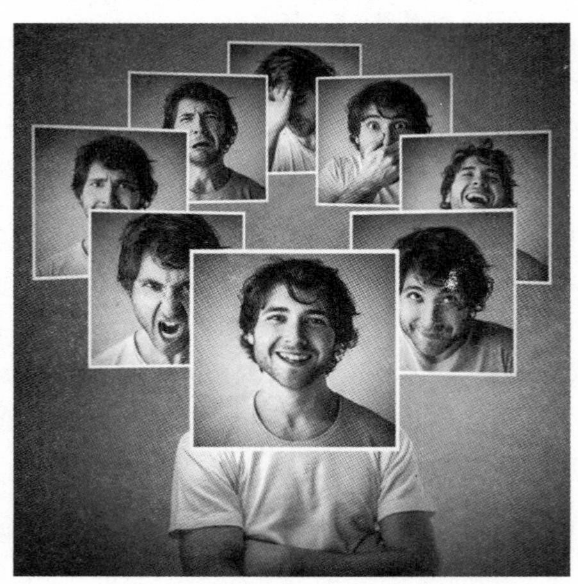

人类智慧不可小觑：当我们看到上图中各不相同的表情时，直觉唤起了不同的情绪，甚至让我们联想到了自己生活中这些表情出现的场景。正是因为这种“极速关联”，如果要用发音传递某种情感，大家最好扮出与这种情感对应的表情，以便听者完成情绪关联、接收话语信息。完成表情铺垫之后，大家就可以微调发音要素了。用声音带出不同情感的要素有三个，下面我为大家一一讲解。

7.1.3 调高

由于生理结构不同，男性的嗓音普遍比女性低沉。这个对比关注的特征是“嗓音”，确切地说是“发音的调高”，即：在发音器官先天条件、说话习惯等因素影响下形成的正常发音音高。定义中的“正常”有三层意思：第一，所有发音内容的音高在一个相对固定的范围内起伏，反例就是“阴阳怪气”；第二，发音音高适当，说着不累，听着舒服；第三，情感“零交付”，也就是不表达任何具体的情感。如果调高“不正常”会发生什么情况呢？请大家看图思考鞋跟高度和调高的关系。

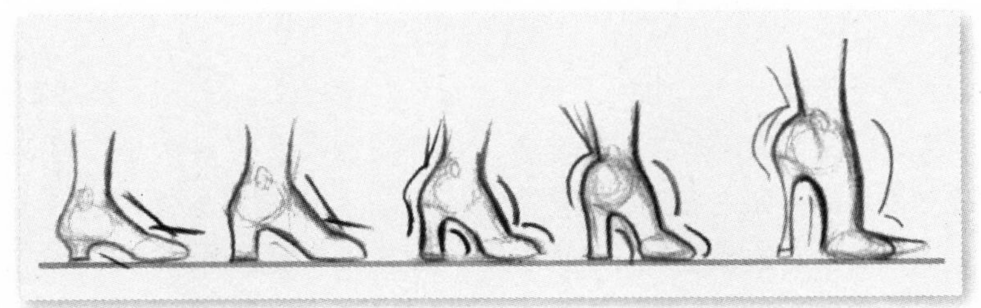

后跟高度不同的鞋适合不同的场合；不同的调高可以传递不同的情感。随着调高的不断上升，发音可以传递出以下一系列的情感：恐怖、忧郁、沉稳、正常、开朗、兴奋、极喜或者是极怒。虽然大家的思考可能没有这么细致，但看到这个序列之后，各种情感对应的调高和场景就应该已经在耳边响起、在脑海中出现了——你的大脑就是这么聪明！由于别人的大脑也是同样的聪明，因此发音者要尽量注意自己的调高。

通过调整调高表达某种情感是“念好”；某句话之内单词音高的合理对比是“念对”。下面我就为大家讲解一下“如何念对”。调整句内单词的音高，可以使同一句话传递出不同的信息。请看下面两个例句及标注：

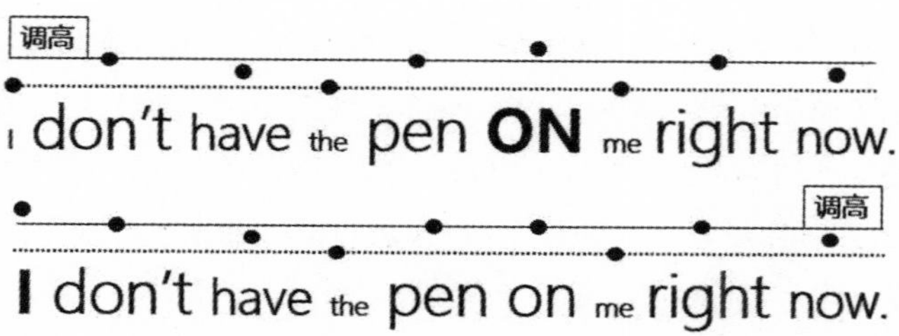

请大家注意：此标注为定性，并非定量，下同。在例句中，每个音节的音高以“·”标注；“·”越高，其对应音节的音高越高。大小（写）不同的字号表示：

A. 最小字号（如 the，me 所示）：常规非重读音节

B. 中号字号（如 have，now 所示）：有实际意义，但不传递句子最重要的信息

C. 大号字号（如 don't，pen 所示）：实词，传递句子的重要信息

D. 大写并加粗（如 ON，I 所示）：句子的核心信息。说话的人希望通过这两个例句分别强调“（没有）随身携带”（on）和“是我而不是别人”（I）这两个概念。当然，提升其他单词的音高可以传递不同的核心信息，此处选择 on 和 I 仅为举例，特此说明。

通过标注，我们可以看出：句中重要信息（don't，pen，right）发音的音高就是调高，图中以实线标注；虚线标注的是非重读音节的音高。4 种大小（写）不同的字号对应 4 级句内音高，如下图竖线左侧箭头所示。如果宽泛地进行区分的话，句内音高分为 2 级，即：非重读音高和重读音高，如下图竖线右侧深浅颜色所示。如果想要念出英语的感觉，2 级音高就可以了；但想要精确地表达语意，4 级音高（或至少 3 级音高）是必要的。

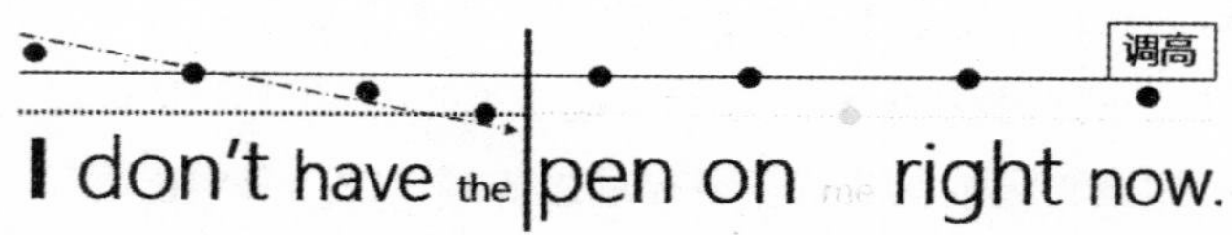

但遗憾的是，国人念出来的句子的音高走势如下图所示：越念越低——念起来压抑，听起来费劲；不要说情感到位，甚至句意表达都不能保证。请大家注意单词的音高对比和句子调高的保持。

7.1.4 速度

在连贯发音的前提下，同一时间内，发出的音越多，朗读速度越快。这里为读者们展示一下以常速和慢速朗读同一句话的音频对比。下图中两条声波对应的句子都是：“When the sunlight strikes raindrops in the air, they act as a prism and form a rainbow.”请读者尝试把音频（见7.1文件1与文件2）和下图中的两条声波配对。

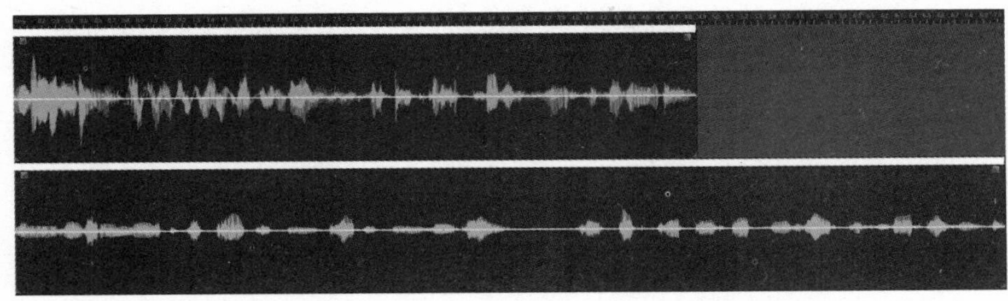

“速度”是发音情感的第二个要素。发音速度由慢到快分别对应的情感或场景是：口吃、严肃、耐心、正常、活泼、激动、“夏洛克”。首先声明：我尊重所有受口齿不清问题困扰的读者。这里提到“口吃”这个情况是为了使情感序列完整，给读者一个发音速度的“全景”，并无冒犯之意。此外，“夏洛克”是英剧《神探夏洛克》中的男主角。在分析案情的时候，为了显示其缜密连贯的思路，他口若悬河，达到了4词/秒的速度。在此，我以角色之名指代极快的语速及这种语速传递出的“不容置疑、锋芒毕露”的情感。

7.1.5 响度（音量）

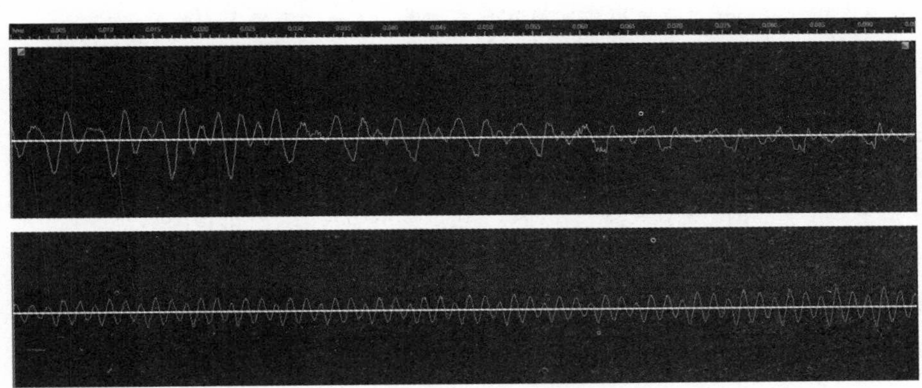

上图对比了两位发音者念/e/音的波形。 这两条声波有两个明显的区别。 首先，至少在声波起始部分，居上的波形在横轴上下振动的幅度大于居下的波形，居上的波形听起来更加“响（亮）”，或者说居上的波形“音量大”。 这就是第三个发音情感要素——声音的响度，即声波的振幅。 按照响度由低到高的顺序，声音能够传递出的感情（或指向的动作）依次是：耳语、谨慎、关切、正常、疑虑、担心、惊恐。

第二个信息是： 图中两条声波的细密程度不同，横坐标上排列越紧密的声波振动频率越快，声音越高；因此，居下的音波的音高更高，也就是声音听起来“更尖（厉）”。请读者务必注意区分“响度”和“音高”这两个易混概念。 此外，响度和“重音”也容易混淆。 “重音”（或“进行重读”）是一个很模糊的概念，特定的音高、速度、响度的调整均可（单独或协同）形成重音效果。

总结

本节中三个要素的讨论分别强调声音的三种属性，互不重叠；但在实际发音过程中，特别是从听者角度而言，分辨这三者确实存在困难（其实也没有分辨的必要，因为大家的直觉足够敏锐）。 请大家“放纵自我、尽情模仿”，只有这样才能跳出发音的舒适区，才有可能进入未知的领域，表达从未尝试过的情感。 总之，能让听者动容的发音就是情感到位的发音。

答案及解析

练习题 1： 从理论上讲，朗读和发音时的情感和一个人惯常的说话方式有关系吗？

☐ yes ☐ no

答案及解析：no；发音者可以通过调整声音要素，达到特定的表达效果。

练习题 2： 为什么我们可以模仿别人发音中的感情？

☐ 感情可以在发音中量化 ☐ 人的感情都一样 ☐ 人人都有感情

答案及解析：感情可以在发音中量化；请查看本节相关内容。

练习题 3： 功能词（例如代词、介词等）可以使用和实词一样的音高吗？

☐ yes ☐ no

答案及解析：yes；请查看本节相关内容。

练习题 4：下列哪个选项不会影响发音中的情感？

☐ 音高 ☐ 节奏 ☐ 速度 ☐ 强弱

答案及解析：节奏；在正常朗读时，某特定文本中的节奏是固定的。

7.2 发音情感表达的分析

在上一节中，我为大家明确了“情感三要素”，并为大家指出了练习的方向。本节将为大家展示一些与发音情感有关的典型例子并进行分析。希望读者能够通过本节示例警惕问题、学习借鉴。

☑ 自测

练习题 1：“发音者嗓音的优劣”和“发音情感是否到位”有本质的联系吗？

☐ yes ☐ no

练习题 2：句子以不同的语调朗读时会表达出不同的情感吗？

☐ yes ☐ no

练习题 3：表示“列举和指引”的时候需要用到以下哪种发音技术？

☐ 使用特定音调或语调 ☐ 提速 ☐ 加强轻重对比

7.2.1 语调与发音情感

Could I have some tea, please?

上面这个句子文字简单直白，但在朗读的时候，大家可能不清楚 please 到底应该使用升调还是降调。其实两种语调都是可用的：降调表达一个正当的请求——“请给我点儿茶水”；我们使用中文陈述句翻译这句话是没问题的。但如果提供茶水是一件比较麻烦的事情，且说话者想要客气地提出请求的话，这句话末尾使用升调。

句子的语调会影响句子的调高。例如，用升调完成 please 的发音传递了“谦恭请求”之意，同时稍稍提升了句子的调高。由于调高是发音情感的要素之一，其变化势必改变整句表达的情感。请读者注意语调和情感的关系。接下来，我们再看一个例子：

Could I have some tea, please?

文本：It is there on the table behind you.

翻译：它就在你身后的桌子上。

朗读 1：It is there (→) on the table (→) behind you.

朗读 2：It is there (↘) on the table (↘) behind (↘) you.

如果要传递“分步引领”的意味，朗读 1 是很好的选择。其中，there 和 table 分别用平调朗读（见句中标注），两词的平调延续，把这个句子分成三个部分：在那里→在桌上→在你背后。此时，中英文语序差异确实导致步骤稍显混乱，但大家没必要替英语母语人士担忧，他们能听懂。

如果某人反复询问物品的位置却屡屡空手而归，知情者会越来越烦。当烦闷超过忍耐极限的时候，知情者很可能会用朗读 2 的方法，气呼呼地地边说边指。句中的 there，table 和 behind 这三个词将以“高降调”出现。“高”意味着调高提升到了“烦”的档位；“降调”将位置信息清晰分隔了。这些操作都在传递一种“愤怒到无奈”的情绪——“我说得还不够清楚吗？我要怎么说你才能找到它？”

7.2.2 语义与发音情感

话语中的内容和情感无法被听者接收，可能是因为发音不佳。但恕我直言：在朗读的过程中，很多国人并不清楚自己在念什么；如果发音者不理解文句内容，听者怎么能懂呢？

快乐罗杰斯

2017 年底，美国金融大亨 James Beeland Rogers Jr. 的大女儿（中文名：“快乐罗杰斯”）说中文的视频在网络上“火”了；随后她更是登上了央视新闻，接受了中国国际电视台（CGTV）的采访。我找到了她在 7 岁和 14 岁时展示中文能力的视频各一段（见 7.2 文件 1 与文件 2），与大家分享。

虽然小姑娘 7 岁时中文已经了得，但她那时毕竟年龄太小，对语言文字的理解尚浅，“呆萌”可能是对她的发音的最准确评价。但当我看过她 14 岁时的展示之后，我的感觉是“惊叹”，因为我不确定我的女儿在她那个年纪能否把诗背得那么好、那么有意境。但我能确定的是：随着年龄的增长，她对语言（包括中文在内）的理解能力提升了，也就是说“She knows what she is doing.”——她对她做的事有了解、有把握。

“害怕父亲”与“离家”

读者看完小罗杰斯的视频后是不是伤心了？ 是不是觉得“我的母语中文好像还不如一个外国小姑娘说得好”？ 鼓起勇气，不要气馁！ 因为好戏在后面——我还要带着大家研究更具挑战性的英文发音呢！ 请看下面这个英文例句及其翻译：

He did not run away from home because he was afraid of his father.

翻译 1：他没有离家出走是因为他害怕他的父亲。（害怕父亲，不敢出走）

翻译 2：他离家出走不是因为他害怕他的父亲。（离家出走，不是因为害怕父亲）

两种意义截然不同的翻译都是正确的，因为句中 not 一词的位置是不固定的：句中的 not 既可以否定动词，也可以否定原因。避免此句表达歧义的方法有两种：在 because 之前加逗号（对应翻译 1），或将 not 移到 because 之前（对应翻译 2）。不过，就算不做修改，我们也可以“一句两读”，表达不同的语义。“不敢出走”和“不是因为害怕父亲”两种语义对应的朗读标注依次如下：

He did not run away from home (↗) | | **BECAUSE** he was **AFRAID** of his **FATHER**.

He did **NOT** run away from home(→) because he was afraid of his father.

既然要表达“害怕父亲，不敢出走”，那就要把 because, afraid 和 father 这三个单词重读，句中以粗体和大写标注。同时，使用 home 的升调发音，配合其后的停顿，可以加强“揭示原因”的表达效果。

如果要表达“离家出走，不是因为害怕父亲”的意思，我们自然要强调“不是”这个概念，故 not 以粗体和大写标注；此外，由于原因被否定，所以原因状语从句要轻快朗读，句中以小号字标注。特别需要注意的是：一定要极其轻快地完成 because 一词的发音，从而避免造成歧义。下划线标注的 home 和 because 两词要紧密衔接；home 读平调有助于句子后半部分的连贯发音，弱化“害怕父亲”这一原因。

7.2.3 声线与发音情感

好的声音确实有利于情感表达，因为：好声音，不管是低沉有力的，还是富有磁性的，都会给听者带来一种美感，让听者为发音加分。不过，好声音和情感表达没有本质的联系，因为声音好不好听是由“音品”（“音质”）这个因素决定的，但音品不是情感三要素之一。也就是说，你的嗓音条件可能不那么好，但是如果你控制好了情感要素，你依旧可以用准确、充沛的情感表达你的意图。这就是为什么某人的嗓音和被模仿对象不相似，其模仿却依旧有很高辨识度的原因。

这段录音（见7.2文件3）是我的学员的作品。这位女同学的嗓音条件非常棒，她醇厚的嗓音好像一杯浓郁的咖啡，回味悠长。但她朗读的句子之间的停顿过短，因而造成了“速度偏快”的听感。这种听感无法配合文段中“讲道理、说故事”的主旨，更是和“娓娓道来”的朗读情感背道而驰。同时，由于朗读速度快，有些单词的发音不是很清楚——如果我没有看过文本，有些地方我是听不懂的。

羡慕别人的好声音没有问题，因为我们可以从欣赏的角度出发，享受好声音带来的美感。不过，感慨自己没有好声音是完全没有必要的，因为不管嗓音条件如何，大家还是可以找准并表达好朗读中的情感，就好像：大家的容貌虽不光鲜靓丽，但大家绝对不丑，而且可以成为一个品质优秀的人。

7.2.4 发音情感的修饰作用

下面这段音频（见7.2文件4）由我的学员录制。

大家听懂了多少？大家是不是和我一样只听到了轻柔的音乐和比较深沉的女声，而对发音内容基本一无所获？下面请大家看一段视频（见7.2文件5），结合字幕理解诵读对应的内容和情节。

大家在感慨视频中母女情深的同时，是不是觉得这位女生的发音质量亟待提高？比较稳妥地说：她至少有一半的单词发音不准确，而且这些问题是黑白分明的对错，而不是似是而非的不准。当然，没有画面的辅助，理解文本并不是一件容易的事情，但她的朗读根本没有给大家理解的机会；特别是“了呢不分”的问题，让我“恨在心头口难开”。

我在这里要谈一下配音软件和配音练习对英语发音学习的影响。我接触到的很多学员热衷于这种“练习方法”，很多老师也支持，甚至鼓励学生们通过配音来练习英语发音。但如果没有曲折的情节、唯美的画面、动人的配乐、钟爱的角色，大家还会去做这些配音练习吗？我不否认这些练习能够调动发音练习者的情感，但“念准”是发音练习的首要任务。可是上文提到的方方面面，哪一个和“念准”有关系呢？大家是不是在“念准”之后再练习配音才更合理呢？

不可否认的是，这位女生的配音确实情感到位！她用十分婉约、略带悔意的朗读，淋漓尽致地再现了女孩的成长过程以及各种波折背后的母女之情。如果不考虑发音的准确性，这是一份佳作。如果她用平实的语调朗读配音练习的文本，情况会十分糟糕。因此，准确把握发音情感并充分表达情感，可以（部分）转移听者对发音准确性的关注，为朗读加分。

总结

发音情感的本质是形式，而形式要服从于内容。只有把握内容、理解文本才有可能传递适当的情感。值得庆幸的是：传递适当的情感并感染听者是大家力所能及的事情。当然，形式对内容的传递可以产生促进或阻碍的作用，因此，大家需要做的是：调整个人即时情感，让发音配合内容并为内容增色。

答案及解析

练习题 1： “发音者嗓音的优劣”和“发音情感是否到位”有本质的联系吗？

☐ yes ☐ no

答案及解析：no；请查看本节相关内容。

练习题 2： 句子以不同的语调朗读时会表达出不同的情感吗？

☐ yes ☐ no

答案及解析：yes；请查看本节相关内容。

练习题 3： 表示“列举和指引”的时候需要用到以下哪种发音技术？

☐ 使用特定音调或语调 ☐ 提速 ☐ 加强轻重对比

答案及解析：使用特定音调或语调；请查看本节相关内容。

第 8 章

多变的款式——文体

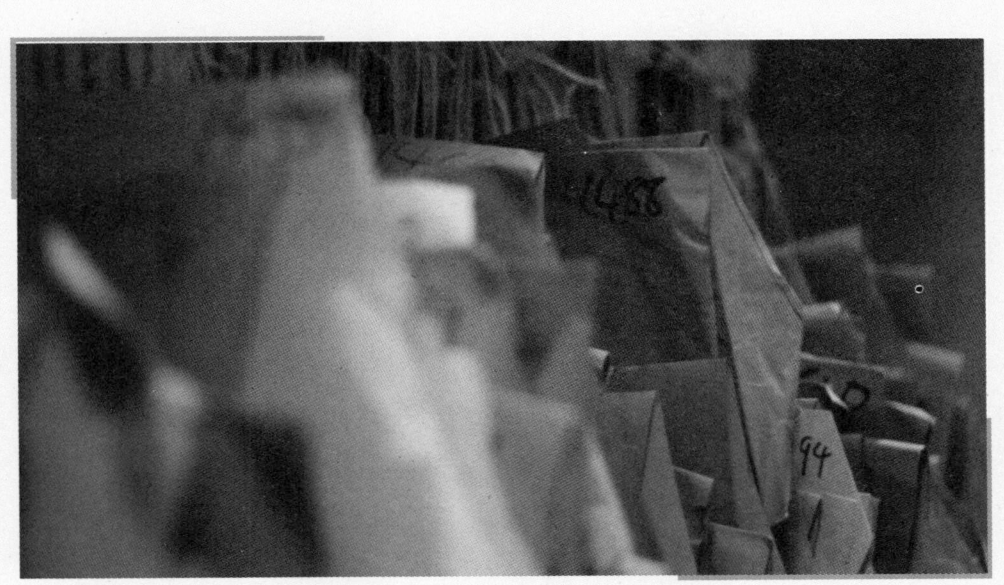

章节总览

图片中那些写着数字的纸，就是“纸版”，也就是服装剪裁的模板。如果我说“这些纸版就是 Savile Row 每家西装店的商业机密”，相信没有人会持反对意见。

本章是上一章（“情感”）的延伸及其经典案例总结。所谓“延伸”是指：某种文体的朗读和发音需要相应情感的支持；“经典案例总结”意在表达：本章中提到的各种发音情感具有代表性，与常见文体对应。本章提及的各种文体，多是国人发音练习常用文本的体裁。所以，本章在列举发音差异的同时，也为练习者提供了具体的指导。读者将在本章中看到下列文体的发音分析：

- 散文
- 记叙文
- 新闻
- 童谣
- 配音
- 演讲
- 纯文学

8.1 文体与朗读

本书已经接近尾声，认真阅读、勤奋练习的读者已经可以开始文段朗读练习了。此时，下面的这些问题就出现了：“老张，我应该读什么材料？什么材料适合我呢？读哪种材料会让我进步得更快一点？”本节将通过列举常见发音练习素材的类型及简介，回答以上问题。

8.1.1 散文（Prose）

在中文中，散文是“一种抒发作者真情实感、写作方式灵活的记叙类文学体裁”。国人一看到“散文”这个概念，首先想到的应该是《荷塘月色》吧？在英文中，散文被称作 prose，指的是没有类似于诗歌中严苛格律的文体，基本等同于中文的“白话文”。散文是英文中最常见的文体——大家写的文章、说的话都是这种文体。下面这段介绍性文本就是散文：

> So, as with a domestic building, when designing a public building, an architect needs to consider the function of the building—for example, is it to be used primarily for entertainment, or for education, or for administration? The second thing the architect needs to think about is the context of the building. This includes its physical location, obviously, but it also includes the social meaning of the building: how it relates to the people it's built for. And finally, for important public buildings, the architect may also be looking for a central symbolic idea on which to base the design, a sort of metaphor for the building and the way in which it is used.

8.1.2 记叙文（Narrative）

读者对“记叙文”这种文体一定不陌生，毕竟我们写过的第一篇作文都应该是记叙文。中英文记叙文的功能相同：讲故事、叙述事件的过程。本书中经常引用的“Sarah Perry was a veterinary nurse who had been working daily”这句话就引自下面这个故事——*Comma Gets a Cure*：

> Well, here's a story for you: Sarah Perry was a veterinary nurse who had been working daily at an old zoo in a deserted district of the territory, so she was very happy to start a new job at a superb private practice in North Square near the Duke Street Tower. That area was much nearer for her and more to her liking. Even so, on her first morning, she felt stressed. She ate a bowl of porridge, checked herself in the mirror and washed her face in a hurry. Then she put on a plain

yellow dress and a fleece jacket, picked up her kit and headed for work.

When she got there, there was a woman with a goose waiting for her. The woman gave Sarah an official letter from the vet. The letter implied that the animal could be suffering from a rare form of foot and mouth disease, which was surprising, because normally you would only expect to see it in a dog or a goat. Sarah was sentimental, so this made her feel sorry for the beautiful bird.

Before long, that itchy goose began to strut around the office like a lunatic, which made an unsanitary mess. The goose's owner, Mary Harrison, kept calling, "Comma, Comma," which Sarah thought was an odd choice for a name. Comma was strong and huge, so it would take some force to trap her, but Sarah had a different idea. First she tried gently stroking the goose's lower back with her palm, then singing a tune to her. Finally, she administered ether. Her efforts were not futile. In no time, the goose began to tire, so Sarah was able to hold onto Comma and give her a relaxing bath.

Once Sarah had managed to bathe the goose, she wiped her off with a cloth and laid her on her right side. Then Sarah confirmed the vet's diagnosis. Almost immediately, she remembered an effective treatment that required her to measure out a lot of medicine. Sarah warned that this course of treatment might be expensive—either five or six times the cost of penicillin. I can't imagine paying so much, but Mrs. Harrison—a millionaire lawyer—thought it was a fair price for a cure.

8.1.3 新闻（News）

"新闻"属于纪实类（non-fiction）文学作品。由于新闻稿件特点突出，且是国人练习英语发音的常规素材，所以我把新闻算作第三种朗读文体。在这里和读者分享的是BBC国际新闻播报的开场白、要闻汇总、回顾、下载提示和结束语。文本如下：

This is the BBC. For details of our complete range of programmes, go to bbcworldservice.com/ (forward slash) podcasts.

Welcome to the latest global news, compiled in the early hours of Tuesday, the 10th of May. I'm Jacky Leonard with a selection of highlights from across BBC World Service News today. Coming up, an outspoken mayor has claimed victory in the Philippines' presidential election. We'll be looking into his appeal. The Governor of North Carolina has filed a suit to defend a new law that forces trans-gender people to use public toilets that match their sex at birth. Also in the podcast, three BBC journalists expelled from North Korea. And, is China on the way to becoming the next football super power.

You're listening to global news, the best stories, interviews, and on-the-spot reporting from the BBC World Service. Every weekend, you can hear a review of week's main news stories and why they matter. That's in the *World This Week*. It's broadcast on Saturdays and Sundays, and it's available to download from our website.

I'll be back with an updated global news podcast later. If you'd like to comment on this podcast or the topics covered in it, do please send us an email. The address is globalpodcast @ bbc. co. uk. I'm Jacky Leonard and until next time, goodbye.

8.1.4 童谣（Nursery Rhymes）

童谣，俗称“儿歌”，是为儿童创作的文学作品的总称。很多国人认为：儿歌是为小孩创作的，我们这么大的人念儿歌是不是有点幼稚？这是一种“眼高手低”且“极不专业”的想法。国人的英语能力有待提高，特别是考虑到“国人普遍对自身英语能力过于高估”这个事实，文字简单的童谣才是合理的朗读练习选择。“极不专业”是指：童谣朗朗上口，文字节奏感强，练好童谣对国人的发音将有很大的帮助。这里，我给大家展示一首由Steve Attewell创作的儿歌 ***The Worm That Wouldn't Wiggle***：

Although I am a worm,
I never used to wiggle,
'cos when my tummy rubbed the floor,
It always made me giggle.

I couldn't make it half a yard,
Before I had to stop,
As I was laughing very hard,
Exhausted, I would flop.

I'd lay down on the comfy grass,
Beneath a shady flower,
And recover from my giggle fit,
It took me half an hour.

My mum was quite unhappy,
My friends, they used to mock,
Until I had a jumper made,
Well, okay, more a sock.

Now when I wear my wiggle sock,
And slide about the floor,
I do not get a tickle,
On my tummy any more.

I can wiggle to the shops and back,
My friends no longer scoff,
And when I want to giggle,
I just take my jumper off.

8.1.5 配音（Dubbing）

不少发音学习者希望通过电影片段或精彩视频的配音练习来提高发音。这种配音练习，甚至包括所有的练习方法，都“没有优劣差异，只有是否适合之分”——不同的练习方法对处于不同阶段的学习者的作用是不同的；“A 觉得很好的方法在 B 身上没用，甚至有害”就是这个道理。从技术角度来说，配音练习方法适合水平较高的学员：只有在基础扎实的前提下，进行揣摩情绪、模仿语调、时机拿捏等高难度发音操作才有可能。这里为大家展示一段受广受发音学习者追捧的配音视频（见 8.1 文件 1）。

8.1.6 演讲（Speech）

大家倾向于使用演讲名篇进行发音训练的原因有很多：形式生动、情感充沛、对演讲者的个人崇拜、名篇传播广泛，不一而足。特别是某些重要演讲的意义深远，例如马丁·路德·金的演讲*I Have a Dream*。我在此为读者展示的是在苏格兰脱英公决前夕，时任英国首相卡梅隆发表的演讲。这段演讲被媒体冠名为“卡梅隆深情挽留苏格兰”。我节选了演讲的高潮部分以飨读者：

In two days' time, this long campaign will be at an end. As you stand in the stillness of the polling booth, I hope you will ask yourself this: Will my family and I truly be better off by going it alone? Will we really be more safe and secure?

Do I really want to turn my back on the rest of Britain, and why is it that so many people across the world are asking: Why would Scotland want to do that? Why? And if you don't know the answer to these questions, then please vote "No".

At the end of the day, all the arguments of this campaign can be reduced to a single fact. We are better together. So as you reach your final decision, please, please: Don't let anyone tell you that you can't be a proud Scot and a proud Brit. Please, don't lose faith in what this country is, and what we can be. Don't forget what a great United Kingdom you are part of. Don't turn your backs on what is the best family in the nations in the world and the best hope for your family in this world. So please, from all of us: Vote to stick together! Vote to stay! Vote to save our United Kingdom!

8.1.7 纯文学(Polite Literature)

经常作为发音练习内容出现的最后一种文体是：纯文学。标题中 polite 一词的意思不是“有礼貌的”，而是限定了“文学”（literature）的类型：诗歌、戏剧等文学形式才是“纯文学”。此类练习的难度不言而喻：语言能力、作品理解、名家朗读学习，一个都少不了。在此，我展示的是由 George Herbert 创作的寓言诗 ***Love***。希望读者能读出本诗的趣味和深意。

Love bade me welcome, yet my soul drew back,	爱神欢迎我的到来，而我的灵魂却在退缩，
Guilty of dust and sin.	蒙着浮世的灰尘与负罪的愧疚。
But quick-ey'd Love, observing me grow slack	从我进门的那刻，
From my first entrance in,	我那无精打采的神情，逃不过爱神雪亮的眼睛。
Drew nearer to me, sweetly questioning	爱神轻轻靠近，绵言细问，
If I lack'd anything.	感觉有何欠缺。

"A guest," I answer'd, "worthy to be here"; "一位客人,"我说,"配得上当你的宾客的人。"
Love said, "You shall be he." 爱神说:"你将会是那位宾客。"
"I, the unkind, the ungrateful? Ah my dear, "我,如此冷酷无情、忘恩负义的人? 啊,亲爱的,
I cannot look on thee." 我无法直视你。"
Love took my hand and smiling did reply, 爱神拉起我的手,嫣然回应:
"Who made the eyes but I?" "无我何来明眸?"

"Truth, Lord, but I have marr'd them; let my shame "上帝啊,老天爷,但我毁损了其完美;让我心中
Go where it doth deserve." 的羞愧得到其应有的惩罚吧。"
"And know you not," says Love, "who bore the blame?" "我知道错不在你,"爱神说,"罪谁来负呢?"
"My dear, then I will serve." "亲爱的,既然如此,我愿为你效劳。"
"You must sit down," says Love, "and taste my meat." "你定当就座,"爱神说,"细品我的生命。"
So I did sit and eat. 于是我坐下,品尝这爱的宴席。

总结

本节列举的七种常见发音练习文体，难度各有不同，适合不同水平的学习者。个人的喜好固然重要，但“练习”和“赏析”的本质区别可能需要大家暂时放下个人喜好，选择适合个人发音学习阶段的材料进行练习。不喜欢的事，很可能是应该做但没做好的事情——这是我的价值判断，大家怎么选，我无权干涉。

8.2 常见文体范例分析

在上一节中，我为读者展示并简单介绍了国人经常用来进行英语发音练习的 7 种文体；本节将以多媒体形式展示并细致分析这些文体的范例。为避免重复，本节不再展示范例文本。如有需要，请参看前文。

"5 维评定"介绍

为了更加清晰地分析、比较各种文体，我设定了：发音速度、朗读清晰度、调高水平、轻重对比度和声音修饰度，共 5 个维度，并且把这 5 个维度在 1 到 5 分的范围内进行简单量化、以雷达图展示。2.5 分为维度正常值，即此维度在正常发音中的状态，5 分表示该维度特征十分明显、远超正常状态。特别说明一下：评分是我个人体验的总结，旨在对比文体之间的发音差异，指导学习者进行练习，并无精确量化之意。

从理论上讲，这 5 个维度会相互关联，而造成类别重叠。例如：在一定程度上，“调高水平”和“朗读清晰度”正向关联（声音高一点容易分辨），但可能和“发音速度”反向关联（调子高、说话快让人感觉累，两者很难兼顾）。但这 5 个维度确实便于国人理解，引起读者共鸣，所以本书使用了这些“不太科学”但“应该好用”的说法来描述文体发音。

在此，我需要明确一下“声音修饰度”和“轻重对比度”这两个维度的概念。声音修饰度最直白的意思就是：朗读某种文体的时候，“自然嗓音”和“最利于表现文体特点的嗓音”之间听起来有多大的差距；例如，成人读童谣的时候，要学小孩子说话，这种“模仿”的过程就是对声音的修饰。轻重对比度是指：在朗读某种特定文体的时候，音高起落的幅度；例如，散文文体平实，声音平稳，所以这个维度的数值较小。

8.2.1 散文（见 8.2 文件 1）

与诗歌等韵文相对的无韵文；日常口语、书面语	
文体特点	平实、流畅
常见来源	日常用语和文本材料
例文题材	Architecture
文本概要	公共建筑物设计思路
速度—3｜清晰度—3.5｜调高—3｜轻重对比—3｜声音修饰—2.5	
说明：此文体为最常见的朗读练习材料。朗读强调平实、直接和清晰的风格；避免过度表达个人情感。	

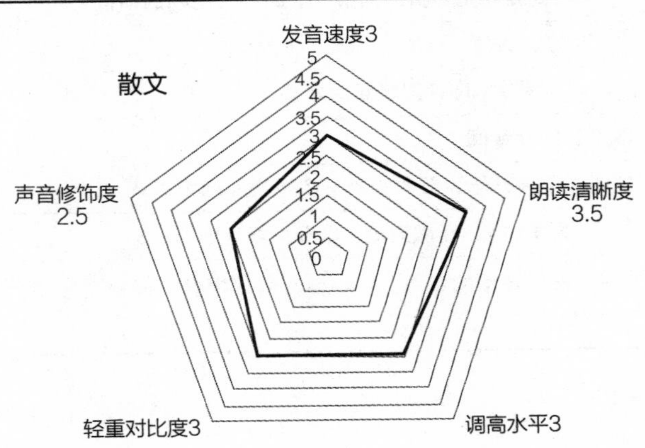

8.2.2 记叙文(见 8.2 文件 2)

记录事件经过；交代情节、讲述故事	
文体特点	强调情节铺垫、人物关系和事件发展进程
常见来源	小说、绘本等
例文题材	Comma Gets a Cure
文本概要	主人公给宠物鹅看病
速度—2.5 | 清晰度—3 | 调高—3 | 轻重对比—3.5 | 声音修饰—3.5	
说明：朗读需要与情节内容配合；朗读对话时需要考虑角色身份，适当修饰声音。本故事配有英音与美音两种朗读。	

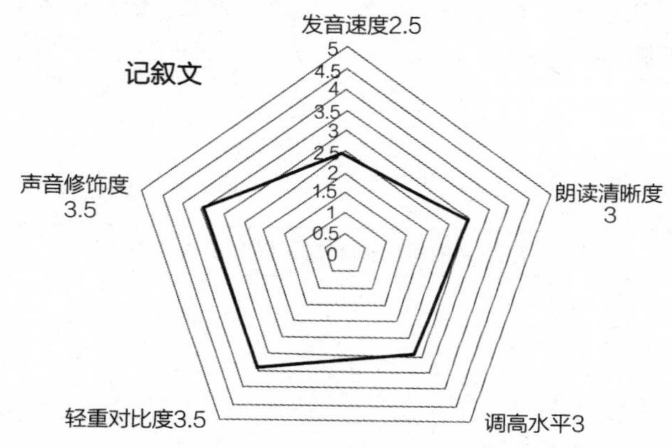

8.2.3 新闻(见 8.2 文件 3)

此处特指"新闻播报"，即：新闻稿的朗读	
文体特点	简洁、高效、清晰
常见来源	BBC，VOA 和 CNN 等国际新闻媒体
例文题材	BBC 每日国际新闻
文本概要	BBC 新闻播报开场、要闻介绍、串场语和结束语调
速度—4 | 清晰度—5 | 调高—4 | 轻重对比—3.5 | 声音修饰—3	
说明："快"和"清晰"是发音中的固有矛盾，但新闻播报要求兼顾两者的平衡。发音学习者在练习初期应避免此文体。	

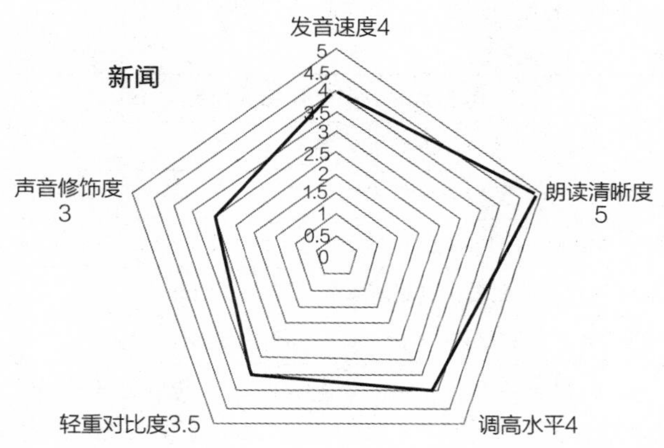

8.2.4 童谣（见 8.2 文件 4）

儿童故事或趣味朗读	
文体特点	生动活泼、用词简单、充满童趣
常见来源	出版公司或媒体机构针对儿童特点制作的产品
例文题材	The Worm That Wouldn't Wiggle
文本概要	小爬虫为避免肚皮瘙痒穿上了“毛线外套”
速度—2｜清晰度—4｜调高—4｜轻重对比—4｜声音修饰—5	
说明：为引起儿童的兴趣，朗读者的语调可尽量夸张，并尽量将个人嗓音向童声靠拢。	

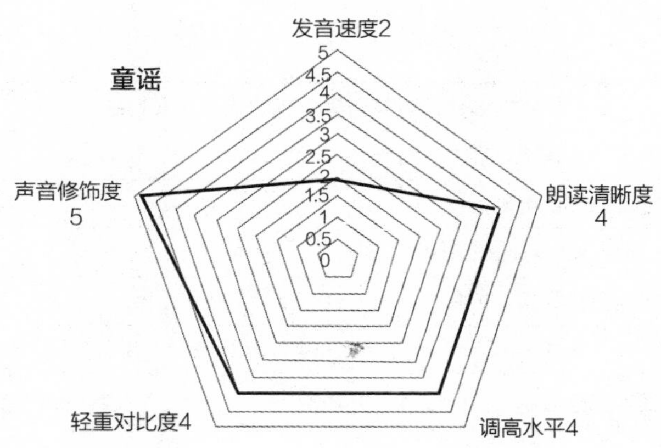

8.2.5 配音(见 8.2 文件 5)

电影片段、多媒体视频配音	
文体特点	多变，带有强烈且具体的朗读情感
常见来源	配音网站、个人剪辑制作的多媒体素材
例文题材	Emma Watson's Social Event Announcement
文本概要	艾玛·沃森邀请网友关注世界女权大会相关活动
速度—3 | 清晰度—3 | 调高—3 | 轻重对比—4 | 声音修饰—4	
说明：此文体演示为“华丽学院”Bay老师的配音作品。发音学习者在练习初期应避免此文体。	

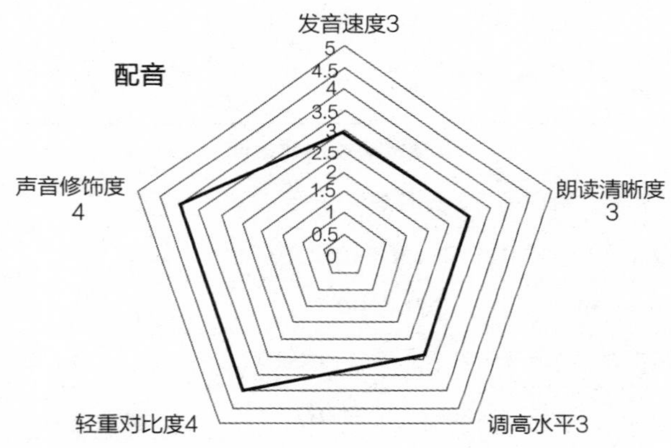

8.2.6 演讲(见 8.2 文件 6)

在公共场合针对某问题发表观点、抒发情感	
文体特点	情感充沛，强调表现力
常见来源	网络及相关音像制品
例文题材	Scottish Independence
文本概要	时任英国首相恳请苏格兰民众否决脱英
速度—2 | 清晰度—5 | 调高—4.5 | 轻重对比—4 | 声音修饰—3	
说明：演讲虽然是语言交际活动，但促成演讲成功的因素有很多。只有不断实践总结，练习者才能表达好这种文体。	

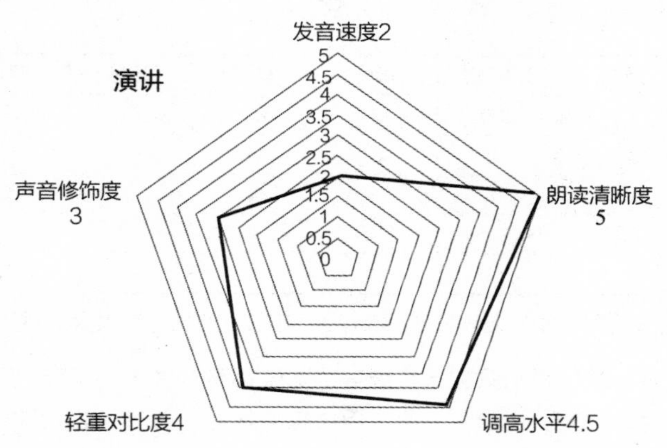

8.2.7 纯文学(见 8.2 文件 7)

关注精神世界、品味高雅的文学作品，如诗歌、戏剧等	
文体特点	文化气息浓郁，文字难度较大
常见来源	剧本、诵读名篇、诗歌选集
例文题材	Love
文本概要	通过对话，爱神向人们传授爱的真谛
速度—2.5｜ 清晰度—3｜ 调高—3｜ 轻重对比—5｜ 声音修饰—4	
说明：本诗由英国著名演员 Ralph Fiennes 朗读。 不建议不具备较强发音能力的发音学习者进行此类练习。	

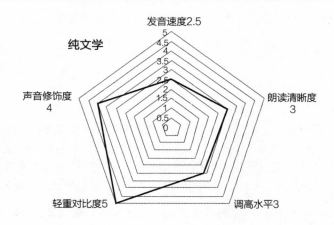

纯文学
发音速度2.5
5
4.5
4
3.5
3
2.5
2
1.5
1
0.5
0
朗读清晰度
3
调高水平3
轻重对比度5
声音修饰度
4

8.2.8 各种文体类型的横向比较

	散文	记叙文	新闻	童谣	配音	演讲	纯文学
发音速度	3	2.5	4	2	3	2	2.5
朗读清晰度	3.5	3	5	4	3	5	3
调高水平	3	3	4	4	3	4.5	3
轻重对比度	3	3.5	3.5	4	4	4	5
声音修饰度	2.5	3.5	3	5	4	3	4

为了方便读者比较，我将七种文体的维度数据汇总成上表。有些数据和现象值得关注：

A. 从整体上看，散文和记叙文各个维度的数值都不是很大。相比之下，散文朗读语调更加平缓、情感更为稳定，适合用作练习素材。配音和演讲这两种文体的维度数值因具体文段和篇章的处理方式不同，差别较大。

B. 在速度维度中，童谣和演讲的数值最小，因为慢速朗读有助于提高发音的清晰度，这种关系也得到了清晰度数据的支持。这两种文体发音要求高清晰度的原因也不难理解：前者针对理解能力有限的儿童，后者则因场合重要、内容关键、信息传达不容出现失误。

C. 所有文体的调高数值都不同程度地超过了中线值（2.5），因为“正常调高”不足以传递各种文体朗读练习中的“仪式感”。请所有读者注意：国人英语发音的调高普遍偏低。

D. 新闻、童谣和纯文学这三种文体各维度之间的数值差异较大。这种差异体现了文体的特点，同时也对朗读者提出了更高的要求。

E. 演讲这种文体各维度的数值都比较极端，因此这种文体的发音难度很大。再加上对内容、仪态、发言内容等“非发音指标”的要求，练习演讲，特别是自行创作演讲作品并在公共场合发表演讲，是对演讲者的严峻考验，请有此需求的读者充分准备、谨慎对待。

总结

通过对比，我们可以看出：在发音学习的初期，散文应该是最合适的练习材料；随着发音水平的提升，大家可以按照本书展示文体的顺序选取文体及对应篇章，逐步加大练习的难度。请务必避免“喜欢做什么就做什么”的练习态度：白白浪费时间是小事，“走火入魔伤身”就不好了。我不否认大家可能在某种、某些文体的朗读中发挥出色，但是如果没有练习过所有的文体，大家又怎么能确定自己做出的选择是合理的呢？

本章研究了文体和发音的关系。先天嗓音条件是客观的，难以改变，但酝酿适当的情感，并在朗读中把握调高、速度和轻重对比等发音维度，是可以通过个人努力做到的。

第 9 章

无法避免的学徒期
——发音练习

开篇图片中的老裁缝在讲述其学徒经历。根据 Savile Row 的传统，新手入行要以“缝线”这个基本操作开始其漫长枯燥的学徒经历。老裁缝左手捏住右手中指的动作展示了缝线的固定手型和动作要领。为了固化“理想”的手型和动作，学徒要从“运空针”做起——针带着不打结的线，无数次不留痕迹地穿过布料。连运针都有这么细致的要求，其他制衣环节的要求也就可想而知了。这可能就是一套 Savile Row 西装可以卖几千英镑、讲究穿着的人从世界各地前往伦敦添置新衣的原因吧。

这里有一个悖论：不练习不会成功，只有成功之后才可能理解练习的重要性——因此初学者无法理解练习的意义，也很难忍受练习的枯燥。“不理解”情有可原，但以推卸责任的态度，把成功归因于“自己没有天赋”就是“懒到无知”的表现了，因为天赋就是那无数次不留痕迹的“空针”；如果一定要把自己与成功者的差距定义为“天赋”的话，“天赋”就是：完成看似没有尽头的基础训练所需要的坚强意志和不懈努力。

本章涉及如下内容：

- 个人发音练习方法
- 结伴发音练习方法

9.1 发音基础练习

很多人在练习发音的过程中，基本上是“看到什么，就念什么；拿到什么，就练习什么”，这种练习态度和练习操作在很大程度上是徒劳的，因为大家很可能将有限的时间用在了效率很低、甚至无效的任务之上。究竟什么样的练习才能帮助大家快速进步呢？本节将为大家详述发音练习中的准备活动和基础训练。

☑ 自测

练习题 1： 绕口令练习中的第一关注点是什么？

□ 准　　□ 快　　□ 连

练习题 2： 为什么按压、揉捻“腮帮子”的时候会有“酸疼，但之后很舒服”的感觉？

□ 很少这么做，不习惯

□ 张嘴或咬牙的动作很频繁

□ 下颌和头部连接紧密

练习题 3： 以下哪项关于发音练习的说法是不正确的？

□ 练习要有安排　　□ 只要有时间就练习

□ 每天都要练习　　□ 练习要有标准

9.1.1 放松

热身可让运动者迅速进入最佳状态。为了提高发音练习的效率，大家要把相关发音器官全部调动起来，具体步骤如下：

A. 放松肩部，打开胸腔：双手在背后钩住，逐渐加大力气后拉；在逐渐拉伸的过程中吸气，体会胸腔充气膨胀的感觉。

B. 放松颈部：想象头顶有一个平铺（与地面平行）的“米”字，然后朝“米”字笔画指向的 8 个方向点头、拉伸颈部肌肉。切忌：旋转头部，脖颈画圈！“转头”的动作很可能使颈部关节错位！

C. 调整坐（站）姿：推荐以站立姿态进行发音练习，确保发音动力（气流）充足。身体各部位保持端正的姿态，但不要使身体过度僵硬、紧张。略微（5° 左右）低头，抵消颈部生理弯曲，以确保气流通道通畅。

D. 放松咬肌：咬肌就是大家紧咬磨牙（后槽牙）时，脸颊下方两侧用力并突出的肌肉。不管大家是否相信，咬肌是人体最发达的肌肉，这就是“用进废退”的表现。由于发音需要打开口腔，而咬肌控制下颌，所以，放松这两块经常紧绷的肌肉、提高它们的灵活度就十分重要了。

a)简易的放松方法是：4 指并拢，从耳后或太阳穴向下捋按面颊两侧，在咬肌处揉捻；力度大小视个人情况而定，出现“酸、微疼、舒适”的感觉的时候，放松咬肌的目的就达到了。如果需要加大力气，可以使用指关节完成上述操作。

b)难度稍大的放松方法是：用手捏住下颌前端，上下晃动下颌，放松咬肌。这种放松方法的难度在于——下颌极不习惯被动开合，因为不管是说话还是咀嚼，下颌的动作都是咬肌主动完成的。如果此法操作有困难，请读者使用功效相似的按摩法放松咬肌。

9.1.2 口型练习

口型练习是发音训练中的一个重要环节：由于口型对声音有塑造的作用，所以用中文发音口型念出准确的英语发音是不可想象的。有的读者会问：外国人说话时，他们的口型打开幅度也不大吧？是的，用很小的口型动作确实能够把音念好，但这是绝大部分国人在短期内难以掌握的“发音技术”；大家在练习初期应恪守规范、保持口型。这里，我为读者推荐一种口型修正练习——“五一操”。

上面两幅图片中人物的口型，就是“五一操”中的两种基本口型。“五”“一”两个字分别指“嘴唇集中”和“嘴角向两侧用力打开”两个动作。请大家注意：就算用标准的中文发音口型念“五”“一”这两个字，口型和力度都不能达到此练习的要求；所以“五一操”这种说法只是练习名称，而不是练习要领的总结。

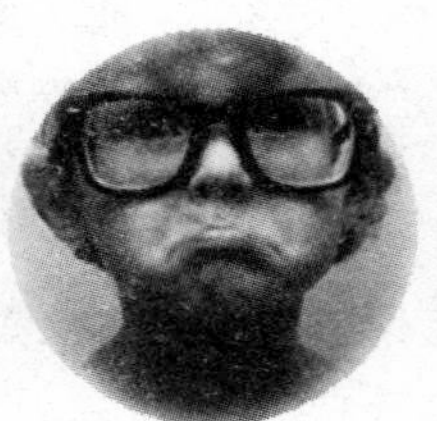

上面 4 张图片展示了练习中错误的口型。念“五”的时候：（左 1）小孩子的嘴确实撅起来了，但他的嘴唇只是突出，而不是合拢集中；Michael Jackson（左 2）的嘴唇也突出了，但没有合拢。念“一”的时候，戴眼镜的小男孩嘴角向下，从而造成右 1 图

中男子脖子上“青筋暴起”——这是错误的练习方法，因为这样的操作没有达到锻炼面部相关肌肉、突出“苹果肌”（颧骨前成倒三角形的脂肪组织）的目的。

“五一操”的具体练习方法是：把“五”和“一”作为1组，连续发音；100组为1套，每套练习后适当放松休息；每次练习3套；每日练习次数自定；发音初学者每日进行3至5次练习为宜。练习不必配合发音，因为这项练习针对的是面部肌肉。不要因为完成练习心切而加快口型变化频率，从而导致口型不准。为确保练习效果，大家可以使用镜子确认口型。

9.1.3 唇舌练习

面部肌肉放松完成之后，大家就要练习嘴唇和舌部的灵活性了，简单易行的方法就是“科特坡”：

科科科科科科科科科科科科……
特特特特特特特特特特特特……
坡坡坡坡坡坡坡坡坡坡坡坡……

这个练习就是快速朗读“科”“特”“坡”字串；在清晰的前提下，速度越快越好。大家可以通过重复朗读音标（/k/、/t/、/p/）串的方法提高练习难度。我相信有不少读者会问：什么叫“快速”？我得以多快的速度发音？不是无法量化，而是量化的意义确实不大，因为让读者“录下字串、音串，使用软件分析，根据声波分辨每秒钟念了几个字、几个音”是不现实的要求。
我只希望告诉读者：普通人的口齿灵活度都是有待提高的，再加上爆破音、双唇音本身的特点，上述字串、音串的练习是不容易达到“熟练”程度的。希望大家多多练习、反复练习。

9.1.4 气息练习

气是声音的动力，没有气我们就无法说话，所以气息绵延是良好发音的必备条件。经常有学员向我反馈：“老张，我的气不够用啊！我朗读的时候总有憋气的感觉，而且我经常等不到标点就必须换气。怎么解决这个问题呢？”第一个可能的原因是：在有些本应换气的地方没换气，导致气息无法把发音支撑到下一个换气点。第6章第2节“句子的‘连’与‘断’”详述了这个问题的解决方法，请读者相关回顾内容。

第二个原因就有点麻烦了，唯一的解决方法就是“坚持练习”。我为大家准备了一个练习：

1 个葫芦 2 块瓢；
2 个葫芦 4 块瓢；
3 个葫芦 6 块瓢；
4 个葫芦 8 块瓢；
5 个葫芦 10 块瓢；
6 个葫芦 12 块瓢；
7 个葫芦 14 块瓢；
8 个葫芦 16 块瓢；
9 个葫芦 18 块瓢；
10 个葫芦 20 块瓢；
11 个葫芦 22 块瓢；
12 个葫芦 24 块瓢；
13 个葫芦 26 块瓢；
14 个葫芦 28 块瓢；
15 个葫芦 30 块瓢；
16 个葫芦 32 块瓢；
17 个葫芦 34 块瓢；
18 个葫芦 36 块瓢；
19 个葫芦 38 块瓢；
20 个葫芦 40 块瓢；
21 个葫芦 42 块瓢；
22 个葫芦 44 块瓢；
23 个葫芦 46 块瓢；
24 个葫芦 48 块瓢。

不知道读者一口气能数到哪块瓢，这个练习的及格标准是：一口气数完 16 个葫芦。我可以念完整个练习，但我念到最后已经念不出声音了。我可以告诉大家：练得越多，数得越多；数得越多越清晰，发音气息越绵长。请大家坚持练习！

9.1.5 绕口令

相对于此前4个“专项基础训练”，绕口令是“综合基础训练”。绕口令把原本就困难且相似度高的字词组合起来，考验了发音器官的灵活度和配合度。使用中英文绕口令训练发音器官都是可以的，因为口齿灵活度和配合度是任何清晰发音的必要前提，就像健康、灵活、有力的身体做什么运动都不会差。但考虑到国人英语发音所处的水平，我还是建议大家练习中文绕口令，避免错误英语发音的固化。我向读者推荐以下 4 个绕口令：

A. 四是四，十是十，十四是十四，四十是四十。不要把十四说成是“实事”，也不要把四十说成是“细席”。

B. 化肥会挥发。黑化肥发灰，灰化肥发黑。黑化肥发灰会挥发；灰化肥挥发会发黑。黑化肥挥发发灰会花飞；灰化肥挥发发黑会飞花。

C. 扁担长，板凳宽，扁担没有板凳宽，板凳没有扁担长。扁担要绑在板凳上。板凳不让扁担绑在板凳上。扁担偏要绑在板凳上。板凳偏不让扁担绑在板凳上。

D. 刘奶奶找牛奶奶买榴梿牛奶，牛奶奶给刘奶奶拿榴梿牛奶。刘奶奶说牛奶奶的榴梿牛奶不如柳奶奶的榴梿牛奶，牛奶奶说柳奶奶的榴梿牛奶会流奶。柳奶奶听见了大骂牛奶奶你的榴梿牛奶才会流奶。柳奶奶和牛奶奶泼榴梿牛奶吓坏了刘奶奶不再买榴梿牛奶。

之所以推荐以上绕口令，是因为：如果练好这些绕口令，中英文困难发音也就几乎全部解决了。上面4个绕口令按顺序分别对应：齿槽音摩擦音、唇齿音、双唇音、鼻音（与舌音的辨析）这4种困难发音。以下QQ群聊天记录截图反映了绕口令练习给某些发音学习者造成了巨大的困难。不过，有些学习者经过简短的训练，能够用一口气把绕口令D读完，用时仅12.04秒，而且吐字清晰。有兴趣的读者可以收听（见9.1文件1）。

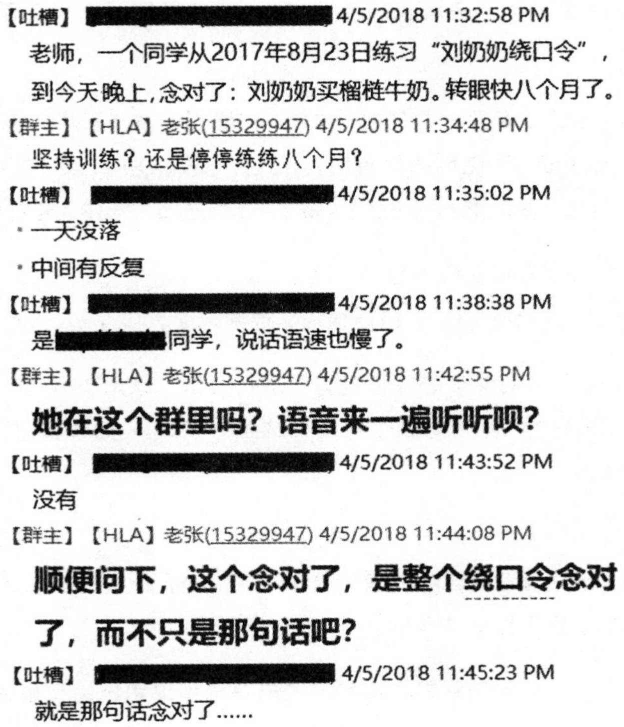

【吐槽】[illegible] 4/5/2018 11:32:58 PM

老师，一个同学从2017年8月23日练习“刘奶奶绕口令”，到今天晚上，念对了：刘奶奶买榴梿牛奶。转眼快八个月了。

【群主】【HLA】老张(15329947) 4/5/2018 11:34:48 PM

坚持训练？还是停停练练八个月？

【吐槽】[illegible] 4/5/2018 11:35:02 PM

· 一天没落

· 中间有反复

【吐槽】[illegible] 4/5/2018 11:38:38 PM

是[illegible]同学，说话语速也慢了。

【群主】【HLA】老张(15329947) 4/5/2018 11:42:55 PM

她在这个群里吗？语音来一遍听听呗？

【吐槽】[illegible] 4/5/2018 11:43:52 PM

没有

【群主】【HLA】老张(15329947) 4/5/2018 11:44:08 PM

顺便问下，这个念对了，是整个绕口令念对了，而不只是那句话吧？

【吐槽】[illegible] 4/5/2018 11:45:23 PM

就是那句话念对了……

此外，根据祖国各地方言的特点，我还为大家准备了一些有针对性的绕口令练习：

A. 针对辽宁、吉林方言发音问题

四是四，十是十，十四是十四，四十是四十。别把四十说喜席，别把十四说席喜。要想说好四和十，全靠舌头和牙齿。要想说对四，舌头碰牙齿；要想说对十，舌头别伸直。认真学，常练习，十四、四十、四十四。

石、斯、施、史四老师，天天和我在一起。石老师教我大公无私，斯老师给我精神食粮，施老师叫我遇事三思，史老师送我知识钥匙。我感谢石、斯、施、史四老师。

B. 针对广西、广东、福建、浙江方言发音问题

肉炒豆，豆炒肉，肉是肉，豆是豆。肉炒豆肉里有豆，豆炒肉豆里有肉。

C. 针对广东、福建、湖南方言发音问题

乌鸦站在黑猪背上说黑猪黑，黑猪说乌鸦比黑猪还要黑。乌鸦说它身比黑猪黑但嘴不黑，黑猪听罢笑得嘿嘿嘿嘿。

坡上有只大老虎，坡下有只小灰兔。坡上老虎饿肚肚，想吃坡下小灰兔。虎追兔，兔躲虎，老虎满坡找灰兔。刺儿扎痛虎屁股，气坏了老虎，乐坏了灰兔。

D. 针对陕西、山西、新疆、内蒙古、甘肃、宁夏方言发音问题

陈庄城，郑庄城，两庄城墙都有门。陈庄人走陈庄门，郑庄人走郑庄门。忽然刮来一股风，吹乱陈郑两庄人：陈庄人过郑庄门，郑庄人走陈庄门。

E. 针对山东、河南方言发音问题

磙下压个棍，棍上压个磙。磙压棍滚，棍滚磙滚。

绕口令就像“大扫除”，能够帮助练习者清理所有发音“死角”。当然，每个人对待大扫除的态度是不一样的，这就导致了行动和结果的不同。如果想让发音大扫除名副其实，大家要做到以下几点：

A. 准确先于速度：绕口令念快了有意思，但是绕口令念对了才有意义。请大家一定不要为了追求速度而含糊发音，或者不管对错，草率地“念完”绕口令。在朗读无误的前提下提速才有意义。

B. 难点针对训练：“这句就是念不顺”“总是念到这里出错”是练习中的常见现

象。此时，大家应该单独针对有困难的句子进行专项训练，待难点消除之后再进行整个绕口令的练习。

C. 坚持练习而并非疲劳练习：大家可以、也应该“不停地练习”，但“不停”不是连续练 5 小时，而是今天练、明天练、天天练。因为绕口令不是正常的文本，半小时无间歇绕口令训练已是“超高强度”了。在“每日练习”的前提下，每天 15 分钟左右的练习量就可以了。

D. 练习的有效性：“3 times fast”是西方人眼中绕口令朗读的及格线——快速、无误、连续地朗读绕口令 3 遍。我觉得这个标准很有意义。绕口令中特定位置的字词组合肯定是有难度的，但整个绕口令给发音器官造成的“持久且不断增加的压力”是“越念越慢、越念越错”的根本原因。如果绕口令的中段或后段朗读总是出现问题，而且难点针对训练也都完成了，暂时搁置绕口令练习并回归更基础的练习才是合理的选择，否则，难关将无法突破。

E. 练习绕口令和减肥健身的难度差不多；要做好，都不容易。

总结

在我个人学习英语发音的过程中，我用过上面所有的方法；在日常的教学活动中，我也让我的学生们使用过这些方法。但直到本节完成，我才清晰地意识到：发音基础练习可以如此烦琐、有这么多的要求。本节不是小题大做，更没有添凑字数的意图，我很负责地说：只有一丝不苟地完成练习，大家的发音才能有进步的可能。

答案及解析

练习题 1： 绕口令练习中的第一关注点是什么？

□ 准　□ 快　□ 连

答案及解析：准；请查看本节相关内容。

练习题 2： 为什么按压、揉捻“腮帮子”的时候会有“酸疼，但之后很舒服”的感觉？

□ 很少这么做，不习惯　□ 张嘴或咬牙的动作很频繁

□ 下颌和头部连接紧密

答案及解析：张嘴或咬牙的动作很频繁；请查看本节相关内容。

练习题 3：以下哪项关于发音练习的说法是不正确的？

□ 练习要有安排　□ 只要有时间就练习

□ 每天都要练习　□ 练习要有标准

答案及解析：只要有时间就练习；这样的练习可能会造成发音器官过度疲劳，从而减弱练习效果。

9.2 发音专项练习

在上一节中，我为大家推荐了一些发音的准备活动和基础练习。在本节，我将为读者提供一些针对具体发音问题、发音技术的练习。在此提醒读者：基础练习马虎不得，否则本节专项练习的作用将大打折扣或直接产生副作用——地基歪了，楼不会牢固。

☑ 练习说明

每项具体练习标题下的表格包含了该练习的相关信息。我在此对表格结构做如下统一说明：

A. 练习形式：单人练习或（2 人）结伴练习。在此提醒读者，发音结伴练习要求两位练习伙伴的发音水平相当，否则“互练”就变成了“教学”。

B. 训练方向：该练习针对的发音问题或发音技术。

C. 难度指数：以 1-5 标注；最高为 5。

D. 效果指数：该练习圆满完成对于提升整体发音的作用；以 1-5 标注；最高为 5。

E. 备注：练习注意事项等。

9.2.1 单词听写

练习形式	训练方向	难度指数	效果指数	备注
单人练习	拼写与发音的对应	1	1	N/A

很多词汇书和英语教材配有单词朗读音频光盘，或以在线方式存储单词朗读音频文件。练习者使用音频文件进行听写。可根据单词间隔时长调整重播录音的次数，以完成遗漏单词的拼写。不过，考虑到单词表朗读的速度不会太快，重播不宜超过 3 次。如果

经过重播、重听，依旧无法写出单词，应主要考虑单词的掌握是否存在问题。当然，单词发音不准确、单词误读会导致练习者无法回忆起已经掌握的单词及其拼写，但这种情况的可能性很小。

9.2.2 段落全文听写

练习形式	训练方向	难度指数	效果指数	备注
单人练习	拼写与发音的对应；弱式发音；连音；省音	3-4	1-3	复盘及针对性纯发音练习

段落听写提高了听写练习难度，相关事宜和注意事项也多了起来。首先，段落听写有两种：第一，段落填空听写，这种练习与单词听写的原理和效果十分相似，不再赘述；第二，段落全文听写。在进行段落全文听写的时候，请练习者注意：

A. 段落素材不要超过 200 词；

B. 不要使用常速新闻播报作为听写练习素材；常速朗读的文段不适合一般水平的练习者使用；

C. 不要使用生词量大于 20%的文段进行练习；

D. 由于句号的停顿相对明显，是良好发音的特征，所以标错句号与听错单词的严重性相当；

E. 总结听写错误（复盘）；虚词辨识失败或遗漏意味着（严重的）发音问题；

F. 文段播放速度与练习难度指数正相关，但不要（通过技术手段）慢速播放音频进行听写练习；

G. 复盘及针对性纯发音练习的完成程度决定整个练习的效果。

9.2.3 单音对比

练习形式	训练方向	难度指数	效果指数	备注
结伴练习	单音准确性	3	4	必须保持音高、音调、音量的一致

易混单音（例如：/ɪ/和/iː/）的对比朗读是常见且有效的练习方法，但请注意：不要以非声音质量的差异掩盖对比的不足。由于单音区分做得不好或者根本无法区分单音的差异，不少练习者以不同的音高、音调和音量去朗读需要对比的单音——一个音平

调一个音降调；一个音低一个音高；一个音小声念一个音大声念。上述操作都是错误的，也都是极其有害的。这就是此练习需要结伴的原因——多一双耳朵，多一重监督。练习伙伴轮流朗读、评判；以最严格的标准提出意见，并进行讨论和做必要的修正。

9.2.4 最小差异组

练习形式	训练方向	难度指数	效果指数	备注
结伴练习	单音准确性	4	4	必须保持音高、音调、音量的一致

“最小差异组”是：所有只有1个单音（音标）差异的单词的集合，例如：bad/bed/bid/bead/beard 这组单词。练习难度与最小差异组囊括的单词数量正向相关；练习者可以根据实际情况增加或减少组内单词的数量。练习伙伴轮流轮流进行朗读、评判。为确保练习有效，必须以同样的音高、音调、音量朗读需要对比的单词。

9.2.5 开放式拼读

练习形式	训练方向	难度指数	效果指数	备注
结伴练习	音节拼读	3	3	单音准确；无缝衔接

根据音节构成的原理，练习双方轮流提出元音、辅音组成音节。举例如下（练习双方以A和B表示）：

A. 第一轮：A提出/e/音，B朗读/e/音，A进行发音评判；
B. 第二轮：B提出/l/音前置或后置，A朗读/le/或/el/，B进行发音评判；
C. 第三轮：A提出/s/音前置或后置，B朗读/sle/或/els/，A进行发音评判；
D. （如有可能）第四轮或更多轮次。（略）

进行开放式拼读的时候，要注意“音节的可能性”，也就是在提出新的音的时候，要考虑该音是否有与已提出的音构成音节的可能性，例如：/-ls/（如 else）是可能的，但/ls-/（置于词首）是不符合英语拼读规则的组合，需要避免。

9.2.6 增读

练习形式	训练方向	难度指数	效果指数	备注
结伴练习	单音准确；音节拼读	2	3	单音准确；无缝衔接

“增读”练习是第 3 章第 2 节中“‘前推’与‘后靠’”练习方法的总称。每项增读练习都有 3 个序列，以 thrust 一词为例，展示如下（标注音标的“//”省略）：

ʌ → ʌs → ʌst → rʌst → θrʌst（后靠）

ʌ → rʌ → θrʌ → θrʌs → θrʌst（前推）

ʌ → ʌs → rʌs → θrʌs → θrʌst（混合）

之所以把增读练习算作结伴练习，是因为在练习的过程中，练习者会下意识地或习惯性地误读。此时，有一定能力且认真负责的练习伙伴就是大家练习效果的最后保障了。

9.2.7 虚拟单词

练习形式	训练方向	难度指数	效果指数	备注
结伴练习	单音分辨	4	4	单音准确；无缝衔接

根据英语发音规律造词；练习双方轮流造词、听写音标。这种练习最大限度地考查了辨音能力，因为（与生词相对的）“熟词”给练习者（听写者）带来的辨音助力不存在了，练习者必须完全通过分辨无序音标来完成听写。

本练习难度指数为 4；此难度为完成整个练习的难度，也就是“根据英语发音规律造词”和听写的难度总和为 4。因此，实施此练习的双方都要有一定的发音和单词基础。

9.2.8 节奏练习

练习形式	训练方向	难度指数	效果指数	备注
单人练习	弱式发音；连音；省音；重音计时	5	5	先（节奏）准确，后提速

在进行节奏练习的时候，请注意：

A. 选择合适的内容；推荐从散文练起；

B. 严格按照第 6 章第 3 节中的步骤完成“节（拍）”的划分是有节奏地进行朗读的基本前提；

C. 在练习初期，以每分钟 60 至 70 拍的速度进行，最终达到每分钟 90 拍或以上的速度；

D. 进行“困难节拍单独练习”：有的“节”（拍）中音节很多，不易压缩朗读时间，需要单独练习。 待操作熟练、成功压缩发音时间之后，再进行整句的节奏训练；

E. 把握节拍的准确性；切忌“多节 1 拍”（朗读速度过快）、“1 节多拍”（压缩不好、朗读过慢）。

9.2.9 练习注意事项

“我这么努力，为什么我的发音还是没有进步”是个有损士气的问题；答案也应该出乎读者的意料：练习低效、无效，甚至有的练习带来了副作用。 因此，就算大家使用上文提及的方法进行练习，如果不注意练习的具体要求，也是浪费时间。 除了每项练习的具体注意事项之外，练习者还要注意以下整体练习要求：

A. 再次强调：结伴练习双方的发音水平大致相同；此外，请练习伙伴以负责的态度进行合作；

B. 具体练习（例如“虚拟单词”）可能需要具备发音之外的其他能力，请练习者酌情选择；

C. 练习全程录音加强了评判的准确性，提供了练习回顾的可能性；

D. 在无法就具体问题达成一致时，可考虑引入（权威）第三方进行评价；

E. 结伴练习中非原则性的不同意见可以保留。 例如，某练习者习惯使用降调朗读需要对比的单词，这不违背任何练习的原则和注意事项，本无可厚非。 但“不违规”“充分发挥练习的作用”“进行全方位的练习”毕竟是三个不同等级的要求。 我希望大家“从严练习”，但“严”到什么程度请练习者自行选择。

总结

关注了“易路教育”微信公众号的读者，可以点击底部菜单“看/VIEW”，然后在弹出的“老张专栏”中，找到《有效先于高效》这篇往期推送文章，这篇文章的题目就是本节最好的总结：不好的练习，练了也是白练；好的练习，不按规定练还是白练。

9.3 漫长的发音练习过程

“我要多久才能练好发音”是所有英语发音学习者有意无意都会关心的问题。开篇明义：我无法告诉大家一个具体的时间周期，但我可以告诉大家“这个过程远比想象中的长”。我知道这样说不仅没有为大家解惑，还给大家增加了心理负担，但在这个话题中，你我的主观意愿和个人倾向没有一丝一毫的分量。

9.3.1 “瞎练伤身”

相对于“10000小时原理”这个理论，“刻意练习”（deliberate practice）是一个陌生的概念。但读者知道这两个概念其实是不可分割的吗？且不论完成10000小时的练习有多难，大家知道只有在刻意练习的前提下，10000小时原理才会起作用吗？那什么是“刻意练习”呢？形象地讲，刻意练习就是用你觉得枯燥、乏味、辛苦、看不到尽头的方法去练习；简而言之，怎么不舒服怎么练。

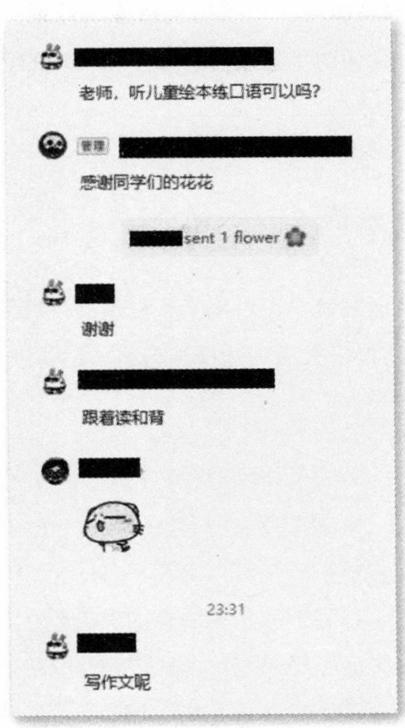

上面的图片有点跑题，但可以用来类比说明发音练习的问题。 图片显示了学习者对“如何提高口语”这个问题的思考。 几百人在线的课堂中没有一位学习者提出“努力开口”或类似答案，因为在大家看来，即使选择“背单词”这种难以接受的方法，也比“开口讲英语”更容易！ 大家的选择暴露了人的本性：从简、从易。 学习者进行发音练习也是这个思路——哪种方法省力，就用哪种。

但是，如果能有简单快捷而且受学习者欢迎的发音练习方法，我为什么不推荐给大家呢？ 就算我才疏学浅，别的老师和研究者也找不到这种方法吗？ 就算真有这种方法在未来静待研发，难道大家一定要等到这种方法出现才开始练习吗？ 如果真有这种方法，为什么国人的英语发音现状还是不理想呢？

快速朗读掩盖了单音的不足；没有监督的练习让大家将错就错；按照个人兴趣选择朗读文本以致练习者应接不暇；双方水平不一的结伴练习早晚会散伙；用新闻素材练习发音却获得了积累词汇的效果……这些“为所欲为”的练习态度耗了时间、费了力气、坏了心情、乱了视听、毁了进步，事实不正是这样吗？

大家可以选择 “是否进行发音练习”；但如果希望高效地提高英语发音水平，大家不能自由选择“练习方法”；任何对练习项目、顺序和要求的调整都要遵从科学、权威的意见。

9.3.2 练习的理性分析

至少在现阶段，绝大部分英语发音学习者根本不具备品评练习方法的能力，更没有太多可供别人借鉴的有效方法。 但是大家在选择练习方法的时候要有理性精神：

A. 这个练习的目的是什么？
B. 这个练习的原理是什么？
C. 这个练习的周期是什么？
D. 这个练习的预期效果是什么？
E. 这个练习的效果是否有实例证明？
F. 这个练习对我的发音缺陷有什么帮助？
G. 如何克服这个练习中的难点？

而不是关心：

A. 这个练习是谁提出来的？
B. 这个练习有多少人在用？
C. 这个练习是否比别的练习更省力？
D. 这个练习是否是所有练习中最省力的？
E. 这个练习我是否喜欢？
F. 这个练习操作起来是否简单？
G. 如何躲过这个练习中的难点？

理性是优秀的品质，成功不能感情用事。对发音练习效度的理性思考决定了练习的效果。

9.3.3 修正英语发音不比学普通话更简单

英语发音学习者把“卷福”或者BBC新闻播音员当作发音模仿的对象，和把普通话“一级甲等”或“一级乙等”的标准作为自己中文发音的努力方向是一样的。如果两者有什么区别的话，那就是后者可能更简单一点。我承认，确实有不少学习者把“发音清晰、不影响理解”作为奋斗目标，但就是这个看似不高的要求也不容易达到。

我的女儿不到4岁，她说中文时有“平翘舌音不分”的问题。例如，她会把“从”念成“虫”。我起初还有些担心：我和太太都口齿伶俐，而且女儿出生至今一直在京生活；两家老人虽然普通话不标准，但不常相聚，也并没有对孩子产生太大的影响。这孩子怎么会有这样的发音问题呢？在听过了朋友孩子、女儿幼儿园同学说话，特别是看到了下面的理论之后，我放心了。

语言是一种高级神经活动；发出语音是一个非常复杂的过程。言语不清（发音不准、吐字不清）实际上是咬字器官、呼吸器官和发音器官的整体配合功能不协调造成的。所以孩子在发音器官发育时期，个别字音不准、吐字不清的情况是正常的。

读者现在再想想：达到英语“发音清晰、不影响理解”的目标容易吗？如果大家说：我们成年人的发音器官已发育成熟，而且功能完善，可以应对英语发音的需求；那我只好反问大家：成年人发音器官是不是在中文发音模式下发育成熟的？你转而说英语时是不是要“再成熟一遍”？ 就算发音器官可以瞬时调整到“英语发音模式”，以母语为英语的孩子从学会说话到发音清晰之间的这个练习过程，大家打算什么时候补上呢？

9.3.4 那些“无法修正”的问题

很多人在学习发音的过程中，总会遇上一些好像无法修正的问题。 例如：only 和 school 这两个单词。 在念 only 的时候，大家会在第一个字母和第二个字母的发音之间加上 schwa 音，念成/ˈəuənli/；念 school 的时候，结尾辅音丢失，单词发音变成了/skuː/。 这两个问题的解决方法本来很简单：去掉/ə/音；加上/l/音。 但是，在实际教学中，这些问题非常顽固、很难修正。 为什么呢？

第一，不会单音念法。 把 school 结尾辅音丢掉的发音者十之八九不会单独念/l/音；如果一定要念出这个舌侧音，大家要么念成/lə/，要么干脆念成双元音/əu/。 同理，能念准/n/音的学习者也不多，所以大家用/ən/音代替/n/，进而把/ˈəunli/念成了/ˈəuənli/。

第二，不会英语拼读。 这也是念错 only 的重要原因：因为不会英语拼读，所以用汉语拼音复韵母 ong 的发音代替/əun/的发音；因为不会英语拼读，一旦要将/əu/和/n/进行连接，大家一定要在其间加上/ə/音才觉得踏实。

很多时候，不是大家念错了，而是大家根本不会念；不是问题无法修正，而是大家应该从头学起。

9.3.5 那些可对可错的时刻

英语发音学习者无法避免接受指导、自我纠正的过程。 在初次尝试使用正确的发音方法时，大家面前有两条路：念对或继续念错。 问题是：“念错了这条路”很容易，大家走习惯了，因此大家很容易继续念错。 在准备纠错，也就是第一次试图念正确发音的时候，请大家停下来！

请大家深呼吸，反复回想正确的发音方式，反复明确自己之前念错的原因，然后找到那种张口却说不出来的感觉！ 重复上面的过程，再次克服“难以开口”的感觉，以自己不适应的方式完成发音修正!

有几点说明如下:

A. 早念对一次，不只是少念错一次；因为多错一次，修正的难度就大一分。再顽固的错误也是这样一次次的错误累积而成的。要想提高效率，就要尽快念对。

B. “难以开口”是正、误念法斗争的结果：“老念法习惯了；新念法才是正确的”让我们不知该如何开口。

C. 在修正发音的时候，一定要慢。正确的念法是陌生的，以不熟悉的方式发音需要反应时间，不假思索地念出来的都是习惯性发音，也就是错误的发音。

在为学习者纠音的过程中，我不止一次听到学习者抱怨：“这么念很别扭”。尽管大家有一直错下去的权利，但说出这样的话、有这种的想法的学习者简直不可理喻。

9.3.6 那些自我怀疑的时刻

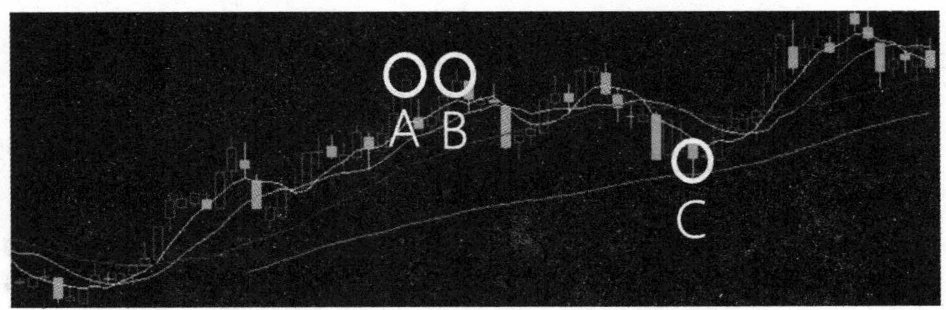

图中的股价走势和大家英语学习进步的过程十分相似:

A 点：这是发音稳步提升并到达的历史最高水平。此时大家欢欣鼓舞，感觉前途无量；

B 点：此时的状态不会让大家不高兴，因为毕竟和历史最高水平持平。但花了时间却没有进步，略感遗憾；

C 点：会让大家非常不高兴，练习了很长时间，却退步了很多。

不管是 A 点和 B 点之间的小幅波动，还是 B 点和 C 点之间的大幅下降，这些都是大家不愿见到但无法避免的“停滞期”——进步停滞（甚至倒退）的学习阶段。读者在很多不同的领域也会有同样的经历：花费了时间但未取得效果。此时大家能做的就是：加强有效练习，寻求外部帮助。如果跨越了这个停滞期，大家可能会有非常大的进步。

在停滞期，阶段性的回顾能为学习者打气。当大家自我怀疑的时候，翻出之前的练习录音听听，说不定大家能立刻“满血复活”；录制时间越早的录音听起来“感觉越好”，对吧？适当进行自我鼓励是积极的，但大家还是要尽力找出困难所在，只有水平的真正提升才能终结“停滞期”及其负面影响。

总结

虽然学习者可以通过勤奋努力、拜师学艺让发音练习变得更加高效，但大家无法大幅缩减练习的过程。在美国纪录片 *The Real Hustle*（《骗术真相》）中，骗术高手通过拆解骗局警示世人防骗。我以片中的金句作为本节总结：

If something is too good to be true, it usually is.

——如果有些事好到了不真实的程度，这些事就不是真的。

第 10 章

国人常见的英语发音问题——事出有因

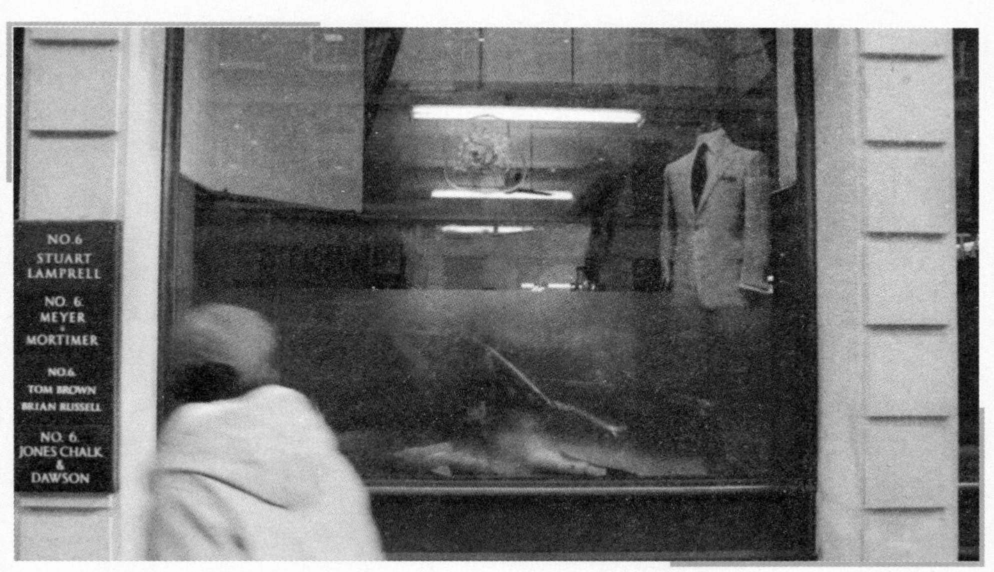

章节总览

读者可能觉得本章的开篇图片并无特别之处，也没有之前章节图片传递出的“敬业和专注”；大家也不会想到“橱窗下半部分的不透明贴纸”将会引出本章关于国人英语发音问题的讨论。

用现在的话讲，Savile Row 西装店的顾客是“高端人群”，不管在哪个年代都是如此。因此，展示店面或向潜在客户传递“本店业务繁忙”这一信息，就与保护客人隐私形成了矛盾。橱窗上不透明的贴纸完美地解决了这个矛盾。

毫无原因的事情是没有的，只是有些原因过于琐碎，或者有些原因超出了人类现有的感知能力。国人觉得英语发音“拗口”“别扭”确实事出有因，而且这些原因是有迹可循的。在本章中，我将为读者展示华丽学院师生协力进行的《国人英语发音调查》及研究成果。相信读者可以通过这项调查，找到自己的英语发音问题以及解决方法。

10.1 《国人英语发音调查》相关说明

10.1.1 调查目标

研究国人英语发音中的普遍问题以及中文方言对国人英语发音的影响。

10.1.2 调查形式与采样基本数据

为了更好地了解国人的英语发音现状，我与华丽学院学员在 2015 年进行了《国人英语发音调查》；调查分为文本朗读录音采集和分析两个阶段。本次调查共收集了来自中国 6 个地区、19 个省/直辖市、44 个县市，共计 71 份有效录音。详情如下：

地区	省/直辖市	县市	有效录音数量
华东	上海		4
	安徽	六安	4
		阜阳	2
	山东	东营	1
		德州	1
		济南	1
	江苏	南京	1
		常州	1
		徐州	1
		泰州	1
	浙江	绍兴	2
		金华	1
华中	江西	南昌	4
		赣州	1
	河南	新乡	1
		洛阳	3
		郑州	1
		驻马店	1
	湖北	咸宁	2
		孝感	1
		武汉	2
		荆州	2
		襄阳	1
	湖南	常德	1
		永州	1
		郴州	1
		长沙	1
华北	北京		1
	天津		1
	山西	临汾	1
		忻州	1
	河北	沧州	1
		石家庄	1
		邢台	1

（续）

地区	省/直辖市	县市	有效录音数量
华南	广东	台山	1
		汕头	1
		深圳	1
		湛江	1
西南	云南	丽江	4
		大理	1
	四川	成都	5
	贵州	平塘	3
	重庆		3
东北	辽宁	鞍山	1

10.1.3 朗读文本说明

本次调查使用的朗读文本为：*Comma Gets a Cure*，即本书第 8 章第 1 节中“记叙文”文体例文。本文以 J.C. Wells 发明的“近似音位词表”（Standard Lexical Sets for English）为基础，由 Jill McCullough 和 Barbara Somerville 创作、Douglas N. Honorof 编辑。

10.1.4 调查受访者说明

本次调查共访问71 人，其中：高中学历 2 人，本科学历（或在读）59 人，硕士学历（或在读）7 人，博士学历（或在读）3 人；女性 52 人，男性 19 人；所有受访者平均年龄 22.6 岁。

10.1.5 调查数据简要分析

调查区域及采样

由于华丽学院调查人员身份等条件的限制，调查涉及区域的广度和细分程度还有很大的提升空间。此外，普通话的推广及受访者年龄结构使“中文方言对国人英语发音的影响”这一调查目标未完全达成。

年龄

鉴于方言逐渐失传且影响日益减弱，“受访者平均年龄偏小”这一因素对本调查的影响不是很大。此外，由于历史原因，英语学习真正在中国流行开来始于 20 世纪 70 年代末、80 年代初，本调查及其结果具有很强的现实意义和实践指导作用。

学历

受访者学历平均水平较高，但调查中并未发现“学历与英语发音水平”的相关性；相比之下，个人英语发音学习背景是更具决定性的因素。

文本

朗读文本的科学性不容置疑，但调查反映出：受访者的英语水平普遍未达到理解此文本的标准。因此，“由于对文本不熟悉导致的发音不畅”未被统计。但考虑到满足国人英语平均水平的文本可能影响发音测试的准确度，使用当前文本实属无奈之举。

10.2 调查中发现的国人英语发音问题及解决方法

10.2.1 国人英语发音问题

省/直辖市	问题
上海	1. 整体发音语速偏快，导致轻重音节对比缩减 2. 词尾辅音省略，例如：itch(y)
安徽	1. 有习惯性儿化现象，但标准英语/r/音不到位 2. /l/音与/n/音混淆 3. 有较生硬的升调 4. 发音器官过于松弛 5. 音节等长，且被偏快的发音速度放大

（续）

省/直辖市	问题
山东	1. 平均发音速度较慢 2. 音节等长 3. 发音器官力度偏大，动作不够细腻
江苏	1. 发音语速偏快 2. 元音普遍偏短 3. 嘴唇力度偏小 4. /l/音替代/r/音 5. /l/音与/n/音混淆
浙江	1. 元音发音位置后移 2. 舌尖动作不到位，导致相关音素发音不清晰 3. /l/音替代/r/音
江西	1. 结尾降调时长过短 2. 嘴唇和舌尖力度不足或动作不到位 3. 音节等长
河南	1. 降调偏少或降调中的音高下降幅度不够 2. 结尾爆破音后添加 schwa 音 3. 调高偏高 4. 音节等长
湖北	1. /r/音替代/z/音，例如：zoo 2. 元音普遍偏短 3. 降升调过于频繁 4. 嘴唇和舌尖力度不足或动作不到位 5. 鼻音稍重 6. /s/音和/ʃ/音混淆 7. /l/音与/n/音混淆 8. /f/音和/v/音混淆
湖南	1. 音调突兀，大幅上升；鼻音稍重 2. /hw/音替代/f/音 3. /l/音与/n/音混淆
北京	1. 平调居多，导致声音无起伏感 2. 双元音不饱满 3. /ə/音后使用不必要的/r/音 4. 有习惯性儿化现象，但标准英语/r/音不到位

（续）

省/直辖市	问题
天津	1. 降调过多 2. 双元音不饱满 3. 音调波动过大 4. 有习惯性儿化现象，但标准英语/r/音不到位
山西	1. 降升调过度使用 2. 单元音发音发生滑动
河北	1. 音调波动过大 2. 单元音发音发生滑动；双元音滑动不够 3. 以/w/音替代/v/音 4. 词首重音后移 5. 口型集中不到位，例如：morning，long
广东	1. 舌部不灵活，辅音丛发音迟缓 2. 辅音丛完全或部分省略的情况，例如：che(cked) 3. 鼻音偏重 4. 结尾辅音后添加不必要的元音 5. 元音发音位置偏后 6. 词尾爆破音省略 7. 以/s/音替代/ʃ/音 8. 以/t/音替代/θ/音 9. 以/d/音替代/ð/音 10. /l/音与/n/音混淆 11. 严重音节等长
云南	1. 结尾降调时长过短 2. 结尾辅音拖音、增音，例如：manage(-y) 3. 音节轻重区分度小 4. 语速偏慢 5. 调高偏低
四川	1. /r/音替代/z/音，例如：zoo 2. /ri/音节发音不清晰，例如：Perry 3. 音节等长 4. /hw/音替代/f/音 5. /l/音与/n/音混淆 6. “前词升调，后词降调”的音调模式使用不当

（续）

省/直辖市	问题
贵州	1. /r/音替代/z/音，例如：zoo 2. /ri/音节发音模糊，例如：Perry 3. 小开口口型不到位，例如：/e/音口型 4. 升调过高 5. 以/s/音替代/ʃ/音 6. /l/音与/n/音混淆 7. 音节等长 8. 偏平的音调使轻重音对比缩小
重庆	1. 语速过快 2. 其他问题同“四川”
辽宁	1. 双元音不饱满 2. 音调波动过大 3. 发音器官力度偏大、动作不够细腻

10.2.2 国人英语发音问题的解决方法

在此，我不想再谈具体的发音技术了，因为我能想到的、找到的、读者可以接受的英语发音知识已经分享完毕。虽然国人的英语发音问题在本节列得最全，但在本章之前，我已经给出了所有这些问题的解决方法，因为本书就是这些方法的集合。

中国人应该如何学好英语发音？我的回答如下。

首先，谨言慎行。发音调查受访者会把 mirror 读成 minor，把 comma 读成 come on，把 bird 读成 bride，或者把 duke 读成 duck；调查中多人、多次出现这个问题。我不知道大家为什么做某事，但如果大家决定开始某个项目，难道不应该全心全意、心无旁骛吗？英语发音对于中国英语学习者来讲，只有正误之分：没读好是错、记不清是错。“不错”是“好”的意思，但“避免所有可以避免的错误”才是“不错”的本意。

其次，忘记母语。虽然有点难，但如果平心静气、耐心踏实地学习英语发音的话，大家是可以战胜“难念的英语发音用中文发音代替”这个小恶魔的。所以，“忘记母语”是学好英语发音的前提，更是“知道如何学习发音”的表现。如果大家不知道“英语和中文发音不一样”，如果大家做不到忘记母语，大家的英语发音学习就是一时冲动，自然也不会有任何结果。

再次，基础牢固。读者应该数不过来书中“翻看”“回顾”“复习”等说法出现的次数了吧？我也是。学习的过程不可逆，错过了就是错过了，“补”的机会随着人生的推进越来越少，所以请大家珍惜“第一次学习”的机会。我强调基础的另一个原因是：我看过太多学习者无法想象的失败案例。我真的不希望大家直到楼无法搭建的时候才去修正地基，更不希望大家的学习大厦轰然坍塌。

最后，针对解决。发音是一门科学的科目，所以发音问题也应该有科学的解决方法。有些方法确实能够立竿见影地解决大家的发音问题，但大家要明白：因为习惯了错误，所以修正必然耗时；因为声音转瞬即逝，所以讨论分析势必有些麻烦；因为基础练习枯燥乏味，所以坚持完成必然困难。“该做什么就做什么”谈何容易，因为大家很难不被个人情感和外界舆论所左右。但是，只有求医问药、对症下药、坚持服药，才能重获健康。

第 11 章

拾 遗——附录

章节总览

不要说近 20 年的教学生涯，就是在沪江平台进行网络授课近 5 年的时间里，有太多发音教学的点点滴滴值得记录：课程的产生、教法的改进、学员的进步、知识的整理、理论的完善、同行的竞争……由于各种原因，有些内容无法在本书正文部分出现，但这些内容确实和发音学习相关，也一定会让大家眼前一亮。

到此，Savile Row 的故事讲完了。在最后这个章节的开篇，我为读者选择了一张略显粗糙的缝纫工具的图片。这些工具就像上文提到的“点点滴滴”：我们可能无法确定它们缝制了服装的哪个部分，就像我无法确认哪些人和事成就了本书的发音教学理论，并让学员们取得了不同程度的进步。但我能确定的是：这些点滴一个都不能少；所有的人和事都在不同的层面、不同的时间发挥着不可取代的作用。

书总是要结尾的。 在此，我将日常收集的华丽学院有代表性的师生文字作品进行汇总，读者在本章中将会看到：

- 本书正文的注释和补充
- 华丽学院学员的学习心得
- 华丽学员教师的教学心得

我写不出“后记”，就让这些闪光的点滴作为本书的结尾吧。

附录 1 本书词表

书中用语	类别	要点	例音、例词	详解与参照
小开口	发音口型	自然开口；稍咧嘴角	ɪ、ə	嘴部放松，稍稍张嘴，嘴角有极微小上提但口型仍为扁平形状；极像汉字“你”的口型（不包含舌位，下同）
咧嘴角		咧开嘴角	iː	嘴角向左右两侧上提、分开，需稍稍用力；注意不要嘴角下咧，不要引发颈部紧张
含水状		增加口腔容量	ɒ	口腔打开，找到呕吐的感觉以完全打开口腔；“张口含水”也有类似的感觉
亲吻状		嘴唇突出外翻	ʃ、ʒ	嘴部收拢突出，同时上、下唇分别向上、下拉伸；极像亲吻镜子/玻璃且留下唇印而做出的口型
霍形嘴		嘴唇突出收拢	ɒ、ɔː	嘴唇收拢、形成（近似）圆唇；嘴唇构成的圆形大小随张嘴程度的变化而改变；极像汉字“霍”的口型
后卷舌		卷舌	r、ɜ˞ː、ər	舌尖向上抬起，然后尽量向后卷；在普通话中“入”字舌位的基础上继续卷舌
口型滑动		滑动	aʊ、aɪər	一个音素的口型和舌位移向另一个音素的口型和舌位；一口气完成；多见于双元音、三元音
口型保持		保持	ɑː、ɔː	保持口型和舌位的位置，不受其前、后音素的影响；为（长）单元音的的发音要点
极前、靠前	发音位置	发音位置靠前	iː	齿、唇、舌尖用力；音位在口腔前端形成；一般“小开口”“咧嘴角”的音位发音位置靠前
居中、中后		发音位置居中	ə	舌中部用力；口型比较放松，一般“小开口”的音位发音位置居中
靠后		发音位置靠后	ɑː	低喉位、口腔容量增加，有利于解放口腔后部；开口较小的音也可由口腔后部发出，例如：/uː/、/ɔː/

（续）

书中用语	类别	要点	例音、例词	详解与参照
临界接触	发音动作	临界接触	θ、ð	唇齿或舌齿接触但不产生压力；保留微小气流通道；与“吹响纸片或树叶”的感觉相似
舌尖振动、下唇振动		摩擦产生振动	v	气流和声带摩擦、产生振动发声；气流和发音器官临界接触时留下的微小气流通道摩擦、产生振动发声
无缝衔接		无缝衔接	bone	音素或音节需要连贯朗读时，避免在衔接处进行停顿、换气、添加过渡音或流出发音空白
口型随动		口型随动	s、l	为方便发音，对嘴唇形态没有特定要求的辅音会以其后元音（近似）口型发音（对比 seem 和 saw 中 s 的发音）
长音、短音		长音、短音	ɜː、ə	发音时长是相对概念；发音口型准确的重要性远大于发音长短的细微差异；辅音无长短之分
中文替代	发音问题	中式发音替代	/en/→“恩”	使用中文音位、音节代替类似的英语发音结构；此问题为“下意识行为”；“单音准确、严谨拼读”是唯一解决方法
误读		误读	front：ʌ→ɒ	音位完全错误；在朗读中添加、删改原文字词
发音过长		发音过长	rain	为了实现 /eɪ/ 音滑动，双元音发音过于缓慢
发音不足		发音不足		/r/音卷舌不到位，有所欠缺
发音过短		发音过短		/n/音长度极为欠缺或没有发音，或者发音气流与发音口型不同步（有口型，但没有相应口型产生的发音）
添加音素		添加音素		音素间“无缝衔接”不理想，如：/reɪən/中，/ə/音就属于发音中本不应该有的音
口型过紧		口型过于紧张	不确定	发音器官过于紧张、僵硬；或者由于缺乏锻炼，出现面部肌肉颤抖等情况

附录 2　音标补充练习及说明

1. 下表汇总了第 2 章每节例词 1、2 及该节其他例词；有能力的读者可以使用下表补充的“该节词组”和“该节句子”进行综合练习。
2. 本着“温故知新”的原则，所有“该节词组”和“该节句子”覆盖的音素均不超过“截至该节所讲解音标”的范围；请练习者认真复习，稳步练习。
3. 下表中所有单词和词组以 DJ 音标标注；所有单词的发音标注均为强式；连贯朗读词组和句子的时候，有些单词需要使用弱式；如需回顾，请参看第 4 章第 2 节。
4. 该节音标，以“/”分隔英式与美式音标及多个可选美式发音；例如：ə/ə/ɚ 表示“英式/美式发音 1/美式发音 2”；韦氏音标没有在下表中列出。

节号	该节音标	例词 1	例词 2	该节其他例词	该节词组	该节句子
2.5	ə/ə/ɚ；ɜː/ɝ	a	err	n/a		
2.6	t；d；k；g；p；b	n/a		Turk; burp; dirt; girder	a burger burp eɪ ˈbɜːgə bɜːp	n/a
2.7	ɪ；iː/i	pig	geek	bit; bid; beat; bead	bitter tea for a dirty geek ˈbɪtə tiː fɔː eɪ ˈdɜːti giːk	n/a
2.8	l；n	Lee	eel	kilt; nil; kneel; glee	a gleaming pearl pin eɪ ˈgliːmɪŋ pɜːl pɪn	Lilian Lean pleaded guilty. ˈlɪliən liːn ˈpliːdɪd ˈgɪlti
2.9	s；z	seek	zit	sir; zip; zeal; seize	six dirty sneakers sɪks ˈdɜːti ˈsniːkəz	Peel a leek, Nick. Please... piːl eɪ liːk nɪk pliːz
2.10	e/ɛ；æ	leg	nag	lenses; bed; pal; bad	ten pals and ten cans ten pælz ænd ten kænz	Ken can easily beat Tim. ken kæn ˈiːzɪli biːt tɪm

（续）

节号	该节音标	例词 1	例词 2	该节其他例词	该节词组	该节句子
2.11	θ; ð	thank	than	teeth; these; tether; zither	the sixteenth lab lesson ðiː ˌsɪksˈtiːnθ læb ˈlesən	Ted needed the Internet at work. ted ˈniːdɪd ðiː ˈɪntənet æt wɜːk
2.12	ɒ/ɑ; ɔː/ɔ(r)	sock	Paul; port	doll; cotton; torn; north	Gil Norton's pretty doll gɪl ˈnɔːtənz ˈprɪti dɒl	Thor hammered his enemy on the head. θɔː ˈhæməd hɪz ˈenəmi ɒn ðiː hed
2.13	r; h	reel	hall	haunt; read; ran; crawl	(to) return the red rod (tuː) riˈtɜːn ðiː red rɒd	Rammy rinsed his lips with red tea. ˈræmi rɪnst hɪz lɪps wɪð red tiː
2.14	eɪ/e; ɔɪ	spade	noise	tale; pain; loin; loyalty	the pain of toil on the soil ðiː peɪn ɒv tɔɪl ɒn ðiː sɔɪl	The rain in Spain killed the oil business. ðiː reɪn ɪn speɪn kɪld ðiː ɔɪl ˈbɪznəs
2.15	f; v	fiend	veal	very; five; fervour; fever	a valid traffic ticket eɪ ˈvælɪd ˈtræfɪk ˈtɪkɪt	Valerie fought violence for freedom. ˈvæləri fɔːt ˈvaɪələns fɔː ˈfriːdəm
2.16	ʊ/ᴜ; uː/u	full	fool	pull; goods; boot; cocoon	tools to keep the room cool tuːlz tuː kiːp ðiː ruːm kuːl	The cool food for kids is not good for health. ðiː kuːl fuːd fɔː kɪdz ɪz nɒt gʊd fɔː helθ
2.17	m; ŋ	ma'am	sing	meme; min; song; thank	minimizing mining risks ˈmɪnɪmaɪzɪŋ ˈmaɪnɪŋ rɪsks	Mannings is maximising its influence. ˈmænɪŋz ɪz ˈmæksɪmaɪzɪŋ ɪts ˈɪnfluəns
2.18	əʊ/o; ʊə/ᴜr	cone	moor	tour; allure; only; bone	an old cure from a tourist æn əʊld kjʊə frɒm eɪ ˈtʊərɪst	The only security we have is our endurance. ðiː ˈəʊnli sɪˈkjʊərəti wiː hæv ɪz ˈaʊə ɪnˈdjʊərəns
2.19	ʌ; ɑː/a/ar/æ	nun	father; Carl; glass	sung; sun; bun; barn	the barn in front of us ðiː bɑːn ɪn frʌnt ɒv ʌs	Carl is running in half a circle. kɑːl ɪz ˈrʌnɪŋ ɪn hɑːf eɪ ˈsɜːkəl

（续）

节号	该节音标	例词 1	例词 2	该节其他例词	该节词组	该节句子
2.20	tr；dr	try	dry	truth; trace; drain; drill	the drill on the train ðiː drɪl ɒn ðiː treɪn	The trophy is Tristan's truest dream. ðiː ˈtrəʊfi ɪz ˈtrɪstənz ˈtruːɪst driːm
2.21	aɪ；aʊ/aʊ	nine	town	idea; Einstein; found; pout	an ounce of reliability æn aʊns ɒv riˌlaɪəˈbɪləti	Michael renounced his cowardly father. ˈmaɪkəl riˈnaʊnst hɪz ˈkaʊədli ˈfɑːðə
2.22	ʃ；ʒ	shush	usual	rash; shown; genre; mirage	an unusually lavish occasion æn ʌnˈjuːʒuəli ˈlævɪʃ əˈkeɪʒən	She treasures Sean's visionary ideal. ʃiː ˈtreʒəz ʃɔːnz ˈvɪʒənəri aɪˈdiːəl
2.23	tʃ；ʤ	leech	judge	butcher; ciao; Jew; drudge	a gigantic charity job eɪ dʒaɪˈgæntɪk ˈtʃærəti dʒɒb	The judge chose Jack to chair the meeting. ðiː dʒʌdʒ tʃəuz dʒæk tuː tʃeə ðiː ˈmiːtɪŋ
2.24	eə/ɛr；ɪə/ɪr	spare	spear	mayor; scare; smear; dear	air barely breathable eə ˈbeəli ˈbriːðəbəl	Claire is sheerly scared by the other heir. kleə ɪz ˈʃɪəli skeəd baɪ ðiːˈ ʌðə eə
2.25	w；j	when	yes	we; wow; yea; hallelujah	twenty years wasted ˈtwenti jɪəz ˈweɪstɪd	The woman wept and said "Yes" to Yeats. ðiː ˈwumən wept ænd sed jes tuː jeɪts
2.26	ts；dz	pizza	woods	tsunami; Brits; roads; stands	the stands on the streets ðiː stændz ɒn ðiː striːts	Lots of pizza brands make loads of money. lɒts ɒv ˈpiːtsə brændz meɪk ləudz ɒv ˈmʌni

附录 3 《发音“糊弄一下”很简单》

说明：此文为本书作者早期在“易路教育”微信公众号上推送过的教学笔记；副标题为“极速英语发音辅导及成果展示”。此文记录了张嵩老师纠正华丽学员“晴天”发音的过程。

近年来，随着英语学习需求的升级和原版影视作品的流行，英语学习者对英语发音的兴趣也愈发浓厚。很多学员自认为水平不错，而且坚信：如果需要提升发音，只是需要简单听一下原文、跟着示范朗读念几遍就可以了。但事实往往不尽如人意。大家可以反思一下自己的普通话水平，是否至少要获得《普通话水平测试》“一乙”的成绩，才算普通话发音优秀呢？但就算我们是中国人，又有多少人的普通话能够达到这个水平呢？那么英语作为一门外语，大家又需要花多少时间进行练习，才能获得令人满意的发音水平呢？

当然，有人认为“我不需要那么好的发音，而且我也没有那么多时间进行练习，我该怎么办？”很简单，其实你只需要接受我 15 分钟的指导，并完成一些可以自行操作的查询工作，就可以显著提升文段的发音水平。请听下面的音频对比（见附录 3 文件 1 与文件 2），音频原文如下（其中的下划线标注请大家暂时忽略）：

> This is the simplest yardstick of economic performance. If one person, firm, or country can produce more of something with the same amount of effort and resources, they have an absolute advantage over other producers. Being the best at something does not mean that doing that thing is the best way to use your scarce economic resources. The question of what to specialize in—and how to maximise the benefits from international trade—is best decided according to comparative advantage. Both absolute and comparative advantage may change significantly over time.

大家听到的音频其实是第一版和第四版的对比；4 版录音的背景和录制准备工作简述如下：

A. 第一版：准“零”准备，学员在查证生词发音后立即录音；

B. 第二版：学员确定文段翻译后录音；

C. 第三版：学员自行完成并确认断句、换气的操作后录音；

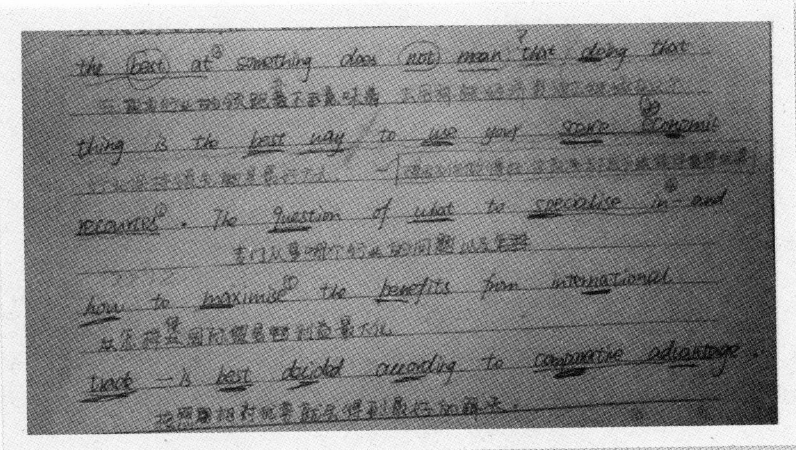

the best at something does not mean that doing that thing is the best way to use your scarce economic resources. The question of what to specialise in — and how to maximise the benefits from international trade — is best decided according to comparative advantage.

D. 第四版：学员在接受我对其重读、弱读、连贯发音的指导后录音。 截至第四版录音之时，我对学员“晴天”的辅导总计 15 分钟。

关于上述过程有几点说明：

A. 如果发音学习者词汇、语法水平及发音能力（包括中文发音能力）较强，达到相同的进步幅度应该会消耗更少的指导时间；

B. 绝大部分国人英语发音不佳的重要原因是“不理解文段内容”和“对单词发音的掌握似是而非”；

C. 从专业角度来讲，“晴天”的第四版录音中所有句子和分句的发音仍然存在明显不足；

D. 该学员固有的发音障碍（舌部动作不灵活，俗称“大舌头”）及顽固的误读（例如：effort）将会成为其后期进步的巨大障碍。

仔细想来，大家学习发音的困难无外乎：文本理解有问题、词汇贫乏、语法混乱、舌头不灵活……但这些困难是发音老师讲课的重点还是学习者个人应该解决的问题呢？ 如果大家可以用发音词典查到单词的标准发音，那是不是误读也应该可以避免呢？ 此外，就算“技术活”停顿换气不也是“晴天”自己确认的吗（辅导过程确实如此）？难道大家不知道说话的时候要喘气、换气？ 退一万步说，重读、弱读、连贯朗读确实需要老师的技术指导，但是现实生活和教学中是不是有很多发音学习者是音盲、没有节奏感？ 大家不会鼓励一个五音不全的人去当歌手吧？

我经常对学员戏谑地说：“你念成这样，出去混吃混喝是够了，但是要想扬名立万那是没有希望的。”第四版录音在我听起来已经足够“好”了。 这里的“好”是“够用”的意思，也就是说“你的发音不会给别人带来理解方面的障碍”。 大家可能会问，什么叫“好”呢？ 很简单，如果大家能听出这个段落第二句话中“晴天”的发音问题（文本中以下划线标注），并且能够正确地朗读，那么大家的英语发音就是“好”。但是要想达到这个程度，几个月的练习时间是必要的，而现实中达到这个标准的人可谓凤毛麟角。 经历过普通话水平测试的读者应该能够理解其中的难度。

提高发音水平不必参加课程培训，因为绝大部分学习者对发音的追求只是“达到浑水摸鱼的程度”——这是理智思考的结论，也是我支持的态度。 把“发音准确、甚至发音地道”当作目标也是可行的，但大家要有极大的决心并愿意为自己的目标付出不懈的努力。 而只有在大家下决心追求完美的时候，我的工作才刚刚开始……所以，我郑重地问大家一个问题：你是想“混”，还是想“好”呢？

附录 4 《有价值的细节》（作者：HEP 课程学员“星星”）

何为盲？曰：盲者，亡目也。眼不能视，是以为盲。但大家也知道，对事物有误解，也是某种意义上的“盲”。说到这里，看客们定要说我毫无新意：人人都知的事还拿来说。其实，我今天想说的是：视而不见者，是否也为盲？

我在 HEP 学员 QQ 群里分享了实习期间遇到的问题，大家都提到了“（完善）细节”，高效完成需要重复的事情。但我思前想后，感觉“细节决定成败”这句话如同“失败是成功之母”一般：大而化之，让人无从着手。

首先，很多人，包括我自己，根本没有对细节的辨识力，或者说对细节视而不见。大家往往是“眉毛胡子一把抓”，什么都是重点，什么都想学，所以时间总是不够。因此，我认为，无法把握细节的真正症结在于：看不到真正的“细节”，或是入了眼，却从未走心；因此所做一切，无非“盲碌”二字而已。

写到此处，我突然想起了曾经读过的一本书，是由 7- 11 便利店的先驱前辈——铃木敏文所著。这本书一直在强调一种思想：让有价值的细节自动“上钩”。为了不在每天接受了海量信息却仍囿于业界常规和思维定式，从而错过真正有价值的信息，正确的做法是在脑海里添置一个磨得发亮的“鱼钩”——让大脑恢复一张白纸的状态，抛却一切思维定式；在心中保持“顾客明天追求什么”的提问意识和“能开拓什么新项目”的挑战意愿。

虽然粗略一看，此说法与我的实习经历“风马牛不相及”。但是细想之下，我之所以无法把握好做事的节奏，就是因为我的脑海中既没有“我实习是为了追求什么”的提问意识，也没有“实习能给我带来什么新体验”的挑战意愿，而只是每天有事做事，无事复习。假如回答了上述两个问题，我安排不好实习节奏的困难就应该迎刃而解了。

第一，我现阶段最重要的目标是：通过实习结束后的升学考试，所以我应该利用在外科实习的一切机会多上手术，多了解解剖结构。至于文案的书写，则用最少的时间解决：例如背诵模板。第二，实习能为我提供很多实践的机会，例如我在内科对病人进行的各项体征检查。综上，我的重点就应该落在升学考试和实习的交叉区域上，也就是：有价值的细节。而其他的事项，都是应该简化的重复行为。

另外值得一提的是，那些交叉区域以外的事务，并非完全不需要花时间完成，因为我是普通人，并没有铃木先生那样对有价值细节的敏感。结合 HEP 群里大家的想法以及我的实际情况，当我同时面对两件重要而又棘手的事情时，先花一些时间去细致拆分并处理那些交叉区域以外的事务，是有必要的。比如我写病历时需要知晓排版、格式、字号等细节。然后，我才能自如地让有价值的细节咬住自己脑海中的“鱼钩”。虽然我无法做到让大脑一片空白，但我会尽力给大脑腾出空间，使其运转顺畅。

因此，我认为，能够意识到有价值的细节是极为重要的大事，然后才是执行力。很多人都很看重执行力，这无可厚非，但过于迷信时间规划（工具）就是本末倒置、流于形式了。成功的路上从不拥挤，唯有双目如炬、举步不停，方可成功。

以下为课内其他学员对此文的回复：

“写得太好了，让我想起了一个练字的故事。有个人练习临帖，一天写一页，几年后，写出来的纸都堆了一人高。平日里朋友见了无不夸赞其功夫深，他自己也深以为然。后来专业的朋友来看了看，发现了一个令人尴尬的事实：虽然写满字的纸堆得越来越高，但这人的字却越写越差。因为练字之人越写越腻，兴趣全无，只把临帖当成了每日需要完成的一项任务。很多人误解了练习的意义：练习不是时间和数量的累积，而是带有目的性的精准重复。今天写一笔很准，明天再写一笔还是这样准，久而久之就形成了良好的习惯。最终，拿起笔一写就是那个地方、那个比例、那个角度、那个尺寸，这样才算是‘到位的练习’”。

附录 5 《我为什么欣赏发音标准的英语学习者》

（作者：华丽学院发音教师康婴子，网名“千年”）

在我正式开始研究并参与英式发音教学的这一年半的时间里，不论是网络平台上的英语学习者，还是身边亲近的、正在学习英语的家人朋友，都在源源不断地向我抛来同一个问题：把发音学到完美真的重要吗？

从某种程度上来说，我认为提出这个问题的学习者，不论其后来是否潜心在发音方面进行了研究，至少他们对自己的英语学习是负责的。我这样说，是考虑到国人学习英语的大背景：由于人口、资源、教育制度等诸多原因，不论是以拿到四六级证书为目的，还是以通过雅思和托福考试为目的，英语学习对于大多数国人来说，其功利性绝对大于实用性。因此，深陷在“及格万岁”漩涡里的英语学习者，处理好面前一堆堆的模拟试卷、词汇宝典、语法教程绝对是最明智的选择。有些学习者的功利性更强，不惜重金四处购买托福、雅思等口语模板和写作预测。说到这里，读者应该明白我所说的“对自己的英语学习负责”的意义了吧——与“没有想过要学习发音的学习者”相比，能对发音学习的必要性进行探讨的人，应该算是很严肃的学习者了。

说“严肃”，并不意味着学习的方式一定是科学的，也不意味着学习的态度一贯严谨。在这里，“严肃”限定的对象是“对学习的思考”。也就是说，有这样一部分学习者，在英语学习开始之前，抑或是在进程之中，会对自己的学习方法、态度和目的进行相对细致的思考，这也是他们能提出“学习发音是否重要”这类问题的原因。思考不分好坏，更不分贵贱，却有“浅表性”与“深层性”之分。就“学习发音是否重要”这个问题而言，停留在浅表的思考者一般有两个方向：其一，追随大流——别人怎么做，我就怎么做；这里的“别人”就是“我周围的英语学习者”。其二，日后再说，即短时间内我找不到答案；“我近期有比发音更重要的问题要解决”，因此发音的问题回头再议。

深入思考的人只会做一件事，就是“行动”，因为他们知道他们的思考是无意义的——你没学过发音、你没有好的发音，你如何判断发音是否重要呢？一个从未攀上顶峰的登山者说“上面的风景不好看”就是“吃不着葡萄说葡萄酸”，对吧？就算发音无用的可能性是十之八九，你如何确定你不是那十之一二呢？所以，不知道发音是否重要，没关系，你可以去问、去请教、去讨论、去探索、去体验……在这一系列历程以后，你会得到什么呢？别急，下文有你想要的答案。

在正式讨论这个问题之前，我们先对讨论对象“英语发音学习者”做一个限定，即：所有尚未达到雅思稳定 8 分以上或托福稳定 115 分以上，有持续英语学习计划的学生。由于标准的发音对教师而言具有很多附加意义，故此类人群暂且不谈。那么对于定义中的这个群体，学习发音是否重要呢？答案是：不确定。因为这个问题的答案，就和“身材重要吗？”的答案是一样的。如果一个体重 200 斤的姑娘的人生规划是：找一份能养活自己的稳定工作，然后嫁给一个不嫌弃她胖的人安度余生，那么“身材不（太）重要”。但如果这个姑娘希望成为国际超模的话，那么“身材就是问题”了。

正是出于这样的原因，在我开始正式、严肃的发音教学以后，面对每个提出“千年，你的发音那么好，你教教我吧”的人，我回应的第一句话一定是：“你学习发音是为了什么？”发音不是有钱人的专属，也不是所谓“贵族”才有资格接触的领域，但发音一定是“奢侈品”，即使它并不一定需要花钱购买。不谈学习者的词汇和语法等语言能力，仅就发音这一个单项来说，如果以“完全正确的发音”为目标，一个从未接触过音标的零基础学习者和具备一定基础的中级学习者，他们要付出的努力其实是一样的，大致要经过以下几个阶段（仅以英式发音为例）：

阶段 1：熟悉并掌握 48 个音标的正确发音口型、长短、舌位、发音位置，辅以持续的口腔肌肉锻炼；

阶段 2：学习简单词组的连贯朗读，熟悉并掌握连读技巧；

阶段 3：学习稍复杂词组的连贯朗读，熟悉并掌握失去爆破、舌侧爆破、鼻腔爆破等进阶发音技巧；

阶段 4：尝试进行简短语句的朗读，熟悉并掌握语句停顿、重读、弱读、节奏、语调；

阶段 5：尝试进行短小的段落朗读，学会细心揣摩朗读感情、把握感情基调。

那么现在问题来了，经过这五个阶段，成为一名发音合格的英语学习者，需要耗时多久呢？答案依旧是：不确定。每个人接受知识的能力不同，每天花费在发音练习上的时间不同，对声音感知和模仿的能力不同，所以很难下定论。就我个人而言，我从小学三年级开始接触英语，直至本篇文章发表之日（大学刚毕业），一直在以各种方式进行着持续的、强度不等的发音练习。如果你认为我的例子不够典型，下面说几个我接触过的学生中比较典型的例子。

曾经有一个学生在课程 QQ 群里念了一个句子，她念完以后，我们给她的建议是，先练好开头第一个单词 the 的正确发音。在得到正确的发音示范以后，这个学生开始了长达一个月的练习，她坚持每天在群里念一遍，得到修正建议之后，隔天再念。 一个月以后，她的“the”才基本正确。

还是在这个学员群中，纠音活动每周有 5 次。 在经过大半年的单音节单词练习之后，教学组决定给学员们增加一点压力，于是我们选择了 riding 这个双音节词，要求学员们：

1. 在/r/的发音过程中，充分利用舌根的力度过渡到双元音/aɪ/;
2. 滑动发音的双元音/aɪ/与其后辅音/d/进行无缝衔接；
3. 然后通过短小的单元音/ɪ/过渡到鼻音中的难点/ŋ/。

在整个发音过程中，卷舌不充分、/aɪ/过长或过短、音节不衔接、/ŋ/音与中文中的后鼻音混淆，都会成为正确发音的阻碍；更不用说音节的轻重比例分配了。 在做好充分心理准备的情况下，学员们耗时 45 天以后，终于迈过了这道坎。

有学员做“五一操”时操练到嘴唇干裂；有人在车站找口型被别人当作精神病患者；有人上麦接受纠音之前紧张到喝酒壮胆；一个华丽学员到外地出差，抽空在酒店走廊练习时，被同样身为华丽学员的酒店员工“戳穿身份”……我以人格担保以上事例绝对真实。我不是在危言耸听，我只是想告诉各位，如果你的目的仅仅是尝尝鲜、凑热闹，抱着“大家都在学，我不学就我吃亏了”的想法，抑或是听过国人好的英语发音之后羡慕不已，盼望自己学一天、睡一觉之后就能和那人的水平一样，那么我劝你把即将投入发音练习的时间和金钱省下来：这个世界上比发音更有趣的东西实在太多了！ 正如减肥的人要节食，练肌肉的人要有严密的饮食安排，这个世界上能打败胖子的美食太多了。

然而这个世界的奇妙之处就在于：当有人觉得能打败胖子的美食太多的时候，也有人认为“能打败胖子的衣服太多”。 后者会以惊人的坚持和毅力，想尽一切可能的办法，在短至数月、长至数年的时间内摆脱脂肪的束缚，拥有令人羡慕的好身材，穿上曾经不敢多看一眼的华服。 我从来不歧视胖子，正如我从来不歧视发音不标准的英语学习者；但我欣赏拥有健康身材的人，欣赏发音标准的英语学习者，因为他们有一个共同点：在上天给予的初始设定中，他们加入了自我意识的灵魂。

没错，好身材也好，好发音也罢，都是自我意识的直接体现。 这些自我意识坚定地向外界传达着一个信息：我可以掌控关于我自己的一切。 在身体上，他们付出了比一般人更加艰辛的劳动，背负了比一般人更加沉重的压力；在心理上，他们有着比一般人更加强烈的自我意识和自我说服力。 他们每天都在重复同一件事：问自己是否要坚持，然后说服自己坚持下去，然后日复一日地实践。 我所欣赏的绝不是好发音或好身材本身，而是在练出好发音和好身材的过程中，一遍又一遍说服自己的那个灵魂。

致　谢

感谢我的家人，是你们对我的养育、关爱、陪伴和包容，让我有机会完成这本书；

感谢我的语音老师胡春鹭教授，是您教给了我英语语音知识，让我有能力完成这本书；

感谢所有我教授过的学生，是你们让我有动力钻研这个科目并最终完成这本书；

感谢沪江及旗下上海尚课教育科技有限公司，感谢平台领导阿诺和猫爸促成本书出版！

感谢华丽同僚康婴子老师，感谢你以个人学习经历和英语语音才华为本书增光添彩；

感谢华丽学员穆里，感谢你为本书的文稿整理工作做出的无私贡献；

感谢华丽学员苏悦婷带领的发音收集团队，感谢你们为《国人英语发音调查》奔走忙碌！

感谢机械工业出版社，特别是编辑尹小云老师，对本书编写工作的帮助和包容！

感谢所有帮助过本书的人！感谢你们！